セブン&アイ・ホールディングス 鈴木敏文代表　寄付講座シリーズ I

【中央大学経済学部
創立100周年記念】

21世紀の経営と経済

浅田 統一郎
坂田 幸繁　編
藪田 雅弘

中央大学出版部

謝　　辞

　本書は，中央大学経済学部創立100周年を記念して，2004年度の秋学期に開講された特別講義「経営と経済」をもとに編集されたものです。この特別講義は，「新世紀の経済と大学の使命」という統一テーマのもと，3年間にわたって毎年独自のテーマで開講される寄付講座の初年度にあたります。したがって本書は，寄付講座シリーズ全3巻のうちの第1巻目となります。まず，ここで本書の性格をご理解頂くために，この寄付講座が開講されることになった経緯と，経済学部創立100周年記念事業の概要について述べることにいたします。

　経済学部は，本年，学部創立100周年を迎えました。1905年に経済学科の1学科から出発し，現在では，経済学科，産業経済学科，国際経済学科，公共経済学科の4学科から構成される学部へと成長いたしました。これもひとえに，多くの方々から，わが経済学部に多大なご支援を頂戴した賜と，深く感謝申し上げます。

　経済学部は，この記念すべき時を学生諸君と教職員が一体となって祝賀するとともに，本学部の第二世紀に向けて教育内容をさらに充実するために「経済学部創立100周年記念事業委員会」を組織いたしました。そして，連続記念講演会の開催，学部のロゴマークの新設，記念論文集や学部100年史の刊行，記念奨学金の創設等，各種の事業を実施してまいりました。

　セブン＆アイ・ホールディングス代表兼CEOの鈴木敏文氏（昭和31年経済学部卒業）から，この事業の一環として後輩諸君のために何かお手伝いしたいとの申し出を頂きました。経済学部教授会は「セブン＆アイ・ホールディングス　鈴木敏文代表寄付講座」の名称で講座を開設したいと提案し，2004年度から2006年度までの3年間にわたる特別講義が実現いたしました。さらに講義内容，講師陣の選任，成果の出版など，講座の企画に関するすべてを学部に一任させて頂きました。そこで本学部は「経済学部100周年記念寄付講座委員会」

を設置し，この講座の3年間の統一テーマを「新世紀の経済と大学の使命」と定め，2004年度は「経営と経済」，2005年度は「環境と経済」，そして2006年度は「人間と経済」というテーマで開講し，成果を全3巻の寄付講座シリーズとして出版することにいたしました。

　この統一テーマには，1つは21世紀における企業そして経済と人間の新しい関係を模索し，市場と社会経済制度のあるべき方向性を論じること，そして2つ目には，大学の社会的存在が問われて久しい現実を直視しながらも，教育がもつ正の外部性を謙虚に受け止めて，新しい時代に大学が果たすべき機能や役割をさまざまな視点から問い直そうという問題意識が込められております。

　鈴木敏文氏には，このようなすばらしい機会を与えて頂きましたことに対しまして，経済学部教授会を代表して心からお礼申し上げます。

　さて，開講初年度の2004年度秋学期は「経営と経済」というテーマのもとに，経済界で活躍されている中央大学の先輩を中心に，各界のリーダーの方々に講師をお引き受け頂きました。私達はすべての授業を拝聴いたしましたが，正規の履修者に加えて全国各地から参加者があり，どの授業も大教室がいっぱいになる盛況でした。学生諸君からは，議論を深めるみごとな質問が相次ぎ，毎回，時間延長となるほどでした。

　講師の方々には，どなたも大変ご多忙であるにもかかわらず，講義要項作成の都合上，1年前から講義時間とテーマを決めさせて頂いたうえ，配付資料の準備から原稿の校正に至るまで，学部の要望をすべて受け入れて頂きました。講師をお引き受け頂きました方々に，これらのご支援，ご協力に対しまして，深く感謝申し上げます。

　経済学部は，創立100周年を機に，今後も教育・研究水準を向上させるために改革・改善に務め，学術文化の発展と，国際社会の平和と福祉の向上に貢献してまいる決意を新たにいたしております。皆様方のさらなるご支援とご協力の程を，心からお願い申し上げます。

経済学部長　小口　好昭
経済学部創立100周年記念事業委員会幹事長　佐藤　清

プロローグ

　新世紀のカウントダウンが終わり，はや5年が経過しようとしています。世紀変わりに対するいわれなき熱狂や漠たる期待は終わりとして，冷徹な頭脳と研ぎ澄ました五感で新たに新世紀を再考すべきなのかもしれません。日本経済はといえば，世紀末のバブル経済の崩壊とその後の長期不況を経て，明らかに制度的な変容と構造変化の時（とき）を迎えつつあります。グローバリゼーション，デフレ，新自由主義，民営化，規制緩和，金融改革，環境問題といった表象概念がこの間の日本経済の変質を紐解くキーワードとすれば，その担い手である企業の活動実践としての経営の有様は，21世紀の日本経済の課題と展望を見通すよい素材を与えてくれます。

　このような問題意識から，現代的経営の第一線で活躍されてきた実業家，アナリスト，研究者を講師に招くリレー形式の講義が，中央大学経済学部100周年記念講座として開講（2004年度）されるに至りました。本書はその講義記録を編集・刊行したものです。

　第1章「現代の経営改革―競争優位の回復をめざして―」（高橋宏幸氏）は，経営学の専門家の立場から，コロンビア大学での在外研究の成果を踏まえて，ポーターの理論を参照基準として用いながら，日本的経営の抱える課題について論じています。第2章「心理学と企業経営―経済は心理学で読め―」（鈴木敏文氏）は，セブン＆アイ・ホールディングス代表として長年企業経営の最前線で活躍された経験を踏まえ，消費者心理を洞察することが経営の未来にとって極めて重要であることを指摘し，自らの経営哲学の理論化を試みています。第3章「企業経営のイノベーション」（有富慶二氏）は，長年ヤマト運輸の経営に携わってこられた当事者としての立場から，創業以来今日に至るまでのヤマト運輸の変革と発展を展望しています。第4章「銀行経営とデフレ脱却の途」（岡田靖氏）は，クレディ・スイスファーストボストン経済調査部に

おける経済分析の経験を踏まえて，1990年代に日本経済が陥った金融危機とデフレ不況の原因を金融政策の失敗に求め，政策的処方箋を提案しています。第5章「キヤノンの経営戦略」（御手洗冨士夫氏）は，キヤノン社長として活躍されている経験に基づいて，創業期から現在に至るキヤノンの経営戦略の変遷と革新について解説しています。第6章「経済と持続可能性」（河口真理子氏）は，「持続可能な社会」という観点から経済と環境問題について考察し，企業の社会的責任についても言及しています。

また，第7章「日本経済のマクロ動向と企業」（高橋進氏）は，「失われた10年」といわれる最近の日本経済のマクロ的な動向を分析し，企業行動と関連づけて景気回復の可能性について考察し，第8章「日本経済と金融政策」（須田美矢子氏）は，日本銀行政策委員会審議委員としての立場から，日本銀行による金融政策の実態と日本銀行の見解を中心に論じています。第9章「コーポレート・ガバナンス—米国と日本を中心に—」（間島進吾氏）は，米国の監査法人で長年活躍された実務経験に基づき，米国と日本のコーポレート・ガバナンス（企業統治）の相違について検討を加え，さらに，第10章「日米ベンチャー企業経営の展開」（新井佐恵子氏）は，日本と米国で会計士およびベンチャー企業の最高責任者として活躍された経験を踏まえ，日米のベンチャー企業の現状と将来について展望しています。第11章「通信事業の国際動向と展望」（都丸敬介氏）は，日立テレコム社長として活躍された経験に基づき，通信サービスの変化が産業活動や日常生活に対して及ぼした影響を含め，通信事業の国際的な動向を展望しています。最後に，第12章「なぜ今，企業変革か—日産自動車のケース—」（楠美憲章氏）は，日産自動車副社長としてカルロス・ゴーンの日産改革に立ち会った経験に基づき，日産自動車の変革と再生の軌跡を跡付けています。

本書の刊行に当たっては，講義記録への補筆・修正は最小限に抑え，むしろ講義の雰囲気を，講師の熱意や思考のめぐりを忠実に読者に伝えることを編集方針としました。講義の場では受講者との活発な質疑応答が交わされており，そのいくつかは「コラム」に掲載しています。もとより，本書のテーマ「新世

紀の経営と経済」は問題提起の宣言であり，その答えはまだ用意されていません。答えはこれから，われわれが探し続け，創っていかねばならないものだからです。私たち編者は，そのヒントと指針が，執筆者（講師）の陣容と講義の全体，そして本書の刊行そのものにあると期待しています。

　最後に，中央大学経済学部100周年記念講座の趣旨に賛同し，ご多忙にもかかわらず講師を引き受けていただき，さらに本書の刊行を快諾いただいた，高橋宏幸，鈴木敏文，有富慶二，岡田靖，御手洗冨士夫，河口真理子，高橋進，須田美矢子，間島進吾，新井佐恵子，都丸敬介，楠美憲章の各先生方に改めて謝意を表します。

2005年10月吉日

浅　田　統一郎

坂　田　幸　繁

薮　田　雅　弘

目　　次

謝　辞
プロローグ

第 1 章　現代の経営改革
　　　　―競争優位の回復をめざして―……………………高橋　宏幸　1
　　は じ め に　1
　1. 経営戦略とポーター賞　2
　2. 「戦略論」の重要性　6
　3. ポーター理論と価値連鎖　8
　4. 多角化企業と戦略的経営　13
　5. 経営改革と再組織化　16
　6. 日本企業改革とコーポレート・ガバナンス改革　19

第 2 章　心理学と経営
　　　　―経済は心理学で読め―……………………………鈴木　敏文　25
　　は じ め に　25
　1. 日本における個人消費の特異性　25
　2. 日本における流通業の展開　28
　3. 消費をめぐる環境変化　32
　4. 流通業と消費者心理　40
　5. 消費者心理と経営の未来　47
　　質問箱から　50

第3章　企業経営のイノベーション……………………………有富　慶二　53
　　はじめに　53
　　1．創業期のヤマト運輸―1度目の変身　53
　　2．ヤマト運輸―2度目の改革　56
　　3．イノベーションの展開　58
　　4．サービス業経営のセオリー　62
　　5．改革に向けて　65
　　　質問箱から　67

第4章　銀行経営とデフレ脱却の途………………………………岡田　　靖　69
　　はじめに　69
　　1．長期不況の特徴　69
　　2．長期不況の原因に関する3つの仮説　74
　　3．金融危機と経済危機　83
　　　質問箱から　87

第5章　キヤノンの経営戦略………………………………御手洗冨士夫　89
　　はじめに　89
　　1．キヤノンの創業期　89
　　2．キヤノンの経営戦略―国際化と多角化の展開　91
　　3．キヤノンにおける経営改革　93
　　4．キヤノンの未来　99
　　　質問箱から　100

第6章　経済と持続可能性 …………………………………河口真理子　103
　　はじめに　103
　　1．成長とパレート改善　105
　　2．環境と経済　108

3．持続可能な社会　110

　4．企業の社会的責任　116

　5．CSR と経営の対応　125

　6．CSR と企業利益　128

　　質問箱から　131

第7章　日本経済のマクロ動向と企業 …………………………高橋　進　133

　　はじめに　133

　1．回復は本物か　134

　2．今回の景気回復の特徴　143

　3．日本経済の展望―ミニ調整？　148

　4．残された課題　150

　　質問箱から　158

第8章　日本経済と金融政策 ………………………………須田美矢子　161

　　はじめに　161

　1．日本経済と金融政策　162

　2．コール市場　169

　3．所要準備額と金利　169

　4．量的緩和政策　171

　5．量的緩和政策の解除　176

　6．日本経済の現状　179

　7．政策委員の見直し　183

　　質問箱から　185

第9章　コーポレート・ガバナンス

　　　　―米国と日本を中心に― ………………………間島　進吾　187

　　はじめに　187

1. コーポレート・ガバナンスとは何か　188
2. コーポレート・ガバナンスの定義　189
3. 米国のコーポレート・ガバナンス　192
4. 日本のコーポレート・ガバナンス　203
5. 最近の動向　206
   質問箱から　209

第10章　日米ベンチャー企業経営の展開 ……………………新井佐恵子　211
   はじめに　211
1. ベンチャー企業とは　211
2. ユビキタスネットワーク社会　218
   質問箱から　229

第11章　通信事業の国際動向と展望 ………………………都丸　敬介　231
   はじめに　231
1. 通信事業の概要　231
2. 通信ネットワークの発展による産業の変化　235
3. インターネット社会の出現　239
4. ネットワーク社会の秩序ある発展　243
   質問箱から　248

第12章　なぜ今，企業変革か
   ―日産自動車のケース― ………………………………楠美　憲章　249
   はじめに　249
1. 日産の凋落と当時の時代背景　249
2. 日産の悩みと問題点　250
3. 日産の転換と国際提携戦略　252
4. 新生日産とゴーン改革　253

5. 「再生」から「本格的な改革」へ　255
6. 日産改革が教えるもの　257
　　質問箱から　258

第1章 現代の経営改革
――競争優位の回復をめざして――

高橋　宏幸

はじめに

　私が今日皆さんに話をする理由は，2つあります。経済学部の専任の教員で，「経営学」を専門にしているのは私一人だけであるということが1つ。もう1つは，コロンビア大学は知っていますよね，宇多田ヒカルさんの入学した大学です。そのコロンビア大学のビジネス・スクール，日本流に言うと「経営大学院」，もう少し厳密に言うと「マスターコース」ですが，そこにこの2年間いたものですから，最初に講義をしなさいということかもしれません。

　コロンビア大学はご承知のように，ニューヨーク州マンハッタンの極めて治安のよくない，ハーレムに隣接した場所にあります。私は，客員研究員（Visiting Scholar）としてコロンビア大学の先生と一緒に研究していたわけですが，その先生は女性で，ハーバードで学位を取って，コロンビアで「戦略論」を教えているのです。驚いたことに，アメリカでは「戦略論」の研究者というのは女性が多いのですね。私を受け入れていただいた先生は，ポーター（Michael E. Porter）の教えを受けた先生です。そんなこともありまして，研究の枠組みと言いますか，考え方については，昔からそれほどポーターを嫌いじゃなかったのですけれども，しっかり毒されて帰ってきたわけです。

　今日お話する私のテーマを何にしようかと考えたのですが，次回からいろいろな方が登場されてお話をされることになっていて，全体を見渡すと，「現代の経営改革」というテーマがいいのかなということになりました。戦略の核心部分である「競争優位」，つまりコンペティティブ・アドバンテージを副題に入れました。なぜかというと，日本の産業が競争力を失ってきている。そういう中で，様々な回復の試みが今なされているわけです。これは皆さんにとっても非常に大きな問題でして，日本の経済制度もそうですが，特に会社の仕組み

が今，大きく変わろうとしています。

　一言で言いますと，今，日本の経営が戦後50年を経て，大きくアメリカの方に向かっていこうとしている部分が1つあります。もう1つは，これまでの日本のやり方に踏み留まりながら，新しい道を模索していく，ないしは改善を施していこうという企業があるわけです。この中で様々な改革が現に進められていて，それについて，今日は話をしたいと思っております。

1．経営戦略とポーター賞

　ところで，「競争の回復」というのは，多分皆さん，ご存知ないかもしれません。ポーター賞で有名なマイケル・ポーターというハーバード大学の教授です。神田の一橋大学大学院国際企業戦略研究科長の竹内弘高という先生がおられます。私より1つ上で，非常に才能のある方ですが，ポーター教授が「一番信頼している日本人はだれか」というと，実は竹内教授なのですね。

　ポーター教授を，我々はなぜ無視できないかというと，戦略論においては，現在のところ彼が第一人者なのです。彼は実は私と同年なのですが，ハーバード大学の最年少の正教授として，これまで多くの学者を育ててきたのです。もし皆さんも将来，可能性があれば，彼はまだ60歳代で，第一線で頑張っていると思いますので，ハーバードに行かれたらいいと思います。このポーター教授の名前を冠した賞が2001年の7月に，竹内弘高先生を中心にして，もちろんポーター教授も入っていますが，始まったのです。それを私は別に「よいしょ」と持ち上げる気はないのですけれども，とても大事な点がそこにあるのです。

　これまで日本は確かに戦後成功してきました。我々はとりあえず戦後派です。物心ついたときに，アメリカの製品というのは憧れの的だったんです。例えばGEの洗濯機に，水流は回転式ですから，横から物を入れて蓋を閉めてもガラスですから，上から水が入ると水がたまっていくのが見える，そういう洗濯機が皆さん喉から手が出るほど欲しかった。日本の物はすぐ壊れちゃう。私はまだ記憶に残っていますが，あれは使い方がいろいろあって，あそこに金魚

を入れて，水をためて横から見ると，水槽になってすごい迫力があるのですね。そういう洗濯機一つ見ても，アメリカの製品というのは圧倒的に優秀だった。日本の物は安くて品質が悪かったのです。それがいつの間にか，安くて品質がいいというように大きく変わっていった。それは日本が成功した大きな鍵であります。デミング賞という品質管理に関する賞があり，少しでもかかわっている方は皆さん知っていると思いますが，デミング博士のデミング賞を目指して日本の企業はこぞって品質改善に努めたのです。その結果，今申し上げたように，日本の製品は，安くて品質がいいというふうに変わった。これが非常に大きなポイントですね。

ところが，今ここへ来て，品質がよくて，コストが安いだけでは，競争力があるということにはならなくなった。共食い現象です。品質がよくて，同じように安い物をお互いがつくるようになると，業界の中で共食い現象が起きるんですね。現実に業界は非常にへたってきています。

特に技術の移転，トランスファー・オブ・スキル（transfer of skill）によって，かつては競争力のなかった企業がどんどん日本にキャッチアップしてきた。日本と同じ設備を，場合によっては日本より新しい設備を日本から購入することによって，日本以上に安く同じような品質の物をつくれるようになったのです。ですから，日本の競争力は非常に厳しい状態になってきた。おまけに，よく言われるのは，日本の企業には戦略がないということです。

そこで，ポーター賞というのは，どういうことかというと「独自性のある優れた戦略を実践し，優れた収益性を達成・維持している日本の企業と事業部を表彰する」という趣旨で設けられた賞なのです。つまり今までのように，単に同じ方法で，いいものを安くつくるということではなくて，根本的に何かが違うということなのです。まだ始まって日が浅いのですが，表1を見ていただきますと，このポーター賞を受賞した企業——この表は見にくいかもしれませんけれども——単一事業というのは企業が1つの事業しかやっていないというケースで，もう1つは，いろいろな事業を手掛けているケースです。例えばキヤノンは，レンズ以外にも複写機もあるし，いろいろなことを事業としてやっ

表1　ポーター賞受賞企業・事業部

年　度	単一事業を営む企業の部	複数事業を営む企業の事業部の部
2001年 (第1回)	松井証券 マブチモーター	キヤノン・レンズ事業部 HOYA／ビジョンケアカンパニー
2002年 (第2回)	アクスル 武田薬品工業	オリックス・ 　一般ファイナンス事業部
2003年 (第3回)	セブン-イレブン・ジャパン トレンド・マイクロ 駿河銀行	シマノ・バイシクル 　コンポーネント事業部

(出所)　http://www.porterprize.org/

ています。これを複数事業と言いますが，この2つに分けて，先ほどの趣旨に照らして表彰したのですね。

　この寄附講座に登壇することになっていますトップマネジメントの会社が，2つとも入っています。その1つがセブン-イレブン・ジャパンで，2003年に第3回の受賞をしています。第1回にキヤノンが表彰されています。受賞理由は幾つかあるのですが，表1に簡単にまとめています。今，キヤノンは圧倒的な競争力を持っています。キヤノン流に言えば，新しい技術力をベースにしながら進めていくということで，多分これまで以上に競争力を高めていくと思います。

　もう一方，セブン-イレブン・ジャパンです。すごいなと思うのは，セブン-イレブンだけじゃなくて，IYグループ，イトーヨーカ堂グループというのは非常に幅広いのですね。しかも，このIYグループがこんなに成長していると私も思わなかったのですが，まさに破竹の勢いです。IYグループでは，国内で毎日どれくらいのお客さんが来ているかと言いますと，国内で1,000万人のお客さんが毎日IYグループに来ています。そして，2003年度の総売上高が5兆8,110億円になっております。その一方で，小売り，スーパーの業績がどんどん悪化して，今，野球の方まで手が回らなくなっているところもありますね。

　皆さんもご存知の凋落の一途をたどった経営者も，ほんの少し前までは飛ぶ鳥を落とす勢いの人たちだった。どこかでつまずいた，どこかで手を間違った

図 1-1　ポーター賞

（出所）http://www.porterprize.org/

のです。ここなんですよ。やっぱりずっと成功していくのは難しい事なのです。IY グループというのは，そういう意味でほかと違う，ほかができないことをやっているわけです。セブン-イレブン・ジャパンの受賞理由の中に，地域・施設・時間などによって頻繁に変わり，朝起きて夜寝るまでちょっと必要なものをいつでも高い品質で——しかも安くとは言わずに——効率的に提供できる仕組みを徹底追求する，その仕組みがあります。これからは薬品，非常に少量のものを販売する。その前に ATM で銀行業に入っていった。かつての発想ではないのです。それを引っ張っていくというのは，相当の意識がないとだめです。図 1-1 はポーター賞のシンボルマークです。

　これまでの日本の企業は成功したのだけれども，それは戦略を欠いた競争というふうに言える。オペレーション効率，生産性を上げていくとか，品質のいいものを安くつくるとか，納期を短縮するとかですから，TQC，クオリテ

ィー・コントロール，トータル・コントロール，JIT，ジャスト・イン・タイム，Lean Production System，コストと品質，両方を同時的に達成する。これも偉大ですよ。しかし，これだけでは継続的に競争優位を確保できるわけじゃないのです。だんだんキャッチアップされる。これにとってかわるのが，戦略による競争ということです。この戦略による競争にシフトする，パラダイム転換をしていく。この1つの架け橋になる，なりたいということで，ポーター賞が設けられたわけです。

2.「戦略論」の重要性

それで，これは我々の講義にも関係するのですが，皆さん「戦略論」というものに余り関心ないと思うのです。ただ，これから「戦略論」は非常に大事になっていくだろうと私は予想しています。経済学部だから，私には関係ないと思っている人がたくさんいると思います。それも間違いです。

今，アメリカのビジネス・スクールでトップクラスの研究，研究成果は，経済学をベースにした戦略論の研究なのです。ですから，ぜひ皆さんしっかり経済学を勉強して，それから私の希望ですが，「戦略論」を勉強していただきたい。これが非常に大事な点ですね。やはりきちっとした分析ツールを用いて，そして，さらに新しい発展を前提において研究というのは進められていくわけですけれども，そういう意味で「戦略論」というのはそういう形で進んでいるということを申し上げておきます。

この戦略による競争というのは，言ってみれば，ライバルと戦うわけです。その場合にライバルと違う活動をする，あるいは違った製品を提供する。"doing different things"，これが1番目です。

2番目は，同じ活動を違う方法で行うのです。同様のことを違った方法でやる，つまり"doing things differently"です。ですから，独自の競争，ポジショニングということを言いました。戦略というのは，もっと言えば，非常に強力な新しいポジションを見出すプロセスなのです。ちょっと難しいかもしれませんけれども，分けて考えると，製品種類，あるいは顧客のニーズ，そこか

らポジショニングというのが出てくるのです。

　今，戦略を欠いた競争から，戦略による競争へ行く。もう一方，考えておかなければならないのは，優れた業績を継続的に維持していくというためには，オペレーション効率を捨てていいということではありません。オペレーション効率だけでは，もう競争優位は得られないということを申し上げたので，オペレーション効率を確保しながら戦略による競争を展開していかなければいけない。そのことによって初めて優れた業績の継続的維持が達成されるわけです。

　これは学生諸君には感覚的にわからないでしょうけれども，会社で働いて，会社を引っ張っている人は，そういう意味で毎日競争の中に置かれているわけでして，まさに優れた戦略とオペレーション効率の同時的達成ということを求めて日々努力されているわけです。これなくしてはだめですね。

　今こういう形で進んできているわけですが，この核はポーターさんの「戦略論」です。ポーターの戦略論は，ハーバードの「産業組織論」の流れから来ているのです。ですから，SCPパラダイムという言い方をしています。Structure-Conduct-Performanceと書きますが，このパラダイムの中にあって，あのポーターの戦略論が出てきたのです。

　ところが，日本の様々な事象研究でもそうです。アメリカでも既に経済学分野では周知のことになっているように，ハーバード学派に対して痛烈な批判，反対論が出て，かなり劣勢になってしまった。シカゴ学派とか，そういう有名な研究者たちが台頭して，このSCPパラダイムが崩れていくわけです。

　ただ，経済学と経営学がちょっと違うところは，経済学は理論的な完結性を非常に大事にしますが，経営学の場合は抽象度が，そういう意味では低いのですね。なぜでしょうか。常に経営の中に実際に使って適用することが求められているために，適用可能性がないとだめなのです。そういう意味で理論として脆弱性を常に持っている部分があります。だから，理論的体系性は非常に緩められているという言い方ができると思います。

　ポーターのパラダイムは，先ほどのSCPパラダイムによった市場構造，市場行動・業績に基づく見方というものです。例えば集中度が非常に高いとき，

あるいは独占の場合だったら，独占利潤を享受する。だから，それを規制すべきだというような考え方が出てきます。簡単に言うと，ハーバード学派の場合はそう考えるのです。規制が大事だということになります。それは一時的な現象であって，長期的にはそんなものはなくなるという考え方に立てば，むしろ市場成果を強く見ることになり，シカゴ学派の見方になると言っても差し支えないと思います。

　経営の場合は，そういう議論は実は出なかったのです。経営の方ではもう少し違った意味で，違った角度で出てきました。J. B. バーニー（Jay B. Barny）というオハイオ州立大学の教授は，ほとんど日本では顔を知られていない人ですが，そこのビジネス・スクールの看板教授です。今，このポーターに対する有力なライバルとして世界で注目されているのは，バーニー教授なのです。バーニー教授とポーター教授の考え方がぶつかりまして「ポーター＝バーニー論争」と言われ，研究者の関心をひきつけてきたわけですが，結論から言いますと，ポーター教授の理論に欠陥がないわけではないのです。そこをバーニー教授が突いた点もある。しかし，バーニーの経営資源に基づく見方，リソース・ベースド・ビュー（resource-based view）というもので，全部戦略論を引っ張ることはできないんですね。そういう意味でポーターとバーニーの理論は，お互いに補い合う関係にある。それをいかに統合していくかということこそ，まさに非常に大事な点であると我々は見ております。

　結論を先取りすれば，日本の企業のこれからの方向として，日本の企業をグループ戦略という形で立て直していく必要がある。それから，時代は「ニューエコノミー時代における」であって，こういった大きな技術革命の中で，それまでの競争というものが変わってきている。それを前提にした論理を展開していかなければいけない。それがまさにこのバーニーの理論に入っているのです。

3. ポーター理論と価値連鎖

　ポーターの方を簡単に見ておきます。ポーターの競争理論というのは3つの

図1-2 ポーターの３つの基本戦略

① コスト・リーダーシップ戦略
② 差別化戦略
③ 集中戦略→（３Ａ）コスト集中戦略
　　　　　　→（３Ｂ）差別化集中戦略

	競争優位	
	他社より低いコスト	差別化
戦略ターゲット　広い	1 コスト・リーダーシップ	2 差別化
戦略ターゲット　狭い	3Ａ コスト集中　（3集中）	3Ｂ 差別化集中

（出所）M. E. ポーター著，土岐坤/中辻萬治/小野寺武夫訳『競争優位の戦略』ダイヤモンド社，1985年。

　戦略，厳密に言いますと，競争戦略と言うものです。これは事業戦略であって，企業戦略ではない。いかに戦っていくかということです。それで，ここで言うのは「持続的」ということです。一時的あるいは短期的な競争優位ではだめで，持続して継続して競争優位を確保していかなければいけない。持続的な競争優位をどのように確保していくことができるかということです。この競争優位というのは，価値の創造です。

　そして，３つの基本戦略というのは，図1-2を見ていただくとわかると思います。横に「競争優位」，確かに安いコストでやれば，当然他社に対する競争優位が得られる。あるいは「差別化」というのは，例えば同じ物でも，全然違う，あるいは容器そのものを変えてもいいのです。容器がものすごく素晴らしいとか，そういうことで差別化を図るということであれば，ライバル，つまり競争する製品よりも，仮に値段が高くても，こちらの方が受け入れられるかもしれない。差別化が成功すれば，そういう意味で競争優位が得られるかもしれない。

　図1-2の縦の方に「ターゲット」と書いてあります。これを広く市場一般で

考えるのか、市場の中のある特定のところに限定してターゲットを絞っていくのか。広く言えば集中ですが、その集中をコスト集中という形で狭めていくのか、あるいは差別化集中という形で狭めていくのか。大きく言えば「コスト・リーダーシップ、差別化、集中化戦略」この３つが基本戦略としてあるわけです。この戦略にのっとって寄与していかないと、企業というものは、ライバルに対して競争優位を確保できないということになるわけです。これは今お話したような意味で、コスト・リーダーシップ、安くするということです。安くするということであれば、同等の便益ですから、値段が１円でも安ければ安い方に行ってしまいます。差別化は逆です。他社より高い価格であったとしても、それでもそれを相殺して余りある十分特異な便益を提供する。ほかのライバルにないような、素晴らしい機能を持たせるとか、そういう形で差別化を図る。集中というのは、ターゲットを狭く見るということです。

　これは後でもう少しお話ししますが、アメリカのビジネス・スクールのテキストでは、もう出てくることが決まっちゃうんです。例えば「イケアの家具」だとか、日本の場合は「キヤノン」が必ず出てくるとか「ホンダ」が出てくる

図1-3　価値連鎖の基本形

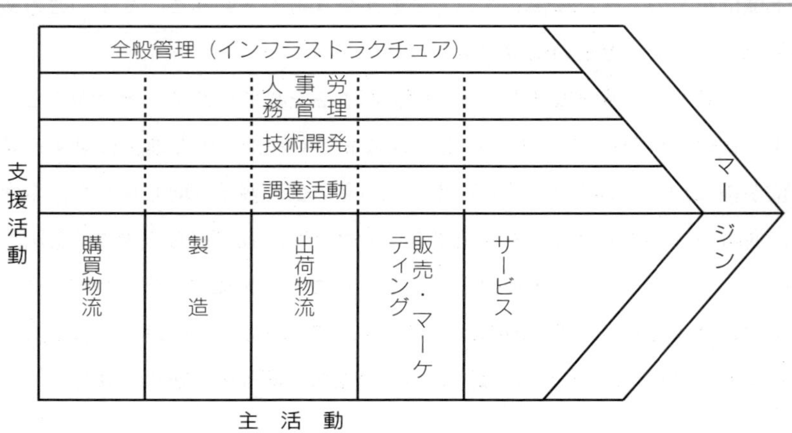

（出所）M. E. ポーター著、土岐他訳『前掲書』49ページ。

とか，いやになるほど出てくるのですね．

　それで今お話ししたような3つの基本戦略の中で進めていくに当たって，事業活動というのはどういうふうに行われるだろうというのを示したのが，ポーターの「価値連鎖の基本形」という図1-3です．図の下方に「主活動」というのがあります．「主活動」というのは，購買物流，製造，出荷物流，販売・マーケティング，サービスといった活動です．図の横に入っている部分，これが「支援活動」という全般管理で，人事労務管理，技術開発，調達活動などがそれに該当します．こういう活動に支援されて事業が行われ，そして，ある条件のもとで，マージンが出てくるということになっております．

　「価値連鎖の基本形」は，ある会社，あるメーカーの活動について，具体的にどのような活動がそこにあるのかということを示しているわけです．皆さんご承知のように，これを全部自分のところでやるという会社ばかりじゃないのです．だんだん自分のところではつくらないとか，ある部分に関しては，自分のところでやらないとか，そのやることとやらないことを，厳しく洗い直しているのです．

　もう1つ，業務活動というのを示していますけれども，これはイケアのケースでよく使われるケースでして，イケアというのは，スウェーデンの家具のメーカーで，相対的に安い．郊外型の，大体ハイウェイの周辺に大きなお店を展開していますが，基本的に自分で組み立てるのです．アメリカへ行ったら，何がまず必要かというと，まずネジ回しが必要だとよく言われます．ネジ回しがないと，何事も始まらないというぐらい，基本的に自分で組み立てる．そうでないものは非常に高いです．組み立てられているものは高級品が多い．廉価物は基本的に自分で組み立てるものが多いということです．

　先ほどのセブン-イレブン・ジャパンの活動システムマップの場合，実にたくさんの活動によって事業が展開されている．どういう活動をどういうふうに繋げていくか．もう1回，基本のところに戻れば，どのような価値をつくり上げていく．価値をつくらなければ，マージンが出ないのですが，そこにはどういう活動があるのか，その活動をどういうふうに繋げていくのか，これが大事

11

になってくるわけです。

　ここで，小さい会社というのは非常に単純でいいのですけれども，大きくなっていろいろな事業をしてきますと，会社というのは非常に複雑になってきます。さっき見た value chain というのは，この基本形1つだけの話です。単一企業で考えた場合，こういうところです。

　ところが，企業の境界を考えた場合，企業の境界の中に価値連鎖，ただし，企業ではなくて，事業単位で見られる価値連鎖があるわけです。この中にあるものを一つ一つ孤立させては運営していくことができないので，この価値連鎖を中でどう繋げていくか。つまりAとB，CとD，こういう事業単位の中に見られる共通の価値連鎖を繋げていく部分，繋げていくということがすごく大事になってきます。これは川にたとえればストリームで，川上から川下へという「材料素材生産，素材加工，製品生産，流通，小売」という1つのトランザクション，つまり取引です。ここでは，直接的に取引が行われていることになります。

　しかし，これを縦に見た場合，素材生産同士では直接的な取引は必ずしも存在しなくていいわけです。そういう中でも，共同で開発する，共同で調達するということは起こり得るのです。これをいかにして設計していくかということがポーターの戦略の中では大事になってくるわけです。これが，いわゆる価値連鎖による価値開発等のコスト差額効果という彼の展開の中に出てくる話です。

　価値連鎖というものを前提にその価値連鎖をどのように繋いでいくか，コストをもちろん否定したらあり得ないわけで，その価値連鎖の再構築をしていくわけです。

　さて，産業組織論に影響された戦略論の見方として，業界と事業は1対1の対応関係があります。1つの業界というものを非常にクローズドに考えています。しかし，業界というものがだんだん崩れてきた。そういう意味で，融業化現象というものが出てきたり，多くの制約というものが出てきたりしている。これが外から内への視点に対する1つの限界と見られているわけです。した

がって，外のポジションだけの問題ではなく，中にあるものが大事だろうというのが内から外への視点であります。

特に，競争優位というものを持続させるという局面では，この重要性が高くなってきます。持続的競争優位を確保するということからすると，ここに出ていることがものすごく大事になってまいります。さきほど言いましたように，内から外と，外から内へ，現在の競争を統合してあげることが必要だということを言っているわけです。

ここのところを本当はお話ししたかったのです。例えばイノベーションするといっても，実は模倣していく。模倣戦略というのも，もう一方で理論としてあります。イノベーションを模倣されると，もうイノベーション効果がなくなりますから，いかにして模倣を阻止していくかということで障壁が問題となってきます。単に特許を取るとかいう話ではありません。持続的競争優位における模倣不可能性，模倣困難性を高めていく，こういうことが戦略的に行われています。一言で言うと，因果関係を不明瞭にしてしまうと，それは模倣できない，模倣しにくくなる，模倣するコストを上げてしまうということになるわけですから，今，それが行われているわけです。

価値連鎖の模倣の困難性というのは，そういうことでありまして，模倣戦略に対する1つの対応として模倣困難性を高めていくということをしているわけです。それは，暗黙知だとか錯綜性，特殊性，こういったものを織りまぜて，因果関係を不明瞭にしていくということが戦略的に行われるわけです。

4. 多角化企業と戦略的経営

さて，戦略というのが，こういう部分を持っているわけですけれども，そこでもう1つ言いたいのは，日本の企業もそうで，世界の大企業にも当てはまることですが，企業は一般的に多角化企業という面を持っています。この多角化企業というのは，経済的に見て，やはり否定できないのです。ただ，多角化戦略というのは失敗することも非常に多い。一般的に言いますと，単一事業で規模を大きくしていくには限界があります。それは事業が永遠でないからです。

ずっと50年も同じ事業が，同じ勢いで成長することはあり得ないわけですから，そういう意味で企業というのは，常に有限である事業というものを，企業という永遠のものに繋ぎとめていく作業なのです。永遠のものに繋ぎとめていく作業が具体的にはこの垂直統合企業あるいは多角化企業という形であらわれてくるわけです。

　この多角化企業についてはどうも評価が芳しくなく，株主サイドの方から見ても，こういうのは余り意味がない，といった結論が出されがちです。しかし，我々戦略論をやっている方からしますと，現に存在する企業の比率からしても，圧倒的に多角化企業の重要性が高いと見ています。ただし，多角化企業というのは非常に難しいのも事実です。つまり業績が非常に悪くなりやすい。一歩間違うと悪くなる，そういうものを宿命として持っています。この下に経済的納期の集約，範囲の経済・取引コスト，基盤の経営を加えています。1つの企業の中で一度に複数個の事業あるいは製品をやっていますね。当然1個1個独立して，それぞれの企業が一つ一つずつやるよりも，単位当たりコストは安くなりますから，範囲の経済が効いてくる。範囲の経済が効くと，いろいろな説明があるのですが，例えば情報資源などは，多重利用可能性という言い方をする人もいますから，一度にたくさんの人，たくさんの部署が利用できる資源です。ですから，情報資源には，追加コストがかからないのですね。そういうもののウエイトが高まってくればくるほど，多角化企業の存在理由が高くなってくるわけです。

　ほかにも理由があります。多角化していくと，またそこに隙間が出てくる。そこを埋めていくために，未利用な部分を利用していくために，未利用資源を有効活用していくために，新しい事業展開をしていくのだという形で説明する人もいます。いずれにせよ，多角化企業は現実において重要性が非常に高いということだけは指摘しておきたいと思います。

　その上で，多角化企業ということを前提にして我々は戦略を考えていかなければいけない。そして，バリューチェーンを考えていかなければいけないということです。この点が重要です。先ほど述べたことは，まさに多角化企業であ

りまして，こういう多角化企業の中でのバリューチェーンの設計の問題，再編の問題点というものがポーター流の戦略理論の中で大きなウエイトを占めているんだということを理解していただきたいのです。このことは次回以降の講義の中で関係してくると思いますけれども，ぜひこのことを頭に入れて聞いていただきたいと思います。

　日本の企業というものをもう一度復習がてら言っておきますと，よく言われるのは終身雇用制を前提にして生涯所得を最大化する。要するに，一生定年まで働いて得られる生涯所得を最大化していくために何が必要か，昇進確率，それから各職階・ランクの賃金を掛けたものを大きくしていく。特に昇進確率を大きくしていかなければならないのです。偉くなれる，つまり階層組織の上に上がっていく確率を大きくしなければいけないのです。ということは，簡単に言いますと，この階層における昇進確率を大きくしていくことは，ランク，要するにもう1つ階層組織の規模を大きくしてあげなければいけない。これは，簡単に見えるようで難しいことです，今まである程度そうしてきた結果，企業規模が大きくなってきた。企業規模というのは，売上高，資産あるいは従業員数，資本金規模，いろいろな形を取りますが，今，ここでは従業員数で見ています。従業員数は非常にふくらんできました。これが1つ日本の企業の特徴です。抱え込むのですね。おまけに上にたくさんの人が張り付いて本社規模が拡大している。これも1つの特徴です。肥大化した本社規模を改革するには，削減していかなければいけない。企業規模をリストラして少なくしていかなければいけない。そして，必要でない職階はどんどん減らしていって，コストを減らす。これまで以上にフラットにしていくということです。それは当然だんだん偉くなって昇進確率が上がれば，生涯所得が最大にできるようなことを前提にした日本企業からの決別でありまして，退職金を小さくするとか，あるいはないとか，年功制はやめ能力主義にしましょう，成果主義にしましょう，ということになるわけです。

　そこでもう1つ皆さんに考えてほしいことがあります。日本の企業が事業規模を大きくしていったというのは，階層組織がこういうふうにランクも大きく

していって，これだけたくさんの人を支えていくためにはそれに相応する売上がないとだめなのです。売上を確保できなければ，企業は危機的な状況に追い込まれてしまいます。これがまさに熾烈なマーケットシェアの追求，マーケット獲得競争に繋がったわけです。

　ところが，どうですか。今，マーケットなんてそんなに成長していない。萎んできている。無理ですよね。売上重視と言ったって，伸びはしない。そこで，利益重視に変わろうとしているのです。だから，日本の戦後経済の中で，日本が成長していったときには，売上がどんどん伸びましたから，元気な人を採用したのです。営業部隊と称して体の丈夫な人，声のでかい人，これはすごい戦力になったのですね。今，残念ながらそれじゃ売れない。やっぱり「考える人」が大事になってきたのです。ですから，日本の企業の構造だけを考えてみましても，大きく変えなければいけない。戦略性のある経営にすることです。日本企業が前提にしてきた，こういう階層組織を変えるということは，日本の置かれている状況がそうなのですが，マーケットがそういうふうに大きくなっていない。売上重視から利益重視へ，さらには終身雇用制を見直していかなければいけないとか，年功制を排除していくとか，こういう様々なドラスチックなことをしていかなければならないところに至ってきています。ですから，いろいろなことが一遍に起きているのです。

5．経営改革と再組織化

　経営改革と再組織化について，このぐらいのものが含まれるだろうと思って書いたのが図1-4です。組織を変えていかなければいけない。単にフラット化するだけの組織の問題とはそういうことじゃないのです。それも含めて組織機構改革があるわけです。ここで言う戦略とは，たくさんのものを含んでいます。企業戦略のあり方，競争戦略のあり方も含んでいます。戦略的な経営にしていくということを前提にして，どういう戦略を立てていくか。それからコントロールシステム，これからお話しするガバナンス改革など，お互いが繋がっているわけです。ですから，経営改革のトライアッドということで，これは見

図1-4　経営改革と再組織の範囲

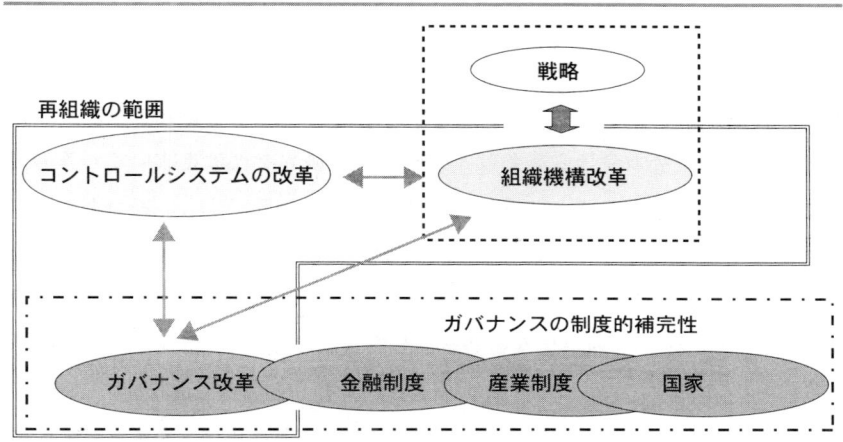

えてないですが、戦略型経営に転換していくということを前提にしてガバナンス改革、組織機構改革、コントロールシステム改革という3つが、経営改革のトライアッドという形で私が言っているわけですけれども、今まさに進められていかなければならないわけです。

　法制度の改正等々、どんどん物事が進んでいます。経営改革の遠心力と求心力という形で書いておきましたけれども、アメリカ型経営に大きく転換していこうという遠心力、具体的には委員会等設置会社の導入ということで、これはかなりアメリカ型コーポレート・ガバナンス、アメリカ型経営への転換を促進させる部分があります。

　それから求心力、日本型経営の温存、という根強い部分もあります。今日は、鈴木敏文会長と御手洗社長がおられませんので、私が好きなことを言えると思って気が楽ですが、こういうことに今、一番厳しい目を向けてある意味で批判的なのは、やっぱりキヤノンの御手洗社長ですね。アメリカ型転換というものを安易に彼は受け入れてないのです。もう1つ言っておきます。彼は、中央大学のOBで、同時にアメリカ生活が大変長かったのです。日経新聞に「私の履歴書」という記事が載ったでしょう。アメリカには「ニューヨーク白門支

部」という中央大学の卒業生の集まりがあります。そこに長らく彼は入っていて，後輩の面倒を随分見てきて，いまだに「御手洗さんには大変お世話になりました」という人がたくさんいるのですね。あれだけ長いアメリカ生活，アメリカの企業体験を持っているからこそ，私は説得力があると思います。つまりこのアメリカ型委員会等設置会社というものの限界を彼は見抜いているのです。非常に大事な点です。彼は世界に通用する経営者ですよ。残念ながら，我々が日本人の名前を出してもあんまり通用しないけれども，「御手洗」と言えば，それだけで通用してしまう，そのぐらいすごい人です。その人が，アメリカ型経営への移行に批判的な姿勢を示しているのです。そこをきちっと理解しないといけないというふうに私は思っています。

　アメリカにすり寄る経営はだめなのです。今，すり寄る部分が多いのです。私が，ニューヨークで行われた日系企業の社長が多く参加した講演で批判したところ，「ぷいっ」と横を向いた有力者が何人もいました。要するにアメリカに近づく，形だけアメリカ型にすることがいいことだと思っているのですね。とんでもないことだと私は思います。

　もう一人，鈴木代表。この方もなかなか骨のある人ですね。実は驚いたことに，アメリカのニューヨーク市場・ナスダックの店頭公開市場から「イトーヨーカ堂」が撤退したのですね。みんなすり寄ってアメリカに同調したい人ばっかりでしょう。でも，やってられないと言って，撤退したのです。それはそうです。日米の会計基準が違って，そんなことをやっていれば損するばかりです。会計手続上，本業のもうけが減るわけでありますから，その決断は正しくて，日本の会計基準でいきますと，当期利益について466億円，アメリカの基準に従っていけば210億円ですから，差額256億円がやめることで出てくるわけです。つまりアメリカで公開していれば「優良企業だ」なんて思わない方がいいですね。合わないものはやめた方がいいのです。その辺の決断は非常にはっきりしています。そういう意味で私は素晴らしい経営者だと思って尊敬しています。

6. 日本企業改革とコーポレート・ガバナンス改革

　それで，もう1つの道を皆さんにぜひ感覚的にわかってもらいたいと思って長々話したのですが，実は，日本企業改革というのは，とても大事な部分を含んでいるのですね。これは何か。「第三の道」と呼んでいることですが，日本に留まっていく日本型経営をある程度残していこうという部分と，もう1つ「ドイツ型経営」との混合形態が出てきまして，委員会等設置会社の導入と純粋持ち株会社の導入が同時に行われる可能性が出てきたのです。私は，これが「いい」と言っているわけではないのです。「極めて危険だよ」ということを言っているのです。

　ガバナンスというのは何か。要するに，いろいろな人がいろいろなことを言っていますが，伊藤邦夫氏は「組織として企業が効率的に運用されるように経営者をモニタリング（監視）し，切り続ける仕組みだ」と言っています。まさにコーポレート・ガバナンスの何が原因なのかというと，会社はだれのためのものなのか，だれのために会社は運営されるべきなのかというふうに言い換えることができると思います。

　アメリカのコーポレート・ガバナンスというのは，基本的に株主主権です。そしてこれから講義の中で出てくる人たちは，ぜひ私も聞きたいぐらいの人たちがいるのです。株主主権を徹底強化する改革が今進められております。株主主権が徹底していないから，ああいう問題が起きたのだというのが彼らのとらえ方であります。まさにアメリカの資本主義の特徴が出ていると思います。この株主利益の最大化を図る統治機構をつくり上げていく。理論として，実はもう一方で，経済理論から言うと，プリンシパル・エージェンシー理論なんかがこれの理論的基礎付けを与えているのですね。我々は企業というのは株主主権じゃない，株主だけのものじゃない，株主主権だけに限るのはおかしいということを言った途端，もうガラッと雰囲気が悪くなるのです。

　実はこういった株主主権の考え方以外を採る理論の人もアメリカにもおりますが，非常に少ないです。アメリカは株主主権を徹底強化していく。まさにそ

ういう意味では,「アメリカの覇権主義」という言い方が当たっているのですが,アメリカ資本主義の押し付けだという言い方——別に私はマルクス主義でも何でもありませんが——まさにそこなのです。

　我々,会社は株主だけのものだとは思っていません。もっと広く考えています。そういう意味で「会社はだれのものか」というときに,所有関係を見れば,株主の要求・要望を中心にして,まさにエージェンシー問題,モラル・ハザードを解消する仕組み,だから,非常に高い経営者報酬も全部こういった理論的裏付けがあるのです。あれは勝手につくられているわけではないのです。こういった考え方,利害関係者（ステークホルダー）の利益あるいは従業員の利益を前面に押し出す考え方はアメリカでは少数派です。ただし,ここへ来て,社会的責任投資の問題や,あるいはステークホルダーの考え方をやっぱり出そうとする投資家が一部出てきましたね。次回からの講義にも多分登壇してくるはずですね。ぜひそういう点からお聞きになっていただきたいと思います。

　このコーポレート・ガバナンス改革が今手を付けられていまして,アメリカの場合は（日本もそうですが）,こういった組織構造改革システム,経営者報酬システム,これは外部コントロールする。外部コントロールは,外にある,いわゆる株主・投資家によるコントロール,これに対してプロテクトする方法が日本は非常に甘いので,それに対する新しい法案が今,整備されつつあります。

　さて,このコーポレート・ガバナンス改革は,アメリカの場合にはさらに徹底強化されて,株主主権の方を強化するということですが,日本では,委員会等設置会社を導入するというのはアメリカ型経営への転換を意味します。

　それからもう1つ,純粋持ち株会社というのがあって,アメリカ型コーポレート・ガバナンスを言う委員会等を中心にした執行役員,ストック・オプションを導入していくということは,ステークホルダーの価値最大化に繋がらないのです。株主価値をさらにアメリカ以上に過度に追求していく,こういう危険性を持っているのです。これを忘れているんですね。

なぜでしょうか。ドイツの場合には，非常に強固な純粋持ち株会社が，いわゆるコンツェルンと言うのですが，企業集団の一番上にあります。でも，そこに従業員代表が実は入っているのです。つまり，ドイツの場合には，従業員代表という形で，いわゆる日本語的に言うと「監査役会」という中に，約半数の従業員代表が入っているのです。

　アメリカの方を見てみますと，この委員会等設置会社の委員会は，従業員代表ではないのです。株主の利益代表です。この委員会には「報酬委員会」とか「人事委員会」とか，いろいろあります。ここに一番大事なものを出しておりますが，委員会等設置会社への移行ということですが，例えば「監査役」に関する問題で「委員会等設置会社の監査委員会」，この「委員会等」というのは，1個じゃないということです。「報酬委員会」とか「人事委員会」とか，いろいろあるわけです。取締役会の中に設けられる内部組織です。

　日本の従来の「監査役」というのは取締役会から独立しております。そして，取締役会をある意味で監視しております。メンバーの状況を見てください。株主総会で選ばれた取締役，これが監査委員会のメンバーになります。しかも半数以上が社外取締役で，つまり株主の利益代表であります。監査役は株主総会で選任されるということです。

　ところが，ドイツの場合の監査役会は，この株主総会以外に，従業員の中から選ばれる。監査委員会という委員会です。これが委員会等設置会社に設けられる委員会の1つです。これに対して従来型の監査役です。かなり性格が違うのです。いい面もありますが，しかし，問題もあります。特に委員会等設置会社という形でアメリカ型の方は，株主の利益を守る，そういう仕組みになっています。株主の利益代表です。だから，従業員，株主以外の利益・利害を代表する者は，ここにはいないのです。委員会等設置会社への移行について，今，いろいろな調査が行われています。日本監査役会協会の調査は，信頼性の置けるものでありますが，今のところ，その調査結果によれば「移行予定なし」ということです。

　なぜ移行しないのか。現行制度の中での取締役改革により，効率性や健全性

の改善が可能だ。つまり従来どおりのもので，それを改善すれば十分に効率性が確保できる。ここが大きいですね。社外取締役の確保は困難なのです。

それから御手洗社長は，もっと厳しいです。素人にどうしてうちの会社のことがわかるんだ。素人ではわかるはずがない。ある程度，メーカーであれば，特にそういう考え方が根強いと思います。なぜならば，これまでは日本のメーカーのトップマネージメントのかなりが理系出身者でした。技術に明るい人たちだったのですね。

この企業統治の評価に関して実はおもしろい調査結果が出ておりまして，なかなかいい統治をしているという会社もありましたが，オムロンというのは従来型なのです。帝人も，ヤマハ発動機もそうです。つまり上位10社のうち3社が従来型の監査役制度のことで，いい企業統治を実施しているという評価を得ています。ですから，そういう意味で絶対的に「監査役委員会を設けた方がいい」ということにはならないようです。

もう一方，米国の監査役体制の強化，この問題は，私たちも，アメリカの400社，日本の400社の調査をしまして，まだ公表してないのですが，大体似たような結果が出ています。ストック・オプションの見直しとか，こういうのは出ております。

ドイツ監査役改正，今，私が申し上げている部分について，世界の大きな流れの中で，ちょっと経営側のスピードが得られないということが問題になっていまして，監査役制度を今，改編しようとしております。特に「監査役会議長」，日本の実情を考えると「議長」というのは，日本語としてふさわしくないと思います。監査役会会長みたいな人は，大手銀行の頭取ないし副頭取というのが，これまでの決まりです。そこにある弊害だと言っているのです。

それから日本の場合，米国型統治形態を象徴する委員会等設置会社の導入か，従来の監査役のいずれかの選択的導入が，まさに制度の変革過程での経過的措置として決まっております。ただし，資本金5億円以上または負債200億円以上の大会社であるということ，また，そこでは，執行役員制度，執行役員，ストック・オプション等導入，そしてさらに，純粋持ち株会社の導入によ

るグループ経営の戦略に伴う新たな問題が今後も出てきます。そこには解決すべき困難な問題がたくさんあるだろうと思っております。

　最後に，先ほど言いました「委員会等」の委員がここに入っています。「指名委員会，報酬委員会・監査委員会」，これは取締役会内部に設けられた委員会であり，これはあくまでも株主の利益でありまして，中心は社外取締役を中心にして構成されるということになっています。この執行役・オフィサーというものを業務執行の監査をする，監督していく。こういう大きな役割を担っている。ただし，もう1回申し上げます。あくまでも株主の利益という視点からなのです。

　今，日立なども，こういうことをやっています。「指名委員会，監査役委員会，報酬委員会」，いろいろやっています。社外3人とか，社内から2人とか，グループ経営委員会など。日立はグループ経営に移行し，そして，先行きは純粋持ち株会社を設けることになります。そうすると，例えば採用の仕方も変わってきますね。一番のトップは，純粋持ち株会社側の人間です。グループ経営委員会をどんどんやっていまして，動いています。

　そんなこともありまして，今動いているのですが，これまでの経営の仕組み，社会の制度も変わってきていますし，1個だけでは変わらないので，ガバナンスというのは，何か簡単に移転可能できるわけではなくて，文化とか歴史的経緯に依存するところがあるのです。ともかくこういうたくさんの問題があり，日本の企業が大きく変わろうとしている中で，皆さんには，ぜひこのことを一生懸命考えていただきたいと思います。

関 連 文 献

小田切宏之『日本の企業戦略と組織―成長と競争のメカニズム―』東洋経済新聞社，
　1992年。
伊藤邦雄『グループ連結経営―新世紀の行動原理』日本経済新聞社，1999年。
青木昌彦・伊丹敬之『企業の経済学』岩波書店，1985年。

第2章 心理学と経営
──経済は心理学で読め──

鈴木　敏文

はじめに

　今日は皆さん方に「心理学と経営」ということでお話をさせていただきたいと思います。私は，中央大学経済学部の出身で，今日も昔の先輩が何人かここにいらっしゃいます。私も経済学会で「近代経済学」を多少勉強したりしたわけです。我々のころは，あるいは今もそうかもしれませんが，「経済と心理学」を結び付けて考えることはほとんどなかったというふうに思います。

　しかし私は最近，経済というものは「心理」というものを抜きにして考えられないと言っています。小泉総理とも3ヵ月に1回ぐらいずつ，アドバイザーという立場でいろいろなことを話し合いもしておりますが，そんな時も常に高名な学者の方や先生方がおっしゃっていることと，現場で我々が仕事を通して感じることの間には相当にギャップがあるのではないかと申し上げています。もちろん過去の事実を分析して理論を構築することは大切です。しかし，今の世の中の大きな変化という中で見ていくと，必ずしもその理論がそのまま使えないということが非常に多くなっていると感じます。そういったことをその席でお話しするわけです。

1. 日本における個人消費の特異性

　特に今の日本の個人消費を考えますと，先進国の中でも日本ぐらい個人消費のレベルが高い国はないんですよ。うっかりすると，「アメリカの方がレベルが高いんじゃないか」という感覚を持たれる方がいらっしゃるかと思いますけれども，そうではないのですね。

　そこでまず，家計の所得で見ていったら一体どうなるかということを最初にご覧いただきたいと思います。図2-1を見ていただければおわかりの通り，1

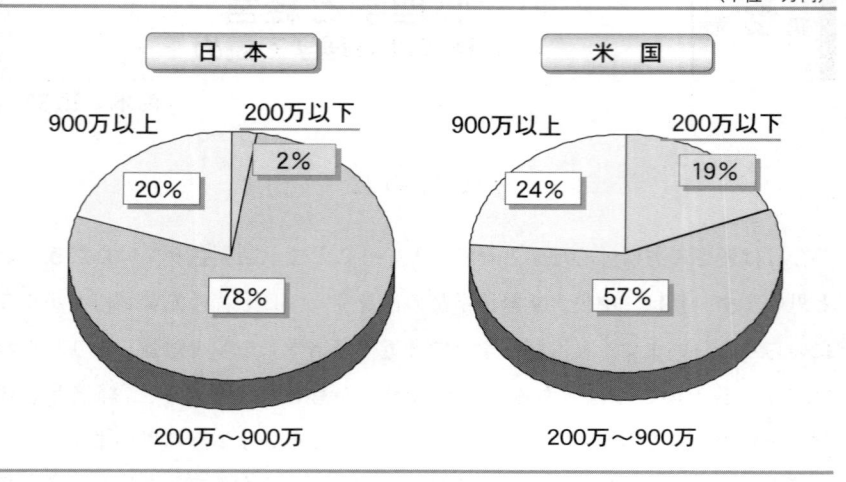

図2-1　日米所得階層の比較（03年）

(単位：万円)

日本／米国

日本：900万以上 20％、200万以下 2％、200万〜900万 78％
米国：900万以上 24％、200万以下 19％、200万〜900万 57％

（出所）　総務省，米国調査局データよりドイツ証券作成

　世帯当たりの収入が200万円以下という層がアメリカでは19％あります。日本は幾らかというと2％です。みなさん「えっ」と思われるかもしれません。為替や物価の問題がありますから，一概に全く同じ土俵で比較することは無理なことですけれども，1つの指標として見ていただいたらいいだろうと思いますが，所得階層から見た日本とアメリカではこういう差があるということです。

　それでは，所得の高い層はどうかというと，これも当然アメリカの方が多いということが，図2-1を見るとわかります。ということは，アメリカは日本よりもずっと所得格差が大きいということです。逆に日本は，所得階層間の格差がきわめて小さく，均質化しているわけです。ですから所得の低い人も，あるいは高い人も，同じ店で同じ商品を買い，同じレストランで同じ物を食べているという例が非常に多いということは，おわかりになるだろうと思います。今の日本では，例えば高校生が有名ブランド品を当たり前のように持っていますが，そういう国は世界の先進国の中でも日本以外には見あたりません。アメリカへ行こうが，ヨーロッパへ行こうが，そういう国はない。要するに，日本というのは，そういう意味では世界の常識から見れば「特殊な国だ」ということ

です。

　今世界の小売業の中でナンバーワンの売り上げを誇っているのは，アメリカでディスカウントストアを展開しているウォルマートです。最近では西友さんと組んで，日本にも進出しています。アメリカではディスカウントストア，特にウォルマートはどんどん伸びております。しかし，日本で同じように商売をしようとするとなかなか厳しいということです。実際に，今日本には本当の意味のディスカウントストアというものはありません。そう申し上げるとそんなはずはないというふうに皆さん方は，思われるかも知れませんけれども，業態としてきちっと分析し，整理していくと，本当の意味でのディスカウントストアは今の日本には存在していないのです。これは非常に不思議に思われるでしょう。

　今からもう20年近く前になりますが，1986年に私は日本ではディスカウントストアという業態は成り立たないのだと社員の前でもマスコミの人たちの前でも申し上げました。その時には「あいつは変なことを言う。アメリカだってディスカウントストア全盛で，どんどん伸びているときに，日本でそれが成り立たないという話はないだろう」ということも言われました。しかし，それから20年ほど経った今，実際に日本にはディスカウントストアがないわけです。もちろん，自称ディスカウントストアというのはありますし，あるいは一部の商品を安く売っているところはありますけれども，本格的な意味でのディスカウントストアというものは，今の日本にはないんです。

　例えば皆さんは，激安の殿堂ドンキホーテなる店に行かれるかもしれません。あの店は看板の通りディスカウントストアではないのかと今思っておられるかもしれません。「ディスカウントストアだと思っていた」という人，手を挙げてみてください。ほら，これだけ多くの人たちが，ディスカウントストアだと思っているわけですね。しかし，あれはディスカウントストアではないんです。あのお店に行ってよく見てください。要するに，あそこは「バラエティストア」という業態なのです。安い物もありますけれども，むしろ珍しい物を売っているわけです。だから，若い人たちにも人気があるので，あれはただ日

常的によく使うものを安い価格で売っているディスカウントストアではないのです。

話は飛びますが,「21世紀研究会」といって,ベンチャー・ビジネスの創業社長たちが30人ぐらい集まる会合があります。もう10年ぐらいやっているのですが,私はたまたまその座長を務めてまいりました。その「21世紀研究会」に,ドンキホーテの社長が入られたわけです。彼は慶應大学を出た後,あの店を自分で作り上げた人物です。その時に,あなたのお店の業態について,マスコミ・新聞,例えば日経新聞にしても,あるいはほかの流通専門の雑誌にしても,みんなディスカウントストアと書いているけれども,あれはディスカウントストアじゃないでしょうと私がそう申し上げたら,彼はパッと立ち上がって,「いや,そういうことを言われたのは,鈴木さんが初めてだ。」と言いました。そして,「初めてはいいけれども,実際はどうなの？」と重ねて聞いたら,「私はディスカウントストアのつもりではありません」と言うわけです。その場に居られた人たちも「えっ」という顔をしていました。

ディスカウントストアというのは,どういう業態かといいますと,要するに安い商品を大量に安く仕入れ,それを大量に陳列して売り込むのがディスカウントストアなんです。あの店はディスカウントストアではないんですね。安さを演出して,いつでも目新しい商品をいろいろと揃えてあります。しかし,一つ一つの商品を見ますと,決して大量ではないでしょう。今度あそこへ行かれたら,そういう目で見てください。そこの社長自身が「自分でもディスカウントストアのつもりはありません」と言っているわけですが,そもそもディスカウントストアだったら,あの会社は成り立たないだろうと思います。

くどくなりましたけれども,先ほどお話したように,日本は先進国の中でも特異な国なんです。そして,消費のパターンも日本は特異な国なんです。

2. 日本における流通業の展開

私は最初にご紹介いただきましたように,セブン-イレブンを自分でつくり30年間経営してきました。今,セブン-イレブンの店というのは,世界18ヵ国

に，2万6,000店あります。セブン-イレブン発祥の地はアメリカで，1927年にテキサス州ダラスで創業しました。その後，アメリカのセブン-イレブンは一番店が多かった時には8,000店ありました。8,000店になりましたけれども，アメリカの世の中の変化にお店が合わなくなってしまったために経営危機に陥りました。今から12年前です。その時，アメリカではセブン-イレブンを筆頭に大手のコンビニエンスストア・チェーンはどこも経営不振に陥っており，「もはや，コンビニエンスは成り立たない。コンビニの時代は終った」とアメリカのマスコミも流通業者もマーケティングの学者も皆そう言っていたのです。

　30年前に私はアメリカのセブン-イレブンと提携し，日本でセブン-イレブンのチェーン化をはじめました。提携と言っても，実際は会計システム以外は商品も店舗経営の方法も全部独自につくったものです。しかし，アメリカでセブン-イレブンが倒産したとなると，日本でもすぐに「アメリカでもだめになったんだから，日本でもだめになる」というふうに言われるのがオチです。いわば私たちが手がけているセブン-イレブンの企業としてのイメージや店舗イメージ，古い言い方をすれば「暖簾」に関わることなので，これはやはりなんとかしてアメリカのセブン-イレブンを立て直さなければならないということで，私はアメリカのセブン-イレブン再建を引き受けたわけです。その時のアメリカのセブン-イレブンの負債は3,800億円です。気の遠くなるような金額で，しかも今から12年前のことです。

　IYグループは再建支援に向けて640億円を出資したわけですが，別の言い方をすればセブン-イレブンの暖簾を640億円で買ったということです。当時，日本の流通業の人たちからも，マーケティングの学者もコンサルタントの人たちも「日本からアメリカに行っても，絶対に再建できるはずがない」と言われました。けれども，その後順調に再建が進み，3年後には黒字を出せるまでになりました。もはやコンビニの時代は終ったと言われていたのに，アメリカのセブン-イレブンは業績を回復させ，新たに成長しはじめたのです。なぜでしょうか。

　要するに，その時代，時代の消費者のニーズをいかに汲み取っていくかとい

うことです。つまり，マーケティングということをきちっと仕事に組み入れているかどうかということです。これができないと，時代や消費者のニーズの変化に遅れてしまうわけです。しかも，今や消費者の心理というところにまで踏み込まなければ，実際に実効を上げ得るマーケティングにはならないのです。

そこで，またちょっと皆さんに，図2-2をご覧いただきたいと思います。「業態別の売上高」という図で，1982年から2003年までの百貨店とスーパーとコンビニの売上高の推移を見たものです。百貨店は，こういう形で90年あたりを境にしてずっと落ちてきています。スーパーは売り上げが伸びています。それからコンビニも伸びています。全体の数字を見ていますとスーパーは今一番売り上げが伸びていて，そこからスーパーを経営している個々の会社もそれぞれみな繁昌しているかのように見がちです。ところが，個々の会社という視点から見ると，むしろ90年以降，スーパーはたいへん厳しい時代になっているわけです。

表2を見ていただくとわかります。日本では1960年代，昭和30年代にスー

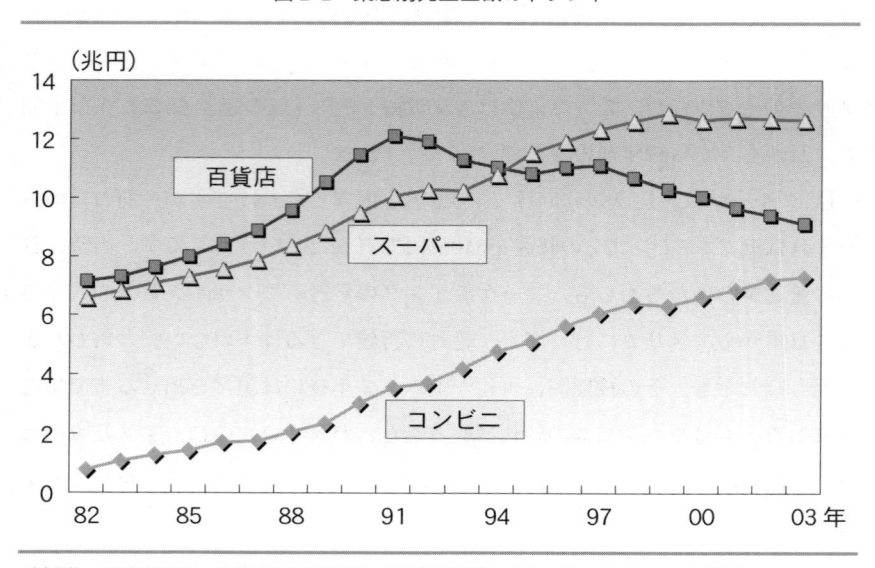

図2-2　業態別売上金額のトレンド

(出所)　経済産業省，商業販売統計年報，日経流通新聞，コンビニ・ミニスーパー調査

表2　GMSの変遷

1960年代	スーパー各社チェーン化へ	1995年	ダイエー　260億円最終赤字
1961年	十字屋　株式上場	1997年	ヤオハン　会社更生法申請
1963年	長崎屋　株式上場	1998年	西友G　ファミリーマート株を伊藤忠へ売却
	ニチイ（後のマイカル）設立		西友　上場来初最終赤字250億円
1969年	ジャスコ（現イオン）設立	2000年	長崎屋　会社更生法申請
1971年	ユニー　設立		ダイエーG　ローソン株を三菱商事へ売却
	ダイエー　株式上場	2001年	マイカル　民事再生法申請
1972年	IY　株式上場		寿屋　民事再生法申請
1974年	西友・ニチイ・ジャスコ　株式上場	2002年	ニコニコドー　民事再生法申請
1976年	ユニー　株式上場		西友　ウォルマート傘下へ

パーという業態が生まれました。そして，1961年に衣料品を主体としたスーパーを経営していた「十字屋」さんが，スーパーでは初めて株式を上場しました。この「十字屋」という名前を知っている人，ちょっと手を挙げてください。続いて「長崎屋」さんが1963年に上場しました。この「長崎屋」さんという名前を知っている人も，ちょっと手を挙げてみてください……。

　私が流通業界に途中から入ったのがこの1963年なので，非常によく記憶しているのですが，私がヨーカ堂（現イトーヨーカ堂）に入社した時の「十字屋」さんとか「長崎屋」さんというのは，スーパーの中でもう上場していまして，スーパー業界ではヨーカ堂よりずっと上位にランクされていたわけです。

　70年代に入りますと，やっと今皆さんが知っていらっしゃるようなジャスコさん（今のイオンさん）や，ユニーさん，あるいはダイエーさん，ヨーカ堂が上場するわけです。70年代には「西のダイエー，東の西友」と言われ，当時急成長を遂げて世間の注目を集めていたスーパーの中でも両社は代表格だったわけですね。ところが，ご存知の通り1995年にダイエーさんが経営危機に陥り，1997年にはヤオハンさんが会社更生法を申請，また2000年に入ると長崎屋さんが会社更生法，それから2001年にはマイカルさんが民事再生法，それから九州

にある寿屋さんというスーパーが倒産というように，スーパーは次々と経営が破綻していきました。最近ではダイエーさんの件が，いろいろ話題に上っている通りで，皆さんもよくご存知かと思います。それから西友さんはウォルマートの傘下に入りました。

こういうふうに90年代以降，スーパー各社はたいへん厳しい状態になっているわけです。先ほどの図2-2だけを見ますと，スーパーの売り上げはずっと伸びていて，このような個々の会社の状況というものは見えてきません。

今私は各社の動向を簡単に説明しましたが，子細に見ていきますと特にスーパーの衣料品というのは全滅と言っていい状態になっています。大型スーパーでまず最初に上場したのが十字屋さん，長崎屋さんだったことからもわかりますが，スーパー業界が生まれて，急成長を遂げる1つの原動力となっていたのは，衣料品だったのです。ところが，わずか40年ほどの間に，スーパーの衣料品が全部だめになってしまいました。たった40年間に，流通の中で1つの産業が興り，そして衰退しているわけです。

3. 消費をめぐる環境変化

3.1 飽和状態の消費

ここに世の中の大きな変化というものがあります。敗戦後，1960年代，昭和30年代までは物が不足している状態が続いていました。当時は，日常生活を送る上で必要な衣料も，日用品も「ない，ない」という状態です。誰もがもっと物が欲しいという時代ですから，安い値段で物を提供すれば多くのお客様が喜んで買ってくれました。その時代に，スーパーはセルフサービスによるローコストを武器にさまざまな物を安く提供すること，いわば安売りによって成長を遂げました。

ところが，今や機能としての消費は飽和状態です。要するに，日本のほとんどの人はもう十分に物を持っているわけです。皆さん方のご両親なりご兄弟なりを見ていただきたい。大体箪笥の中は衣料品でいっぱいなんですよ。けれども，ここでおもしろいことは，お姉さんやお母さんたちは，必ずこういうこと

をおっしゃっているはずです。何か仮にパーティとか会合とかに呼ばれて行くときに「着ていく物がない」と言うんです。皆さん方でもそういうことがありませんか？　しかし，洋服箪笥の中には衣料品がたくさんあるわけです。これはどういうことでしょうか。

　つまり，経済的な視点で見ている限り，着る物は十分すぎるほどあるのですが，生活者の心理から見れば，今日着るべきものがないということです。心理的に見るというのはどういうことかというと，以前にもその服を着て行ったので，2回も3回も同じ物を着て行けないということです。着る物はあるけれども，気持ちの上で「着て行く物がない」ということです。

　今の日本の経済は，一方では「物余りの時代」と言われます。しかし，気持ち・心理の上では物が不足しているのです。ですから，同じ個人消費の問題を考えるにしても，心理の面から見るか，物の生産量とか販売量といった経済の面から見るかで，全く見えてくる光景が変わってしまうわけです。

　従来の経済の見方は，全部物から入っていきますから，物余りの時代は物は売れなくて当然だということになります。私は先ほどスーパーは「安売り」で成功したと申し上げました。そうしますと，今また不景気で物が売れない時代なのだから，安くすれば物は売れるのではないかと考えがちです。これが過去の成功体験です。スーパーという業態が成長を遂げたのは，まだ物が行き渡っておらず，また多くの世帯の収入もそれほど多くなかった時代に，安売りを行って成功した結果です。そうすると，今不景気で収入が減少している時は，安売りをすればまた成功すると考えるわけです。ところが，今の時代にその成功体験は通用しないんです。

　ちょっと話を飛ばしますけれども，今ゼロ金利時代と言われるようにたいへんな低金利時代です。日銀総裁ともいろいろ話をする機会があるのですが，総裁も実際には低金利を続けることが，今の日本経済にどれほどの影響を与えることになるかわかっておられます。しかし，政策としては今金利を上げられないとおっしゃいます。ですから，物価がもうちょっと上がってこないと金利は上げられないと言うわけです。これは従来の経済学の理論で言うと正しいかも

しれません。けれども，それなら景気がよくならない限り決して金利は引き上げられないという話になります。今，景気が少し回復していると言われていますが，その内実を見ればほとんど輸出頼りです。国内の個人消費は依然として冷え込んでいます。

　不況で収入が減っているから，個人消費が落ち込んでいるのでしょうか。実は過去の経済学からすれば，これはたいへんもっともらしい見方です。しかし，今の個人消費の状況は決してそうではありません。今，大多数の人は，ある程度豊かに暮らせるだけの収入はあるんです。その証拠に，例えば最近は30万円とか60万円の薄型テレビが人気商品になっているわけです。ところが，その一方では先ほど言ったように衣料品などは売れません。ただし，今までにないような新しい商品は売れています。つまり，お金がないから物を買わないということではないのです。我々が商売をしていますと，こういう例は幾らでも挙げられます。

　ここでまた話が少し脇にそれますが，皆さんはユニクロさんで買物をされたことがあると思います。ユニクロさんで買物をしたことのある人，ちょっと手を挙げてみてください。ほとんどの人が経験があるわけですね。それでは，ユニクロさんは安いから買いに行くという人，手を挙げてみてください。わかりました。ユニクロさんは確かに安いです。けれども，安いから多くのお客様が買っている，安いから売れていると思ったら間違いです。ユニクロの服を着ると言うこと自体が1つのファッションなんです。

　ところが，数年前にユニクロさんに注目が集まりはじめ，「ユニクロ現象」という言葉が生まれると，一時期お客さんの足が遠のいたことがありました。つまり，誰も彼もがユニクロの服を着ていたのではファッションとしての差異がなくなってしまうので，敬遠されたわけです。しかし，またユニクロさんの人気は回復してきました。なぜかというと，単に安い衣料品というのではなく，常に新しいファッション性を取り入れた商品を送り出すようになってきたからです。流行には遅れたくないが，大多数の人と同じになってしまって差異化できないのはいやだ，というのが人間の心理なのです。

ですから，つい先日もユニクロさんが，「我々は安い商品ではなくて，いい商品を扱います」という1ページ全面を使った新聞広告を出されました。あれはどういうことかというと，お客様の心理に訴えているわけです。物が不足していて安い物が求められているのであれば，ユニクロは今までよりも安くしますという広告が出るはずです。ところが，そうではなく，いい商品と言うことで，今までにない価値を持った商品を提供し続けますということで，お客様の支持を得ようというわけです。

かつての物不足の時代には，家庭にどれだけの物がストックされているかという，物の量で豊かさを推し量ることが可能でした。しかし，物余りの時代と呼ばれる現在は，今までと同じような物が幾らあっても，消費者は決して欲しいとは思わず，家の中にいくらたくさん物があっても，決して豊かだとは感じなくなっています。今までと同じ物なら，例え100円でも買いたいとは思わないでしょうが，今までにない機能や価値を実現していれば，例えば60万円するテレビでもポンと買うというのが現在の消費者です。こういう現象を一つ一つ見ても，物余りの時代を迎えてしまった今の日本経済というのは，人間の心理というものを織り込んで見ていかないと正確に理解できないということです。

3.2 金利と消費

また別の視点から今の個人消費について考えていきたいと思います。図2-3を見てください。貯蓄と収入について見てみますと，貯蓄という面では60歳以上の人がやはり現在一番保有していて，およそ2,300万円あります。一方，いわゆる収入を見ると，当然のことながら60歳以上の人たちの収入は少ないということです。

先ほど金利ということをちょっと申し上げました。今，不景気だから金利が上げられないと，一般的には皆さんそう言っています。景気が良くならなければ金利を上げられないというわけです。しかし，私はこれまでずっと適正な水準に預金金利を引き上げなかったら日本の景気が一向に良くならないんだと申し上げてきました。残念ながら，この論に賛同してくれる人は余りいないよう

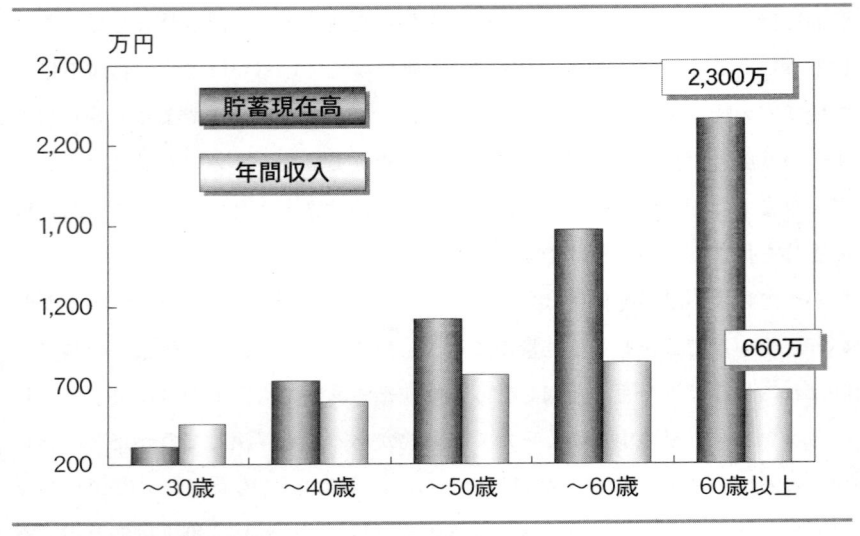

図 2-3　年代別貯蓄と収入（勤労者世帯）

(出所)　総務省家計調査年報

です。今までの経済学で言うと，要するに預金金利を上げたら国や多くの企業のようにお金を借りている側にとっては苦しくなり，住宅ローンを借りている人は生活が厳しくなります。ですから預金金利を上げるということは，とんでもないことだ，やはりゼロ金利の状態をまだ続けていかなければならないというのが一般論です。もし何かの試験で私の言っていることを書いたら，間違いなく落とされます。「今，不景気だから，預金金利を上げなければならない」などと書いたら，あっ，これは経済を何もわかっていないと言われるに決まっています。

　しかし，現実の問題では，金利を引き上げなければ，消費面から見て景気回復は困難と言わざるを得ません。そこで，図2-4をご覧ください。日本の金融資産というのは1,400兆円と言われています。金融資産の中の半分以上が現預金で約700兆円です。仮に金利が3％だったとすると，700兆の3％で21兆円の金利収入が発生することになります。

　今年の国の一般会計予算は82兆円です。82兆，21兆というのを考えてみてく

図2-4 日本の金融資産

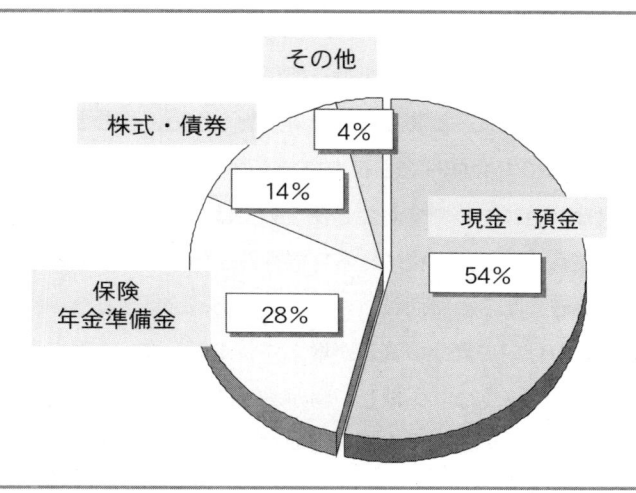

その他 4%
株式・債券 14%
現金・預金 54%
保険 年金準備金 28%

（出所） 2001年度末，日本銀行調査

ださい。ここで人間の心理ということが出てくるわけです。先ほど60歳以上の人たちの平均貯蓄額が2,300万円という資料がありました。けれども，人間というのは，収入がないということになると，仮に2,000万円，3,000万円お金を持っていようと，それが減るということに，たいへんな抵抗感を持つものです。しかも先ほど何回かお話ししましたように，今，消費の飽和状態で，あわてて物を買わなくてもいいという状態にあるわけです。一方で，将来に対する不安はみんな持っているわけですね。

皆さん方，「きんさん，ぎんさん」というおばあさんをご存知でしょうか。すでに亡くなられましたけれども，あのきんさん，ぎんさんという人が100歳過ぎてテレビに出ていました。これは一時有名だった話ですが，ある時，そのきんさん，ぎんさんに「テレビやコマーシャルの出演料をどのように使うんですか」と聞いたら「老後のために貯金する」と答えたそうです。これは本当の話です。100歳を過ぎている人でも，「その出演料をどうするんですか」と聞いたら「老後のために取っておきます」と言う，これが人間の心理なんです。ですから，60歳以上の人たちがいくら個人資産を持っていても，将来何が起こる

かわからないから，そう簡単には取り崩して使いたくないということです。自分が病気になるかもしれないし，あるいはどういうことが起こるかもしれない。いざという時のためにはお金を持っていなくては心配だというのが人間の心理です。むしろ明日食べる物もない，着る物もない，住むところもないという状態なら借金してでもローンを組んででも物を買うわけです。しかし，「物余り」の時代は，逆にあわててお金を使う必要はないということです。ですから，幾ら貯蓄があっても，今後増える可能性がないなら，とりあえず消費を控えようという心理になるのですね。

　逆に預金金利が付いて自分の資産が増えていくならば，今お金を使うことにもそれほど抵抗感がなくなり，欲しい物があればがまんせずに買おうというのが人間の心理です。ですから，今預金金利がゼロに等しいということは，逆に消費を抑えているわけです。

　こういう話を，私はいろいろな人たちにしています。そうしますと，例えば日銀の総裁にしても「その通りだ」と個人的には理解してくれます。しかし，政策としては打ち出せないということです。要するに，政治の世界でも経済の世界でも，頭では「心理」というものの重要性を認めていながら，実行においてそれを信認する勇気がないのだと言えます。人の心理をどう評価するかについて，理屈としてはわかるが実際にその通りになるかどうかやってみないとわからないというのが，多くの人の抱いている実感ではないでしょうか。世界の中で最も経済先進国と言える日本で，経済の最先端の問題としてこういう現象が起こっているということです。

　ですから，将来，見ていてください。私は予言しておきます。私が今言っていることが証明される日が必ず来ると確信しています。従来の経済学からは，こういう考え方は出てきません。今日のところは，皆さん「何か変なことを言うなあ」と思って聞いておいてもらえば良いだろうと思います。たぶん，学校の授業でもこんなことを習わないと思いますから。しかし経済の現場から見ると，これが現実です。ですから，今日の講義のタイトルにも，やはり「心理」というものを入れました。心理を理解できなければ，もう企業経営はやってい

けないんだというお話をしたわけです。

3.3　高齢化と消費

次に，図 2-5 を見てください。これは，今若い人たちが少なくて，高齢者の人口が増えていくということを示しています。1995年ぐらいを境にして65歳以上の人口はどんどん増え続けています。それに対して，15歳以下というのは今後どんどん減っていきます。そうなりますと，私が今申し上げたようなことが，さらに拡大された形で起こってくるわけです。

平均寿命はだんだん伸びて，高齢者の比率が増え，若い人が少なくなると，我々の商売においても，今までと大きな違いが出てきます。子供が多い社会では，子供服とか玩具とか子供を中心にした売場が重要でしたが，今度は逆に介護用品など高齢化に対応した売場を充実させていくことが重要になってきます。こうなるということは，もう言葉ではみんな知っているし，頭ではみんなわかっていることです。しかし，現実にそうなってみると，従来の経済学では

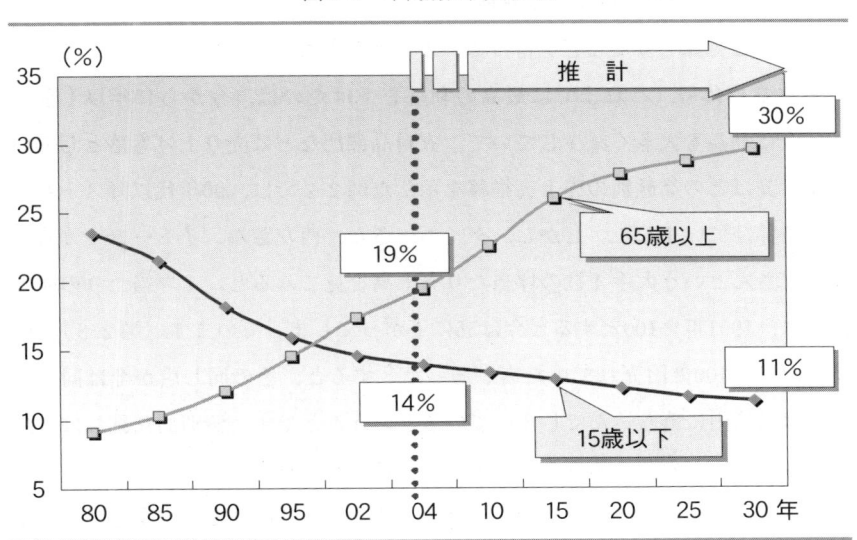

図 2-5　年代別人口の変化

(出所)　総務省統計局「人口推計」

対処できない問題がたくさん出てきています。我々が商売をしている実際の現場で今までに経験したことのない問題がいろいろ起こってきているんです。

子供というものは，1ヵ月，2ヵ月と時間が経てば経つほど成長していくわけです。ところが，高齢者というのは1ヵ月，2ヵ月と時が経つほど文字どおり老化して，体力も気力も衰えていきます。高齢者が多い社会と子供が多い社会では，物に対する考え方というのも，経済全体のあり方というのも大きく変わっていかざるを得ないのです。社会はこのように大きく変わっているのに，こういう問題を無視あるいは軽視して過去と同じ考え方で商売を続けていれば，時代に取り残されて衰退していくほかありません。もう一度，図2-2をご覧ください。なぜ，わずか40年の間に，スーパー各社が急成長し，急速に凋落してしまうという現象が起こったのか，それは世の中の変化を無視，と言うとちょっと語弊がありますけれども，変化というものに目を向けず，旧態依然とした商売を続けてきたためにこういう結果になったのです。

4. 流通業と消費者心理

4.1 人間の心理を無視した経営

私はここで偉そうなことを言っていますけれども，私が経営してきたイトーヨーカ堂自体も，これまでに最高の利益を上げたのは，今から10年以上前です。今は利益も大きく減少していて，衣料品部門などは売り上げも落としています。先ほどの業態別の売上高推移を示した図2-2では，90年代以降スーパーが一番伸びていました。しかし，ダイエーさん，西友さん，イトーヨーカ堂，イオンさんという大手4社の坪当たり売上高を見てみると，1坪当たりの売上高では，1991年を100とすると今は56に下がってしまっています（図2-6）。例えば91年に100億円売れていた店があったとすると，その同じ店が今は同じ坪数では56億円に落ち込んでしまっているということです。個別的に見れば，想像できないほどの落ち込みなのです。それにもかかわらずスーパー，デパートというような業態全体で見ている限りは，スーパーは伸びていますという話になります。あるいはデパートもそんなに落ちていませんという話になるわけで

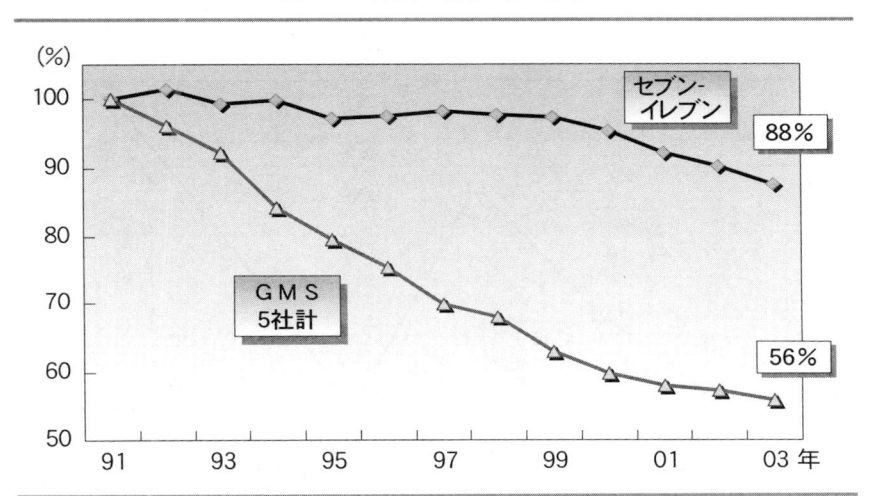

図 2-6　坪効率の推移（91年比）

す。しかし，個々の経営の現場から見ればデパートもたいへん厳しい状態になっているし，スーパーもたいへんに落ち込んでいます。

　ではなぜそうなったかというと，また繰り返しになりますけれども，我々流通業者あるいはメーカーの人たちが，世の中の変化を見ていなかったということです。それはいわゆる過去の体験でスーパーというのは物を安くすれば，お客様に買っていただけるのだという考え方です。お客様，消費者の方は，もうかつての物不足の時代とは全く違う心理で買物に臨んでいるにもかかわらず，売り手の方は物不足の時代そのままの考え方で商売を続けてきたのです。人間の心理を無視した経営を続けてきたことが，こういう結果となって出てきたのです。

4.2　心理を考える経営

　今私は流通業について申し上げました。今度はメーカーと流通業の大きな違いということをここでちょっと見ていただきたいと思います。図 2-7 は，鉄鋼5社の推移を示したものですが，メーカーというのは新しい生産方法が1つ開

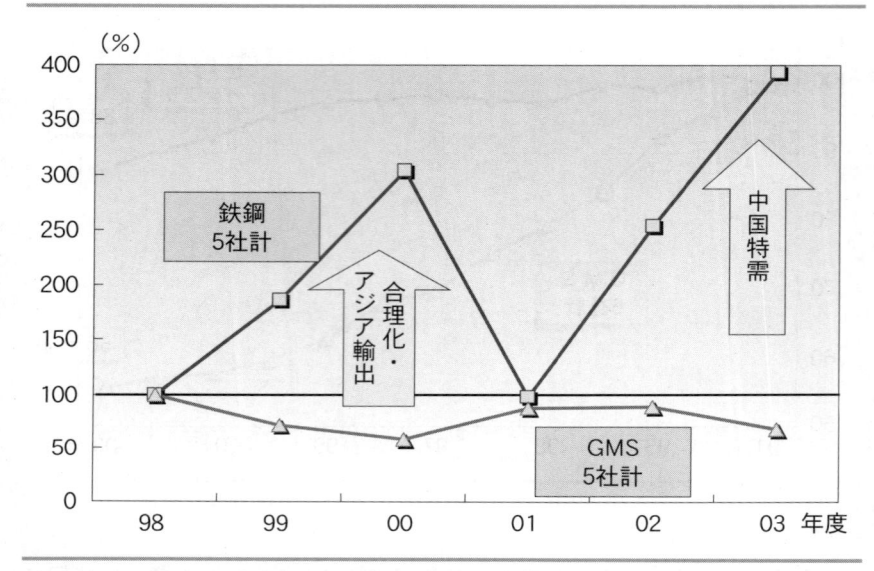

図 2-7　鉄鋼と GMS　営業利益の推移

```
（％）
400
350
300          鉄鋼5社計            ↑
250                           中国特需
200        ↑合理化・アジア輸出
150
100 ━━━━━━━━━━━━━━━━━━
 50              GMS 5社計
  0
    98   99   00   01   02   03 年度
```

（出所）　各社有価証券報告書　鉄鋼は高炉5社の連結決算・GMS は単体決算

発され，新規製品が1つヒットすることでパッと営業利益を上げることができます。1つのパテント（特許）を手に入れた結果，それを生かした新製品を出して利益を伸ばすこともできますし，技術革新によって他の追随を許さない新製品を送り出して売り上げを一気に上げるというようなこともできます。

　そこが流通業との大きな違いだと思います。現在，新日鉄さんをはじめとして鉄鋼業は業績がたいへん好調です。これは，ここにも書いておきましたように「中国特需」，例えば中国でオリンピックがあるとか，オリンピックが終った後には上海で万博があるとか，そういうことで中国での鉄の需要がたいへん増えているということが，大きな要因になっています。メーカーというのはこういう「特需」によって業績を一気に回復させることも可能です。ところが，流通業はこういう特需によって業績が大きく変化するということがありません。

　皆さん方は，産業界のことをそれほど真剣に考える機会もなかったと思いま

すが，ほんの2～3年ほど前は，例えば松下電器さんなど一流の電機会社でさえ利益が出ないというようなことが起こっていましたが，今ここへ来て業績が上がってきています。

　もちろん，製造業の場合は特需の恩恵がある一方で，在庫調整期に入ると一気に業績が悪化してしまうということがあって，メーカーというのはいわゆる浮き沈みが大きいとも言えます。ですからその経営には流通業とは違った苦労があるということです。

　一方で，流通業はそんなに急激に業績が落ち込んだり，回復したりすることはありません。徐々に良くなるか，悪くなるかということです。なぜかと言いますと，デパートもスーパーもコンビニもそうですが，来店するたくさんのお客様の購買行動の合成によって売り上げや利益が決まるからです。1つの商品が幾ら売れたからといっても，それが売り上げ全体に与える影響は限られています。売り上げを上げていくには，一人ひとりのお客様の心理というものをつかみ，その結果，多くのお客様に支持していただくようにするほかはありません。先ほどから申し上げているように，現在のように物余りの時代になって，お客様が新しい物にしか興味を示さなくなると，イノベーションを続けていって，お客様に常に新しい商品やサービスを提供していかない限り，支持を得られません。

　物が不足している時代の流通業というのはたいへんに楽です。物が不足しているので，お客様は常に物が欲しいという旺盛な購買意欲があります。限られたお金で，少しでもたくさんの物を揃えたいと考えているので，商品を安い価格で供給し続ければ，買っていただけるのです。そこでは，お客様の心理などより，いかに安く，大量に物を供給するかということが問題になっているわけです。

　海外からディスカウントストアが日本に上陸しても伸び悩んでいるのはなぜかというと，日本の消費が飽和状態にあるからです。彼らが物不足の国へ行ったら，そのままのスタイルで商売ができるでしょう。消費が飽和状態にある日本では，一人ひとりのお客様の心理をつかむことが重要です。人間の心理をど

ういう形で経営に反映していくかということです。経済学と心理学というものを我々はきちっととらえていかなくてはいけません。

　皆さん方も恐らくセブン-イレブンをお使いいただいていると思いますけれども，セブン-イレブンの来店客の年代別推移を示した図 2-8 をちょっと見てください。コンビニエンスストアというのは，若い人たちの店だというふうに思っておられる方が多いと思います。確かに1994年の頃には30歳未満の人が57％を占めていました。しかし今では41％に減っています。その一方で，40歳代以上の人たちは10年前の1994年には25％だったのが，今は37％になっています。若い人たちの商品やサービスに対する要求・ニーズと年配の人たちのニーズというものとは全く違いますから，このように利用者の年齢構成が変化しているなら，当然商売の仕方も全部変えていかなければならないはずです。ここにおいても，我々は消費者心理というものを，どうやって商売の上にそれを反映させていくかということです。こういうことを理解して店を運営しているか，それともコンビニというものはこういうものだという既成概念で運営しているかによって，店が成長するかしないかは全く変わってしまうということは，おわかりいただけるでしょう。

　何回も同じことを繰り返し話しますけれども，昔はこんなことは考えなくて

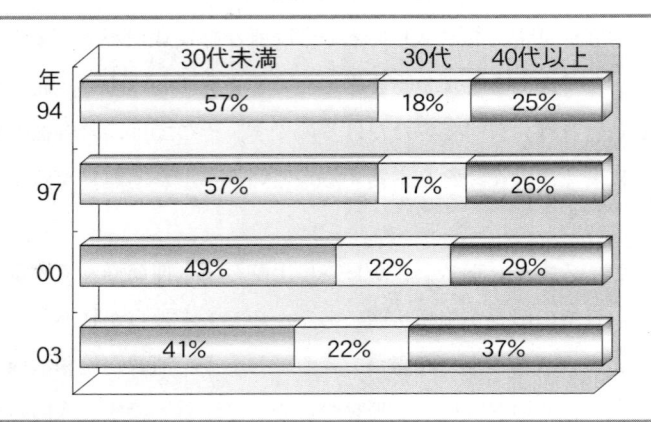

図 2-8　SEJ 来店客　年代別推移

年	30代未満	30代	40代以上
94	57%	18%	25%
97	57%	17%	26%
00	49%	22%	29%
03	41%	22%	37%

済んでいました。私も流通業界に入って40年経ちます。最初の頃は，お客様の心理などは全く考えずに仕事をしていました。しかし，今は毎日お客様の考え方，心理を的確に把握していかないと店の運営はできなくなっています。

4.3　心理をつかんだ商品開発

　商品の開発についても同様のことが言えます。例えばセブン-イレブンでは，かつておにぎりと言えば100円から130円という価格が普通でした。しかし今では200円のおにぎりがあります。数年前に私が200円のおにぎりをつくりなさいと言ったとき，現場からものすごく反対が出ました。おにぎりというのは大体100円程度で買えるものなのだから200円ではとうてい買ってもらえないというわけです。皆さん方も安い方がいいと思うでしょう。しかし，人間というのは，はじめは100円のおにぎりに満足していても，食べ続けているうちに飽きるものなのです。若い頃はまだおなかがいっぱいになればいいという考え方が優先するかもしれませんが，ある程度年配になってくると，量よりも質ということに変わってくるわけです。質ということは，味・おいしさなどということです。

　今までのおにぎりに飽きを感じている人たちにとって，今までよりずっとおいしくて，食事としての満足感を得られるおにぎりならば，果たして200円で高いと感じるのかということです。私はいつもこの話をするんですが，サラリーマンが昼食を外のお店で食べるという場合，低く見積もっても500円程度は使っています。ちょっとおいしいものを食べたいとなるともっとかかります。それに比べておにぎり2つで400円は高いのかというと，決して高くありません。おにぎり2つと何か飲み物を買っても500円程度で済むわけです。おにぎりという商品だけを見て，他のおにぎりは100円だから200円では高いという考え方をしていては，新しい発想は生まれてきません。おにぎりを何のために食べるのかと考えれば，昼食として食べるということもあるでしょうし，あるいはちょっとおなかがすいたから食べるということもあるでしょう。食事として考えれば，200円のおにぎりは少しも高くないと気が付くはずです。今ま

45

でより具材も良くして、ごはんもおいしく炊くなど、今までにないおいしさを実現すれば、200円でもお客様に満足して買っていただけることになります。おにぎりの価格ひとつとっても、経済的な視点から見るのでなく、人間の心理の問題として考えれば、全く違う答が出てくるということです。

　今私はアメリカのセブン-イレブンの経営も手がけているわけですが、日本に比べればアメリカの方がずっと商売は楽だと感じています。日本のお客様の商品やサービスに対する要求の方が、はるかに厳しいからです。もちろん、アメリカのお客様は全部日本よりレベルが低いと言っているわけではありません。

　先ほどの図2-1を見てもらったように、アメリカは所得階層によってライフスタイルがはっきりと違っています。ふだんデパートを利用している層と、ディスカウントストアを利用する層は明確に違います。しかもアメリカでは所得の高い層も低い層も、どちらも日本よりずっと多いわけです。ですからディスカウントストアの顧客層も、それからコンビニみたいな店の顧客層もはっきりとしていますから、アメリカの方が経営しやすいということにもなるわけです。もちろんアメリカにはアメリカなりの経営の難しさはあります。けれども、お客様のニーズや要求という面では、日本と比較するとアメリカの方が楽です。

　例えば今から7〜8年前、ウォルマートが西友さんを傘下に収める前ですが、私どものIYグループはウォルマートと非常に仲良くしていまして、「ウォルマート商品を日本へ持っていって売ってみたらどうだろう」と言われたことがあります。そこでアメリカのウォルマートで売っている衣料品や雑貨などを相当日本に持ってきて売ってみたところ、日本では全然売れないんです。その時に、そもそも商品の品質に対する感覚が、日本とアメリカでは全く違うということがよくわかりました。私は日本と米国のどちらが良いとか悪いとかを言っているわけではありません。この点は誤解しないでください。

　もちろんウォルマートの商品は、着たらすぐ穴があいてしまうとか、切れてしまうとか、そういうことではありません。その意味での品質は、きわめて

しっかりとしています。しかし生活の習慣とか合理性という点で，日本とは全く違います。

　日本では，先ほども申し上げたように所得の高い人も低い人も同じような店で同じような物を買い，同じような物を食べています。また，食べる物を切り詰めてでも着る物にお金をかけるとか，逆に着る物にはお金を使わないで食べる物にお金をかけるという極端な現象は日本の方が多いようです。アメリカでは，食べ物をとるか着る物をとるかという発想がそもそも少ないようです。こういうそれぞれの内容の分析を余りされずに，消費や経済はアメリカの方が進んでいる，アメリカは先進国だと錯覚をされているのではないでしょうか。アメリカと日本では，今や経済や消費の内実が全く異なっているので，単に進んでいるとか遅れているという比較などできないのです。

　先ほどもちょっとご紹介いただきましたように，私は今年の4月にアメリカへ行ってハーバード大学でその話をしました。そうしますと，先生方がアメリカでずっと研究なさってきたこと，また学生に教えてきたことと，私が日米の消費の現場で実際に経験したこととの間にはギャップがあります。私が話をしたのはビジネス・スクールで，各国から多くの人たちが見えていますが，学生の方々の実際の生活での経験からは，私が商売の現場からお話しすることの方が先生方の話よりもどちらかというと身近な感覚で理解してもらえたようです。またイギリスへ行って，大学で話をした時も，やはり同じ現象が起こります。

5. 消費者心理と経営の未来

　これまでお話ししてきたように日本は，今たいへん激しく変化しています。先進国の中でも最も変化の激しい国だと言えます。そして皆さん方がこれから社会へ出たときには，今よりももっと変化が激しくなるでしょう。これはいつの時代でもそうなのでしょうが，我々も若い時には年配の方々から何かというと「今の若い者は……」と言われました。私たちも，自分が中年になった時に「今の若い者は……」と言い，そして今はもう70歳を過ぎていますがやはり

「今の若い者は……」と言っています。いつの時代でも変化しているから，「自分の若い頃はこうだったのに，今の若い者は」と思うのではないでしょうか。日本は世界の中でも変化のテンポが最も早い国です。経営をはじめさまざまなことを進める場合，この変化をしっかりととらえていかなければ成功はおぼつきませんから，それだけに難しいと言えると思います。

　物が充足してくればくるほど，人の要望は高まり，またどんどん変化していきます。それが人の心理の動きなのです。

　私どもIYグループは，今中国でも大型店を5店舗展開しています。さらに，コンビニエンスストア，セブン-イレブンも北京で展開をはじめています。ウォルマートをはじめ世界の小売業も今中国へ出店していますが，私どもは，中国政府からIYグループの小売経営のノウハウを中国流通業の近代化に生かしたいと請われて出て行ったわけです。こう言いますと，何か我田引水のように聞こえるかも知れませんが，中国政府から，今中国に出店している外資系の流通会社の中でも最も効率が高くて，そして将来はともかくとして今のところ一番貢献しているのはIYグループだと言っていただいているわけです。

　なぜこんな話をするかというと，小売業というのはドメスティックなもので，それぞれの国の国内事情，そこに住んでいる人間の生活，慣習，文化というものを研究して店を出すということが重要だということをお話ししたいからです。これをもっと違う言葉で言えば，マーケティングを徹底して実行するということが，小売業では欠かせないことだということです。日本の店づくりのあり方や何かをそのまま中国へ持っていっても通用しません。中国の人たちの生活レベルや生活習慣を考えて，その人たちの満足のいくような店づくりやマネジメントをしないと受け入れてもらえないわけです。

　あるいはここに中国からお見えになっている方もいらっしゃるかもしれませんけれども，中国では大体冷たいものは食べませんね。すぐ口に入れるものは全部温かいものです。ですから，コンビニの商品で言えばおにぎりなどは中国では売れないというのが定説でした。しかし，それも徐々にですが変わってきています。それから日本のようなお弁当というのは中国では売れません。私た

ちはどういうやり方をしているかというと,お店の中にご飯と惣菜関係を別にきちっと置いて,温かいお惣菜をお弁当に詰めるというやり方をすることによって,中国の人たちにお弁当を買ってもらえるようにしました。そういうことを続けていくことによって,やがては日本式のお弁当もだんだん浸透していく,そういうふうに考えています。日本で売っているおにぎりや日本式のお弁当をそのまま中国へ持っていってもすぐには売れないのです。日本から持っていって一番売れているものは何かというとおでんです。「えっ」と思われるかもしれませんけれども,おでんというのは中国のセブン-イレブンで圧倒的な量が売れています。おでんは温かいでしょう。冷たいおでんというのも世の中にはありますが,ほとんど温かいものです。そういうものが,やはり直ぐなじむということです。その地域の生活習慣とか消費者心理というものから考えて,接近していくことによって初めて商品を受け入れてもらえるようになるということを申し上げたいわけです。

　話が非常に飛び飛びになりましたけれども,これからは経済原則だけから経済を見ていてもうまく実態をつかめない,特に日本の場合には経済の原則だけでは通用しないというお話をさせていただきました。消費の飽和状態の中では,製造業でも小売業でも,人間の心理を考えていかなければこれからは成長できない,人間の心理というのを十分考えた経営が大切になるんだということを申し上げたかったわけです。

質問箱から

問 いろいろな話を聞き，いろいろな成功談を聞きまして，ここまでの偉大な功績を上げられてきた鈴木先輩だと思いますけれども，そこまでの成功に至るまでの道のりで，成功の哲学みたいなもの，もしくは帝王学みたいなものを鈴木さん自身が持っていらっしゃるのではないかと思うんですが，自分の中の成功の哲学というものについて，お聞かせ願えればと思います。

答 例えばセブン-イレブンを始める時にも，当時コンビニエンスストアなど日本に導入しても絶対に成功しないと言われました。確かに今よりも商店街がたくさんあったわけですし，スーパーも盛んに出店していた時代です。ですから小さなコンビニが入り込む余地などないと言われたのです。

その時，私はどう考えてセブン-イレブンを始めたかというと，ナショナル・ブランド，つまりメーカーさんがつくって全国的に販売している商品よりも，常に質の高い独自の商品をつくって提供していこう，それからいつ行っても，欲しい商品が買えるという便利な店にしよう，文字どおりコンビニエンスな店にしようというように考えました。お客様が望んでいて，しかもまだどこにもない商品やサービスを提供し続けていけば，成功するに違いないと考えたわけです。逆に言えばよそを見て真似をしても，決してお客様に受け入れてはもらえないという確信です。

そのためには人間の心理というものを考えて，その中で仮説を立てて，そして，それを実行しながら検証し続ける，ちょっとかっこよく聞こえるかもしれませんけれども，そういう考え方で私は事業というものを進めてきました。

私は大学を卒業して最初に本の取り次ぎをしているトーハンに入ったのですが，そこに今でもありますが「出版科学研究所」という組織ができたばかりで，そこに配属されて統計学と心理学の勉強をずっとさせられました。当時も1日に何百冊という本が出ていまして，どういうタイトルを付けたら売れるか，どういう雑誌が人気を集めるかなどということをいろいろ調べていました。そのためには人間の心理ということをまず理解する必要がありました。ですから，会社へ入って1年ほどは，毎日夕方5時になって通常の仕事を終えた後で心理学や統計学の先生を大学から招いてその勉強をさせられたんです。そういう中で，仮説を立てて，検証するという方法を身につけることができ，それを実務の中で実践できたということが，今考えてみると役に立ったのかなという感じがします。したがって，私の仕事の仕方は，常に「仮説・検証，仮説・検証」の連続でやっているということです。

問 今や，セブン-イレブンは，ヨーカ堂よりも売り上げが伸びて，コンビニ業

界ではトップランナーという不動の地位を占めていますが，それに対してローソン，ファミリーマートなどいろいろな所が入ってきて，鈴木先輩は「これは真似された」とお思いでしょうか。この真似されたとすれば，それはセブン-イレブンにとっては，プラスなんでしょうか，マイナスなんでしょうか。お聞かせください。

🔶 よく「競合店ができることは困る」と言いますね。私はそうではないと考えています。競合店ができてコンビニが増えるということは，いわばコンビニ人口が増えるということです。つまりコンビニエンスストアを利用するお客様が増えるわけです。その中で，我々が特徴のある商品の開発，特徴のある販売の仕方ができて，競合店と比べてセブン-イレブンの良さをお客様に認めてもらえれば，より多くのお客様を私たちは獲得できるでしょう。ですから競合店が増えるということは，私たちにとってプラスだと考えています。

　今世の中ではよくコンビニが飽和状態になったと言われます。マスコミはそういうふうに書くでしょう。しかし，そこで言う飽和状態ということはどういうことなのですか？　どのお店も質的なレベルが等しいなら，確かに1つの商圏にたくさんのお店が出店したら飽和状態になるでしょう。しかし，質的なレベルが違えば，飽和にはならないわけです。そういう意味でも私は「真似をするな」ということを言い続けてきたし，モットーにしているのです。よその店と同じことをしていたのでは，確かに飽和状態になってしまうわけです。ですから，よその真似をするのではなく，お客様のニーズを的確につかんで，それに応える商品やサービスを自分たちで開発しなさいと，言い続けてきました。よそが何をやっていようと構わないじゃないかと言っています。こういうことを言うと誤解をされがちですけれども，商売の参考にするために競合店に行く必要はないのです。これは競合店を見下しているとか何とかということでは決してないので誤解しないでいただきたいのですが，そうではなくて，大切なことはお客様が今何を考えていらっしゃるのかということです。私は先ほど「仮説・検証」と言いましたが，お客様が今こういうふうに考えているのだったら，それに対してこういう商品の提供の仕方をしてみようという仮説を立て，実際にそれをお店で実行してみてお客様に受け入れられたかどうかを検証する，この連続によってお客様のニーズに接近していこうという考え方です。

　そういうことですから，よそのもの真似ということは全く考えません。それは人間ですから，時にはそういうふうによそを真似した方が時間も手間もかからずに簡単で良いと思うときもないとは言いません。しかし，よその真似ではなく，凌ぐということが，自分たちが成長することだというふうに考えています。

51

第3章　企業経営のイノベーション

有富　慶二

はじめに

　ヤマト運輸の有富でございます。今日の講義は『企業経営のイノベーション』というテーマです。具体的にはヤマト運輸が行ってきた「業態変革」の実例をお話しします。

　「ヤマト運輸は過去に2度生まれ変わった」のです。皆さんは，20歳～22歳位で，ヤマトが宅急便を始めた後に生まれていますから，ヤマト運輸を最初から宅急便の会社だと思っている方がたくさんいると思います。実は1919年に「大和運輸株式会社」として設立された創立85年を迎える運送会社なのです。今日は，その設立時から最近までの変化についてお話をしますが，1番目に「2度生まれ変わった」内容について触れます。

　2番目の内容は，宅急便の会社に変身するという，企業として大きなイノベーションを成功させましたが，その中身とは何ぞや，つまり何をやったから宅急便という大きな商品が世の中に受け入れられ，そして企業として成長を成し遂げることができたかについてお話をします。ここでのキーワードは「翌日配達の約束を果たせ」ということです。3番目は「セールス・ドライバーを活かせ」というフレーズが重要になります。私達の商売は何を売っているかというとマンパワーを売っているのです。人間のサービスを売っているわけで，そのためにはやはりドライバーの活性化が一番大切になってきます。そして最後にこれから「クロネコヤマト」はどこへ向かっていくのかをお話したいと思います。

1. 創業期のヤマト運輸――1度目の変身

　それではヤマト運輸の歩みについて，お話を始めます。ヤマト運輸は1919年

に創業しました。11月に創立記念日を迎え，満85歳になりますが，その当時トラック4台を買って区域事業（いわゆる旅客でたとえると貸切りバス・観光バス・チャーター等のトラック版）を始めました。その時代，全国にはトラックが204台しかありませんでした。そのうちの50分の1をヤマト運輸が持っていたということになります。現在の日本には，普通トラックが約750万台，それに約900万台位の軽トラックを合わせると1,600～1,700万台が稼動していることになります。今のヤマト運輸はトラックを約4万台所有していますので日本一の保有台数を誇っていますが，創業当時の方がシェアが高かったのですから，先端的な事業を始めたと言えます。創業から10年後，1929年に日本初の路線事業（定時・定路線・積合わせ）を開始しました。これが1回目の変身（イノベーション）です。「東京—横浜—小田原」の定期便を皮切りにして，それを関東一円へと拡大したのです。それまでの商売は，トラック1台を特定の人や会社に，丸ごとチャーターしてもらって，特定の人や会社の指示どおりに，A拠点からB拠点まで荷物を運ぶというような仕事をしていたのです。例えば，創業したての頃から取引関係にあった三越デパート様の商品配送や婚礼道具を赤白幕をつけて運んだりもしていたようです。この仕事でヤマト運輸は企業としての基盤を固め，順調な成長を遂げましたが，創業者はこの成功に満足することなく，次のビジネスを考えていたようです。何を考えたかというと，これだけのスピードを持つ物流サービスをもっと多くの人達にも使ってもらえるようにすれば，喜んでもらえる上に商売になると考えたのです。そのように考えて，東京と横浜の間で小口混載輸送の実験を始めています。実験の結果，ビジネスとして成立する可能性が大きいことを確信して新しい事業を展開します。

　さて，ではこの商売をどうやって成功させたのか。関東一円に営業所をたくさん置いて，毎日荷物があろうがなかろうが定期的にトラックを走らせるということを行いました。しかしその時の会社には投資資金が足りないので，新しい出資者を集めました。それまでの出資者は親戚や知り合いだったようですが，外部の出資者を集めて新しい会社「第二ヤマト運輸」を設立しました。そ

の出資者にお金を出してもらって，関東一円に営業所を配置して，決まった時間に決まった区間を，毎日，運行させることにしたのです。この定期混載便，すなわち大和便が世の中に受け入れられて，事業は大成功を収めることになります。

　当時の日本（1930年頃）の状況は，日本中のトラックが1,000台あるかどうかの時代でした。では，どうやって荷物を運んでいたかというと，牛・馬を使って運んでいたのです。そういうような時代にトラックの定期便を走らせると，経済が活性化されます。時速2キロの牛と，時速20キロのトラックを比べると，時間距離が1対10になります。逆の言い方をすれば，トラックを使うと商売のエリアが100倍に増えるということです。例えば，北関東で作られた野菜を東京の家庭の食卓に乗せるのは難しいものがありましたが，トラックであれば数時間で届けられるようになります。その野菜の価値があがるということです。大和便は小口で利用できるとなると，便利になります。便利になって経済が100倍になると当然，トラック輸送市場も大きくなります。ヤマト運輸は，十分に先行者利益を享受して，大きく成長することができました。

　さて，時代は1973年に飛びます。ヤマト運輸は，1929年から45年間ほどの間，大和便のビジネスで大成功を収めました。しかし世の中は常に変化しています。戦後の混乱した時期が終了し，大量生産・大量消費の時代に入ります。冷蔵庫・洗濯機・カラーTV等が大量生産され，それが全国に流通するようになりました。その頃ヤマト運輸は，大和便の成功体験にどっぷりとひたっていましたので，世の中の変化に対応することができませんでした。そして1973年，日本がオイル・ショックに見舞われた頃，ヤマト運輸は存亡の危機に陥ります。それを回避するために，1976年に「宅急便」を発売して，再度成長軌道に乗せることができました。これが2度目の生まれ変わり（イノベーション）です。「宅急便」を発売する以前は，B to Bを市場とした運送業だったものが，C to Cを市場とする事業展開へと変更をしたのです。市場を変更するということは，売る商品も，組織も仕事の進め方も，事業展開の組み立ても全て変更することが求められます。

2. ヤマト運輸——2度目の変革

　さて，これからは，2度目の変革についてお話を進めたいと思います。まず，宅急便を構成する主なサービスについてです。特徴の1つ目は1個単位での料金設定，「分かりやすい運賃制度」です。B to B市場では，企業の担当者がプロですから納得性が必要なので，複雑で木目細かな料金制度が採用されていました。2つ目が「電話1本で自宅まで取りに伺う」集荷サービス，3つ目は「全国翌日（一部翌々日）配達」を約束した早い配達です。当時の郵便局が小包を引き取りにくるはずも無いし，翌日配達が実現するなど期待をはるかに越えるサービスだったのでお客様へ大きな感動を与えました。

　次にネットワークを全国に拡張して行きました。関東一円を主なサービスエリアにしていたヤマト運輸が全国に営業所を展開し，日本中どこでも集配が可能になるようにしていきました。1997年，小笠原諸島の父島・母島を最後に宅急便の全国ネットワークがようやく完成し，いわゆるユニバーサルサービスが完成したのです。全国に同じサービスを提供するということは，サービス業として，義務ではなくそのサービスが商品そのものなのだと考えています。

　ここで，成長力が大幅に向上した実数について触れておきます。1930年ヤマト運輸は区域業から路線業へと業態を変革しました。区域業最後の1年間の売上高は30万円・経常利益は1万円でした（物価調整なし）。そして路線業最後の1976年，売上高は350億円・経常利益は3千万円でした。要するに1930年に比べ売上高は12万倍・経常利益は3千倍になったわけです。そして昨年宅急便事業の2003年度，売上高は連結レベルで1兆円を越えました。すなわち売上高は300万倍になったのです。経常利益は500億円ですから500万倍の計算になります。

　このことを別の観点からお話しすると，宅急便発売開始の1年前の1975年，ヤマト運輸の売上高は290億円・西濃運輸さんは410億円でした。それが2004年3月，ヤマト運輸の売上高は1兆110億円・西濃運輸さんは4,180億円，約2倍の差がつきました。路線トップ企業を売上高で逆転しました。また，営業利益

で言えば，1975年のヤマト運輸が7億1,300万円で，日本通運さんが68億6,200万円でした。これが2003年度にはヤマト運輸が466億円・日本通運さんが461億円となって，十倍近い差を追いついたことになります。ただ，日本通運さんの2003年度の売上高は1兆7,000億円なのでこれから追いついていかなければならないところです。

　以上の例から見ても，2度目のヤマト運輸の業態変革は成長力を大幅に向上させたことが理解できると思います。すなわち，イノベーションが成功を収めれば，企業は大躍進を遂げ，変革をせずに現状維持を続ければ衰退へ向かうというわけです。

　さらに，イノベーションを別の角度から見ると，継続的な新商品開発が新しい市場を創造したと言えます。1976年に宅急便を始めた当時，1億個を越す荷物を取り扱っていた郵便局はその後，扱い個数を減らしていきました。これはヤマト運輸が郵政の荷物を奪ったからではなく，郵便局員が郵便局へ来るお客様に「宅急便の方が早く着くよ」と言って自分から減らしていったのです。「荷物を運んでやっている」という思いから面倒臭い仕事はなるべく民間でやらせようということだったと思います。

　宅急便は「スキー宅急便・ゴルフ宅急便・コレクト（代金引換）サービス・クール宅急便・空港宅急便」等の新しい商品開発や年末・年始にも営業をする「365日営業」や在宅時間に配達する「時間帯お届け」等，お客様に喜ばれるためさまざまなサービスを提供してきました。お客様の潜在的なニーズを少しでも満足させて行くことが市場の開発へとつながっていくのだと考えています。ヤマト運輸は，このように「宅急便」という商品を柱として，会社全体をイノベーションしました。シュンペーターによれば，創造的破壊こそが企業を成長させると主張していますが，まさに至言と言うべきだと思います。しかし，イノベーションとは，「言うは易く行うは難し」の典型みたいなものだと思います。

3. イノベーションの展開

それではこれから，もう少し具体的にクロネコヤマトの2度目のイノベーションについてお話をしたいと思います。

3.1 商品の開発

宅急便事業を開始する以前のBtoB市場では，戦後の復興も一段落をして高度経済成長期が到来します。三種の神器をはじめとする消費財が大量生産され，生産拠点から消費地への長距離トラック輸送の需要が拡大します。松下電器さんのカラーテレビが大阪の茨木工場で大量生産され，全国に配送されるなどの例が分かりやすいと思います。ところが，ヤマト運輸の営業拠点は関東一円が中心で，関西や中部地区への進出がライバルに遅れを取ってしまいました。関東一円での近距離・小口積合せ事業の成功体験が足かせになり，長距離大量輸送事業への進出が遅れてしまったわけです。成功体験が邪魔をして，世の中の変化の波に乗り遅れ，成長市場での事業展開に後手を踏んでしまいました。その結果，トラック輸送業界では，西濃運輸・福山通運・日本運送（現フットワークエクスプレス）が御三家とよばれ，勝ち組となりました。

長距離大量輸送市場の競争は激しく，後発には厳しいものがありました。需要の発生が定型・定期的で予測が可能という特徴を持ち，量がまとまって輸送されるので，個当たり集配コストが低いというメリットがあるので参入する事業者が多かったからです。工場で生産された製品を運ぶのですから，工場から出荷される貨物の量を予測するのは割と易しいのです。運ぶ側から見ると，1日当たりの輸送数量が予測しやすく，さらにまとまった量の単位で動くのですから，1個当たりの集配コストは安くなります。必然的に競争は激しくなるというわけです。

さて，一般消費者がやりとりする荷物輸送サービス，CtoCの市場を見ると，当時は郵便局と鉄道だけが提供していました。どちらも官製サービスで，義務感でサービスをしていたきらいがあります。CtoCの輸送市場は，非定

型・非反復的で，需要の予測ができません。そして量は1個口の場合が多く，個当たり集配コストが高くつきます。民間企業が敬遠していた，そういった市場に私達は参入したのです。商業用の荷物は，いつ・何個の荷物が発送されるか大体見当がつきますが，個人から個人宛の荷物というのはそれが分かりません。しかし，CtoC市場にも大きな魅力があります。キログラム当たりの料金を10倍ぐらい戴ける可能性があるのです。例えば10kgの個人発荷物を500円とすると商業荷物は1個当たり50円，そのくらいの違いがありました。仕事は簡単だけれども安い商業用荷物，難しいけれども単価が高い個人荷物。この個人が送る荷物を商売にしようとしたのが宅急便事業です。

　長距離大量輸送事業で運送会社が利益を出すために大切な経営上の留意点，すなわちキーワードとは，車の「実車率と積載効率を向上させる」ことでした。実車率とは，例えば松下電器さんのカラーテレビを大阪の工場から東京の量販店まで運んで下ろし，そのトラックが帰り荷を積んで大阪まで戻ってくれば実車率100％です。片道だけ荷物を運んで，帰りが空だと実車率は50％になります。積載効率とは，大阪から東京へ荷物を運ぶ場合，10t車に5t積むと積載効率が50％で，10tの荷物を積めば100％となります。費用の固定比率が高く変動比率が少ない長距離大量輸送事業で利益を確保するには，実車率と積載効率を上げることを毎日の目標にする必要があったのです。

　1個当たりの販売価格は高いけれど，いつなんどき，荷物運搬の依頼があるか分からないCtoC市場で商売を成立させるための留意点，すなわちキーワードは何なのか。何を，どうすれば利益が出るようになるのか。まずこの点が課題でした。当時，社長の小倉は，「密度を向上させる」ことに解を見出しました。たとえて言うなら，BtoB市場でマンツーマンディフェンスが成功したのを，CtoC市場ではゾーンディフェンスにしたのです。日本列島を上空から俯瞰して，年間の流動量を地図上にプロットすれば，少なくとも1億5千万個の荷物が流れていることになります。すなわち，1個1個毎にコストを考えると勘定が合わないが，トータルで考えれば商売が成立すると考えたようです。そこでお客さんが宅急便を喜んで使ってくれるようにするにはどうすれ

ばよいか，考えました．お客様が宅急便という商品を是非使いたい！　と思わせるものにしなければなりません．そこで，「ヤマト運輸はお荷物1個でも取りに伺います！」「預かった荷物は翌日配達します！」と宣言しました．感動を与えるサービスを商品化して，エリア内の「集荷配達の密度」を高めれば生産性が向上して，採算が取れるというふうに考えたのです．

3.2　輸送システムの革新

商品の設計はこれでできあがりです．次は実行に移るわけですが，「翌日配達」を実現させる仕掛けを作らなければ荷物は出していただけません．B to Bの時代は，荷物（商品）を作っている工場等が多い地域に営業所を置いて，実車率と積載効率を高める施策を取っていました．B to Bの輸送方式は必然的に点と点を結ぶライン方式を採用することになります．C to Cでの輸送方式は，ゾーンディフェンスですから，面と面をつなげる方式にしなければなりません．全国各地を70ヵ所のゾーンに分けて，ゾーンの中心にターミナルを配置し，全てのターミナル間をダイレクトにつなげる，ハブ＆スポーク方式という輸送体系を構築したのです．このハブ＆スポークとは，ご承知のとおり車輪のハブとスポークの関係をイメージしています．つまりある県に1ヵ所の運行拠点（ベース＝ハブ）を置いて，その拠点の管下に営業所（センター＝スポーク）を持たせます．そしてその運行拠点間で（70×69＝4,830便）夜中にやり取りをします．具体的に言うと，大阪の営業所が集めたその日の全国行きの宅急便は，夕方の時点で守口にあるベースに集まり，夜中の間に，守口ベースから自分以外の69ベースへ宅急便を送り込みます．70のベースが同じ作業を行いますので，翌朝の時点の守口ベースには，全国から大阪へ送られてきた宅急便が存在することになります．その日の内に管下の営業所へ送り込んで配達をすれば，全国翌日配達の完成です．このようなハブ＆スポーク方式がベース間輸送システムとして開発されました．

　トラックへの積載方式も変更します．宅急便を「ロールボックスパレット」（車付きカゴ台車）に搭載して，トラックへの積み下ろしをするようにしまし

た。BtoBの時代には，積載効率を高めることが至上命題だったために，荷物を隙間なくトラックにバラ積みすることが一般的でした。トラックに直接積み込んだ方が沢山の荷物が積めますが，その分ターミナルでの滞留時間が長くなります。エリアの密度を向上させるためには，積載効率を向上させるよりも，作業時間を短縮させる方が重要だと考えました。

　次に，「全ての荷物を追跡する」システムを導入しました。携帯入力用端末（ポータブルポス）を使って，宅急便がどこにあるかが分かるようにしたのです。集荷と配達の際に，ドライバーが宅急便に貼付した送り状に印刷してあるバーコードをスキャンして，情報を入力します。このシステムによって，宅急便の存在位置を特定することができ，お客様に信頼感を与えることができます。このシステムは，大体5年に1回バージョンアップしていて，今が5次システム，もう少しで6次システムへ変わりますが，今から約25年前に開発されたものです。25年前に開発された，このシステムが宅急便事業を成功させた最も重要なキーの1つであったという，驚くべき使い方をこれからお話ししたいと思います。

3.3　サービスレベル表に基づく経営

　「翌日配達します」とうたうのは簡単ですが，実行する側にとっては，これはとてつもなく大変なことなのです。日本全国には，町から離れているところに住んでいる人達がたくさんいます。1時間も2時間も山道を走らなければならない過疎地にも人が住んでいます。始まった頃の現場では，本社の指示に逆らって，何日分かをまとめて配達に行きます。これでは正に羊頭狗肉です。こんなことを続けていれば，お客さんは宅急便を使ってくれなくなります。しかし，現場はいつも見張られているわけではないですし，さぼったところで誰にも分からないと高をくくる。そこで本社は考えました。荷物を発送する時と配達する時に所在情報を入力することで発送から配達まで所要日数を管理する仕組みを作り出したのです。このシステムはどこの営業所が怠慢なのかすぐ分かります。当社では，これを「サービスレベル表」という管理方式で，いわゆる

不良店を炙り出して，サービス品質を向上させていきました。

　当社は毎月一度全国から責任者を集めて執行役員レベルの会議を開催しています。その会議では，宅急便が始まる以前の経営指標であった実車率・積載効率や利益から，サービスレベル表を基にサービスを改善する会議になりました。その結果，荷物の量も右肩上がりになっていったのだと思います。全ての宅急便がお客様との約束どおり翌日配達されているかどうかを可視できるような仕組み＝「サービスレベル表」という管理方式は，貨物追跡システム（トレーシング）を活用したものでした。

　このようにして，「宅急便」のシステムが逐次整備されてきました。お客様との約束を守るために「サービスが先，利益は後」という理念を掲げ，実行するための仕組み「ハブ＆スポーク方式・ベース間直行システム・ユニットロード積載方式・宅急便追跡システム」等を構築し，お客様に喜んでいただくための商品力向上への努力を続けました。経営指標は「収支表」から「サービスレベル表」に変え，それを繰り返し組織に染みこませていきます。具体的に言うと，宅急便を発売してから5年後の1981年に，このあたりで宅急便が商売として成り立つと確信したのだと思いますが，「ダントツ3ヵ年計画」，1984年「新ダントツ3ヵ年計画」，1987年「ダントツ3ヵ年計画PART3」を掲げて延べ9年間，組織のサービス力を向上させる努力を続けました。組織のサービス力向上にだけ焦点を置いて努力したことで，顧客が利用の仕方を考え，今や約30億個の市場が創造されたのです。要するに企業変革を通じて，顧客の信頼を獲得した結果，需要が創造され，利益が増大したのだと思います。

4．サービス業経営のセオリー

　さてここからは少し一般論になりますが，サービス事業を経営する上で，セオリーとも言うべき点についてお話をしたいと思います。

4.1　サービス業経営の特質

　サービス業と製造販売業とでは，経営をする上での特質と言いますか，コツ

が少し違うのではないかと思います。サービス業経営の特質は3つの点が挙げられると思います。我々サービス業が販売している商品は形がありません。無形の商品を販売しているのです。ですから，サービスを買おうとするお客様は評判に基づいて商品を購入します。2つ目の特質は，生産と消費が同時に行われることです。生産と消費が同時に行われるために，事前に不良品を排除することができません。製造販売業では事前に検査をしてから製品を市場に出しますので不良品というのはほとんどないと思いますが，我々のサービス業では，次の例でも分かるように，意図せぬ不良品を発生させてしまうことも間々あるのです。ノックをして「宅急便です！」と声をかけます。なかなか出て来ないためもう一度ノックします。やっと出てきたと思ったら，機嫌の悪そうな顔をしている。ドライバーは「何で機嫌が悪いのだろう」と思っても分からない。奥さんは「子供がやっと寝付きそうな時に宅急便なんか来て……」と思うのです。それを事前に察知しろという方が無理な話なのですが，生産と消費が同時なので都合がよい時に供給することができない。つまりそれが結果として不良品になってしまうわけです。お客様が「気が利かない」と思えば，それが不満＝不良品につながるということなのです。3つ目の特質が人力依存度が大きいということです。サービスを提供する人によってサービスの質にばらつきが起こりやすいのです。教育だけでは実効が上がりにくいのです。人間にはなんとなく相性もありますので，難しい問題です。

　要は，お客様の事前期待とギャップが起きやすいので，不満を与えやすいのです。一方で，商品に形がないものなので，苦情は言いづらいようです。買った時計が動かなければ，100％の人が苦情を言うと思いますが，サービスというのは不満を持っても供給者側には苦情をあまり言ってこないものなのです。ところが，この現象が恐いのです。供給者側には言わず，周りの人々に言うのです。1件の苦情が来た裏には25人の人が不満を持っていて，その25人の人が10人に不満を言います。不満を聞いた250人は，評判で買うのですから，次から宅急便を利用しなくなります。すなわち苦情が1件入ってくることは見込み客を250人失うことになるのです。だから徹底してサービスを優先しないと

サービス業は成立しないのです。

4.2 社員の質の向上と経営

　実際の経営をする上では，社員こそが商品そのものと考えて，その社員の質をどうやって高めるかが重要課題になってくるのです。B to B を市場とする時代のドライバーは，荷物を運ぶだけで，営業と集金は他の営業担当社員が担当していました。現在のドライバーは，SD（セールス・ドライバー）と称して，営業・集配・集金情報処理の全てを1人で処理しています。C to C 市場の商売では，1個の宅急便を複数人の担当が処理する仕組みでは商売になりませんから，1人に任せることにしたのです。

　肝心なことは，お客様に驚きと感動を与えることができるドライバーを仕立て上げることです。セールス・ドライバーの質を高めるために次のような手法を取りました。まず，全員経営という理念を掲げました。ドライバーがトラックに荷物を積んで，配達に出かけてしまったら，誰も管理する人がいません。製造工場等であれば職長がいて管理をするのでしょうが，ドライバーは，一旦外に出てしまったら，自分の意志で行動します。1人1人が前向きに仕事をして欲しいのです。そこで，「全員経営」のスローガンを掲げました。具体的なイメージは，権限委譲をされた「すし職人」です。自分で握り，お客さんと気持ち良く会話をし，値段を決める人材がモデルです。小グループ制の導入や業績連動型の給与体系など，人事的な運用制度も大きく変わりました。

　権限の委譲についてですが，できるだけの権限はダウンサイジングをして，第一線に渡す方が結果が良いと思います。人間は，権限を委譲されて，責任を持った仕事を任せられれば，仕事に達成感が生まれます。達成感が感じられれば，やる気につながって，そして生産性が向上すると，私は思っています。そして当然働いた分だけ給料に反映される，成果主義も取り入れるべきだと思います。

　第一線の人達が気持ちよく働くためのフォーメーションの1つが小グループ制だと思います。現在ヤマト運輸には約4万人のドライバーがいますが，大体

5〜7人の小グループに分かれています。小グループがセンター（営業所）を構成しており，その中の1人がセンター長と呼ばれ，営業所の責任者です。センター長はプレーイング・マネージャーで，自分でグループの出勤交番を作ったり，売上の目標を立てたりもします。自分達で目標や仕事のやり方を決めるので，やらされているという感覚がなくなります。4万人のドライバーが約3千ヵ所の拠点に分かれて毎日仕事をし，その人達の成果の合計が会社全体の売上と利益につながっていくのです。全員経営のスローガンを掲げて，自らの目標に挑戦するSDの集団こそが，お客様に喜ばれるサービスを実現できると考えています。

以上のようなプロセスによって，ヤマト運輸は2度目の生まれ変わりを実現してきました。ヤマトの歴史を振りかえると，企業とは，存続し成長するためのイノベーションが不可欠で，改革への努力を怠れば消え行く運命につながることを肝に銘じるべきです。

5. 改革に向けて

最後に85年周年を迎えたクロネコヤマトは，どのような方向へ向かって，次の改革を進めようと考えているのかをお話ししたいと思います。競争力の中心となるコアコンピタンスは，サービス業として構築してきた，ネットワークだと思います。体制としては現在ベース店（荷物を集約する大きな所）が71ヵ所あります。一番大きいベース店は，東京の有明にあります。敷地の面積が9千坪です。これに近い規模の施設が全国に71ヵ所あります。センター店（営業所）が2,309店，取扱店（酒屋やコンビニエンスストア等）が303,713店（まだローソン含む），車両数が37,347台，社員数が114,567人です。情報関連としては，情報センターが東京と大阪2ヵ所にあり，片方がダウンしてもネットワークは維持される仕組みになっています。昔，まだホストが東京だけにしかなかった時代，世田谷でNTTの回線が潰れてしまったことがあり，宅急便の情報網が機能しなくなったことがありましたので，バックアップを大阪にも作ったのです。全国のワークステーションが約5,300台，携帯端末（P．P）が約

156,900台，サービスセンターが73ヵ所あります。これからは，宅急便を高度化するために作り上げてきたこのネットワークを活用して，お客様に喜ばれるサービスを開発しながら，宅急便やメール便以外のいろいろな商売を展開していこうと考えています。

現在までのヤマト運輸は，宅急便一本で成長してきた会社です。昨年の売上を1兆円と申し上げましたが，宅急便とメール便で8千億円，グループ会社の約50社の売上を合わせて2千億円，合計して1兆円となるわけです。3年後は宅急便とメール便ビジネスで1兆円，その他の商売で5千億円を目標としています。

5千億円の売上を確保するために，5つの方向に向かって事業を拡大して行きます。1つ目は，SCM（サプライ・チェーン・マネージメント）の高度化をお手伝いして，企業の革新的な物流システムの実現への貢献です。2つ目が，物の移動を通じて，ご家庭の生活を楽に，便利に，豊かにしながら，商売の芽を増やして行きたいと思います。

3つ目は，コンピューター情報業もビジネスチャンスがあると考えています。宅急便の貨物追跡のインフラと運用の設備を持っているので，この点のASPについては競争力が高いと考えています。

4つ目は，物流に伴う決済事業です。通信販売における代金引替えサービスを提供してきましたが，決済手段を多様化して，顧客の便利さを拡大したいと考えています。

5つ目が，ヤマト運輸内のコストセンターだった機能をリニューアルして，収益を上げるための組織へとリモデルします。例えば「ヤマトオートワークス」という会社ですが，ヤマト運輸は約4万台のトラックを整備する機能（車両工場と整備員）を持っていました。別会社として独立させ，トラック運輸業専門の車両メンテナンス会社にしました。親がトラック運輸業なので，トラック運輸業が望んでいることを一番良く知っています。運輸業にとって役に立つ会社になると思います。

質問者から

問 お伺いしたい点が2点ありまして，先日，ロシアが「京都議定書」を批准するという話が出まして，そこでヤマト運輸さんの方は，トラックを多くお持ちだということで「京都議定書」に対してどういう対応をヤマト運輸さんとしてやられるのかということです。

それに伴いまして，環境税というのを日本でも導入しようという話が最近出てきていますが，有富先生はどういうふうにお考えなのでしょうか。ぜひお聞かせください。

答 環境問題は非常に重要な問題だと思っています。ヤマト運輸も環境に対する取組みは，いろいろな面で行っております。当社の場合はやはり一番問題視しなくてはならないのがトラックを使用する商売なので，トラックから出るCO_2をどれだけ減らすかということだと思います。ただ，荷物の取扱量は伸びているので，総量を減らすというのは現実的ではない。そこで，宅急便1個当たりの排出量を減らそうという動きをしております。詳しいことは環境報告書をご覧いただくと分かると思いますが，いくつかお話しすると，例えば一番効果がありそうなものは，ハイブリッド車だと思います。プリウスでご存知だと思いますが，電池と燃料の両方を使っている車です。日野自動車さんでハイブリッドの実用車を開発していただいて，実際に300台ほど使用しています。結果が良い車は3～4割位燃費がよくなるという実証実験も出ています。ただ電池が高く車の値段が高くなるので，いっせいに導入するというわけにはいかないのが現状です。しかし，だんだんと入れ替える方向を考えています。

それから，都心部では車を使わない営業所を作り始めています。台車といわれる人が押して歩く車で，動力がありませんからCO_2を出すことがありません。こういった営業所にはドライバーが数人所属していて，配達時は台車に荷物を載せて運びます。こういった形で環境に対する負荷はできるだけ少なくしようといろいろと試みています。次に環境税の問題ですが，環境省が言っている環境税は，燃料1リッター当たり2円位の課税をして，環境に優しい技術開発に当てることと，価格を上げることによる使用量の減少で効果を上げようとしています。確かに技術開発が効果を上げる可能性はありますが，必要だからといって単に新しい税金を取るのでなく，過去に取っている税金を見直して欲しいと思います。車に関する税金というのはたくさんあります。燃料は半分が税金なのに，税金の上にまた消費税をかけたりしています。こういったものをもう一度整理して大事なところに配分し直して

欲しいというのが我々の主張です。

問 ヤマト運輸のクロネコマークはいつ誕生したのですか。

答 ヤマト運輸は宅急便を始める前は路線業だったとお話ししました。実は路線業以外にも，かなり昔から引越業も営んでいました。日本に進駐軍が乗り込んで来た当時に，アメリカ軍人の引越をアライドバンラインズ社という米国の会社と提携して行っていました。このときにアライドバンラインズ社が使っていたマークが親ネコが子ネコをくわえて運んでいるものだったのです。当時の社長はこのマークをいたく気に入りました。「わが社の荷扱いは，一見荒っぽそうに見えたとしても，母ネコが子ネコをくわえて運ぶように荷物を大切に扱っています」とのメッセージが明確に伝わるマークだったからです。アライドバンラインズ社のものは，リアルなトラネコだったようですが，ヤマト側でデザイン化して現在使われているクロネコマークになりました。

第4章 銀行経営とデフレ脱却の途

岡田 靖

はじめに

ご紹介いただきました岡田です。今日はオリジナルのタイトルにあるように「銀行経営」という経営的な視点の話をすべきなのかもしれないのですが，キャリアをみていただいておわかりのように，私自身は経営とかマネジメントですとか，企業アナリストとか，そういう仕事は1回もやったことはありません。私が知っているのは，銀行あるいは広く金融問題と，90年代以降のデフレないし長期不況の問題，これをどういうふうに重ね合わせて考えるべきなのかということです。今日はそういうお話をしていきたいと思います。

1. 長期不況の特徴

90年代以降の日本経済が抱えている問題は，80年代と比較して経済成長率が急激に低下してしまい，「ジャパン・アズ・ナンバーワン」とハーバード大学教授のボーゲルが言った時代から，「バブル」と呼ばれる見かけ上だけいい状態だったのかもしれませんが，突然先進国の中で最低の成長率に落ち込んでしまい，それが今日まで続いていることです。

実体経済が非常に悪化した一方，90年代のもう1つの特徴的な現象は，先進国で唯一，あるいは1930年代以降ではほぼ初めて，大規模な金融システム不安が起こったということです。97年には三洋証券の倒産，それから北海道拓殖銀行の倒産，山一證券の倒産と続いて発生しました。都市銀行である北海道拓殖銀行や，四大証券の1つである山一證券の破綻は，日本を代表するような大金融機関までが連鎖的に破綻したということです。長期にわたる不況と，大規模な金融機関の連鎖的な倒産，こういったものは先進国の歴史では70年前，1930年代の世界大恐慌以来，他の国では1回も起こっていません。大手金融機関の

破綻は散発的に起こっていますが，組織的な形で起こったのは日本だけであるということが最大の特徴と言えます。90年代以降の日本経済を特徴づける2つの特徴，つまり長期不況と金融システム危機，これらの関係について，どちらが原因であり，どちらが結果なのかを考える必要があります。

まず実体経済から考えることにし，実質GDPがどういうふうに動いてきたかを図4-1で見てみましょう。これは現時点で最新のGDP統計の数字を，季節調整を施した四半期データで示したものです。1980年の第1四半期，これを第2次オイル・ショックによる景気後退の直前のピークとみなしまして，3.9％の成長経路を1本描いてやると，ご覧のように，91年の第1四半期，まさにバブル崩壊後の不況が始まるその時期に当たるわけですが，に実績と出会うことになります。つまり，ここまでを平均すると，3.9％ずつ成長していったということになるわけです。もちろん前半期はそれよりも成長率が低くて，87年ぐらいから急激にまた高くなるわけですけれども，10年間の平均は3.9％だったということになります。

この後，一体何が起こったのかを考えてみましょう。黒い実線であらわされ

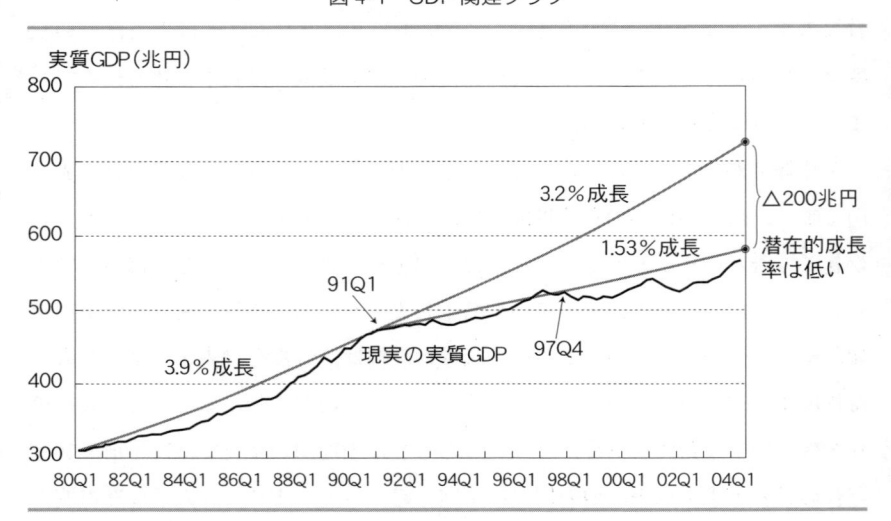

図4-1　GDP関連グラフ

70

ているのが現実のGDPなわけですけれども，91年以降，それまでの成長経路から明らかに下方への逸脱が起こっているのがわかります。例えば97年に橋本改革の一環として増税が行われるわけですが，その背景にあるのは，既に日本経済は十分90年代前半の不況から脱出したという判断があったからです。もし政府がこの時期を深刻な不況であると認識していたならば増税は行われなかったでしょうから，97年の時点では不況から脱出して日本経済は正常な状態にあったと考えていたのでしょう。この仮定の下で，91年の第1四半期から97年の第4四半期を通る趨勢的な成長経路を描いてみると，1.5％ぐらいということになります。ですから，日本政府は90年代の日本経済の実力を趨勢的に1.5％くらいの成長であると考えていたと推論できます。最近公表された「経済財政白書」では，潜在的なGDPの水準と現在のGDPは，ほぼ一致していると主張しています。つまり，現在の日本政府は，97年当時よりも，もっと低い1％そこそこの成長率が90年代の日本の趨勢的・潜在的なGDP成長率であると考えていることになります。

　ところが，後で理由はご説明しますが，私自身は90年代以降，日本経済は潜在的に3.2％ぐらいで成長できたというふうに思っています。もしもそうであるなら，図4-1に描いてあるように，日本経済が正常な状態であれば，現在の実質GDPは700兆円を超えていたはずだということになります。ところが現実は，景気が回復したとはいえ，550兆円ぐらいのものです。つまり，潜在GDPに比べると現実のGDPは，150兆円から200兆円ぐらい少なくなっていると考えています。

　私のような意見が正しいとすると，90年代の長期停滞の結果として，今日では絶望的に大きなマクロのデフレ・ギャップあるいは，マクロの需給ギャップが開いていることになります。つまり，空前の大不況期であるということです。

　逆に，通説で言われているように潜在成長率が1％から1.5％程度であれば，時々大きめの不況はあるけれども，足元のところではマクロの需給ギャップはほとんど消滅していることになってしまいます。

ここで気をつけなければいけないのは，80年代の初め，図4-1で言うと潜在GDPのスタートした点ですが，このとき日本の失業率は2％だったということです。それから91年ごろの失業率も2％ぐらいでした。日本は70年代の後半にそれまでの労働市場から急速に構造調整が起こり，77～78年を境として私自身は完全雇用失業率が大体2％になったと考えています。そうであるなら，80年の景気のピーク時の失業率が2％で，91年の景気のピーク時にも2％だったというのは辻褄の合う話ということになります。

　最近になって失業率は若干下がったとはいえ4.6％（9月労働力調査）です。この失業率の数字と，例えばこの成長率1.5％というのから出てくるマクロの需給ギャップとは全く整合しないことになります。3.2％と1.5％のケース，それぞれについて現実のGDPと潜在GDPのギャップ率を計算して書いたのが次の図4-2です。ご覧のように1.5％が潜在成長率なら，足元のマクロの需給ギャップ率は2％そこそこになります。潜在成長率を1％程度と見れば，現在の政府の公式見解となりギャップ率は0になります。どちらにしろ，

図4-2　GDPギャップ率

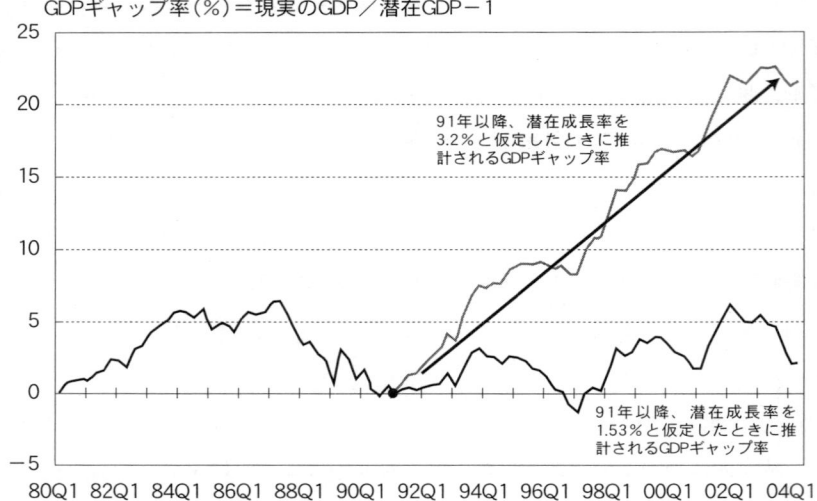

マクロの需給ギャップは非常に小さなものになります。

それに対して、私の推計した3.2％成長だとすると、マクロの需給ギャップ率は20％を超えるということになります。20％、実質GDPにして100兆円に相当するような巨大な需給ギャップ、そんなものはあるのかという疑問はもっともなものです。ところが、これが経験的には正当化できてしまうのです。

オークンの法則は、アメリカでほとんどすべてのマクロ経済学に関する基本法則が崩壊した後、最後に1つだけ残っていると信じられている法則であります。これはマクロの需給ギャップ率と失業率の間には、比例的関係が存在するというものです。ここに描いてあるのが3.2％の潜在成長率に対応するマクロの需給ギャップ率と失業率を重ねたものです。ご覧のように、驚くべきことに80年代以降、日本の失業率の変動は、80年代3.9％、91年以降3.2％と潜在GDP成長率を仮定して算出した需給ギャップ率で、完全に説明できるということがわかります。つまり、実質GDPにして100兆円という膨大なマクロの需給ギャップは、リアリティーを全く欠いているどころか、現実に近いということが強く示唆されていることになるわけです。

こうなりますと、毎年毎年、実質GDPにして100兆円という巨大な規模の経済的な損失を我々は被っているということになります。金融システム安定化のために何兆円もの金が政府によって投入されていることが批判されますが、不況の損失はそれとは比較にならない規模であり、しかも毎年累積的に増えていることになってしまいます。長期不況と金融システム危機のどちらの方が本当の意味で規模が大きいのかと言われると、明らかに不景気による損失の方が比較にならないほど大きいという結論になるわけです。

90年代以降の日本経済の抱えている根本問題を、金融システム危機であるとする立場があります。こうした論者の多くは、実体経済は基本的にはこんなもので、成長率が大幅に下がっているのは構造問題の結果なのだから別途解決すべき問題だというふうに考えているようです。これに対して、90年代以降の1％そこそこまで平均成長率が下がってしまった長期不況それ自身が、ものすごく大きな社会的な損失を招いており、それによって副次的に起こっている問題

として金融システム危機があるというふうに考える立場があります。実は，この2つが現在の日本経済に関する論争の基本的な論点であると思われます。

80年代以前の不況と比べてみると，90年代以降の不況には，3つの特徴があると思います。第1は，大手を含めた金融機関倒産の多発ですが，第2は，資産価格が大幅に下落したということです。日経平均株価は89年末の3万9,800円の水準から，今の1万1,000円まで下がってしまいました。地価も，場所によりますけれども，ピークから80％ぐらい下がっている。第3に特徴的なのは，一般物価水準が，あるいは名目所得の水準の伸びが大幅に落ちてきている，あるいはマイナスになってしまったことです。前年比で見ると，GDPデフレーターは94年に，消費者物価指数は98年に，それぞれ上昇率がマイナスになってしまい，それが今日まで続いています。こういう状況が，金融システム危機が原因で引き起こされてしまったのか，それとも実体経済の悪さがこういった問題を結果的に引き起こしているのかという問題が重要なのです。

2. 長期不況の原因に関する3つの仮説

90年代の長期不況については幾つかの説があります。主要なものとして構造要因説，金融仲介機能の低下説，金融政策失敗説が挙げられます。

先日ノーベル経済学賞が，キドランドとプレスコットという2人のアメリカの経済学者に与えられたわけですけれども，そのプレスコットの共同研究者である東大の林先生とが書いた論文「構造改革なくして経済成長なし」が構造要因説の典型的なものです。この論文で，90年代というのは，80年代に比べて技術進歩率が急激に低下しており，それが原因で経済成長率が落ちていると考えているのです。つまり日本経済の基本的な構造になにか問題があって，それによって急激に技術進歩率が落ちたことによって，90年代の成長率は低下したと考えています。

もう1つ有力な説は，先ほどから繰り返し申し上げている金融システムに問題があったから長期不況が起こったという金融仲介機能低下説です。代表的なものとして，BIS規制等により銀行貸出の減少が起こり設備投資が抑制されて

長期不況を招いたという説があります。あるいは最近流行りなのは，実質的に破綻している企業を救済するために「追い貸し」と呼ばれる効率の悪い資金の貸出が行われ，これが資源配分を悪化させて，経済を長期にわたって低迷させているという主張です。金融仲介機能低下説は割と世の中で広く受入れられているようです。経済を人間の体にたとえ，「金融というのは血の流れのようなものだ。銀行が資金を集めてそれを貸し付けるという機能がうまく動かないというのは，血のめぐりが悪くなって体力が落ちてくるのと同じようなことで，それが今起こっている」というような言い方がなされるわけです。

　私自身は，こうした意見と異なり，基本的には90年代の日本の長期不況は，金融政策が失敗したからだというふうに考えております。つまり，今日これからお話しすることは，特定の視点に立たない中庸な意見の開陳ではなくて，今日行われている経済問題に関する論争の特定の立場からの宣伝だというふうに批判されてもやむを得ないようなところがあります。そのことをあらかじめ念頭に置いて聞いてください。

2.1　構造要因説

　まず構造要因説がどの程度リアリティーがあるのかということを見ていきましょう。この表4にあるのは，プレスコットと林の推計したTFP成長率の値です。TFPというのは「トータル・ファクター・プロダクティビティー」つまり「全要素生産性」と呼ばれている技術水準の尺度です。この伸びが高いと

表4　TFP成長率

期　　間	生産人口一人当たり 実質GNP成長率	TFP成長率
1960－1970	7.7%	7.7%
1970－1980	3.2%	1.3%
1980－1988	3.0%	2.8%
1991－2000	0.5%	0.3%

（出所）「構造改革なくして成長なし」林文夫【2003】

きは，経済全体の生産性が上昇して経済成長が高まり，低くなると低くなるというふうに解釈されます。

「プレスコット・林」の推計によれば，TFPの成長率は，60年代から70年代の初めにかけて7.7％，70年代は1.3％，80年代は2.8％，そして90年代0.3％，つまり80年代との比較で言うと，2.5％の技術進歩率の低下が起こったということになります。この構造問題が低成長の最大の原因だというふうに「林・プレスコット」は主張するわけです。

ところが，この推計にはいろいろな問題がありまして，もっとていねいにやると，随分違う数字が出てくるということがわかってきました。例えば宮川努先生が行った推計結果を見ると，（宮川先生自身は構造要因説の立場に立っていますが）80年代のTFPの成長率は1.6％，90年代は0.8％，つまり0.8％しかTFPの成長率は下がっていないということになっています。

先ほど見ていただいたように，80年代の平均成長率が3.9％で，90年代の実績は1.5％ですから，2.4％成長率が下がっているわけですが，「林・プレスコット」の場合は2.5％下がっていますから，これは一見すると辻褄が合っているように思えます。

ところが，きちんと数字を詰めて計算した宮川先生の推計によると，0.8％ぐらいしか潜在成長率が下がる理由はなかったということになります。

また，経済産業省の元橋さんとジョルゲンソン（ハーバード大学教授）の行った推計結果を見ると，80年代に関しては，前半で0.6％，後半が1.5％，平均すると1％ぐらいということになります。これに対して，90年代の前半が0.5％，後半が0.7％と推計されています。つまり，彼等によれば，80年代から90年代にかけてのTFP成長率の低下幅は0.5％から1％ぐらいのものであるという結論になります。

「林・プレスコット」は，極めて有力な説のように思われていますけれども，他の推計結果を見る限り，「林・プレスコット」は，非常に特殊な結果であって，大きく見積もっても1％程度の成長率の下方しか，技術的進歩率の低下では説明できないということがわかってきたわけです。90年代の長期停滞

が，技術進歩率によって代表される構造問題の結果だという解釈はとても受け入れることはできないというのが私自身の結論です。

2.2 金融仲介機能低下説

次に有力な説として，金融仲介機能の低下という主張があります。金融仲介機能が低下不況の原因ということは，民間企業は十分に収益を上げる見込みのある投資機会を持っているのだけれども，銀行が金を貸さないので，それが実現できないんだということを意味します。

銀行の貸出を中心とした総資産に対する自己資本が8％以上なくては国際金融業務をやってはいけないというのがBIS規制なんですけれども，これが原因になって自己資本が不十分なために貸出資産を増やすことができないということが資金供給を抑え込んでいるのが長期不況の原因だとする主張がありますが，これには，疑問が生じます。規制の対象外の金融機関，例えば地方の中小企業向けの融資を中心としている信用金庫とか信用組合とか，あるいは地方銀行は，最初から国際金融業務をやっていない（あるいはやめてしまっても困らない）わけですが，8％というBIS規制の対象とは言えません。BIS規制が有効に大手銀行の貸出を抑制したなら，そういったところの貸出が増加するはずです。あるいは日本に来ている外国銀行の貸出が増えるはずです。しかし現実には，そういった規制の対象にならないところの貸出は増えていないのです。

実はこの問題に関しては，1980年に出版された本で，今は中央大学にいらっしゃる堀内先生が，「銀行の窓口規制で貸出を規制によって直接カットすることが，果して金融引き締めに有効だったのか？」という研究をされています。その結果は，規制対象外金融機関が存在する限り窓口規制は有効ではないというものでした。BIS規制も基本的には同じです。規制対象外金融機関がある限り，BIS規制が有効であるような銀行の貸出が減った分，必ずどこかで貸出が増えているはずです。にもかかわらず，それが起こっていないということは，実は資金の供給側に問題があるのではなくて，金融緩和が十分ではないか，あ

るいは資金の需要側に問題が起こっていたということを意味しているということになります。

また，別の視点から同じような問題を研究した例として，内閣府の堀さんと木滝さんの研究があります。この研究は，地域金融機関について，クロスセクション分析で，地域ごとの金融機関の経営の安定性・健全性とそれぞれの地域の経済活動の水準を比較したものです。もしも金融仲介機能が低下していることが不況の原因であるとすると，地域別のデータでも同じような傾向が検出されるはずです。それぞれの地域の金融機関の経営状態が悪いと，その地域の経済状態も悪いという結論が出るはずです。ところがこういった相関関係は全く観測されてないということがわかっています。

また「追い貸し」という話がありますが，「追い貸し」というのは，巨額の資金を貸している大手の借り手を潰しては銀行が困るので，銀行が無駄を承知でお金を貸しているというものです。それがどんどん増えていき，経済全体の効率を悪化させているというのが「追い貸し」仮説です。「追い貸し」の主な対象になっているのは，巨大な借り手のはずですから大都市に多いわけです。にもかかわらず，経済状況が悪化しているのは主として地方であるということを考えると，「追い貸し」が経済状況を悪化させているという解釈も成り立たないことになります。つまり金融仲介機関の機能悪化が原因となって経済が悪化し，長期不況が起こっているという解釈は，やはりここでも成り立たないということがわかります。

我々が経験している不況は，1930年代以来のデフレ下における長期不況以来であるということから，昭和恐慌のときに一体何が起こったのかということを研究するプロジェクト「昭和恐慌研究会」が結成され，私も参加して金融機関の破綻に関しても研究してみました。その結果，わかってきたことは，昭和恐慌前後の日本の金融市場の状況，経済状況についての通説と現実とが相当違っているということです。

1930年に起こった昭和恐慌の直前の1927年に「昭和金融恐慌」と呼ばれているバブル崩壊型の金融システム不安がありました。このとき日本政府は高橋是

清大蔵大臣と井上準之助日銀総裁の2人が手を携えて極めて短期に大規模な金融機関整理を行い，不良債権の処理を行いました。通説によれば，このとき不良債権が一掃されたがゆえに，1931年以降の高橋是清によって行われた景気回復政策が効果を発揮したということになっています。つまり，不良債権問題の処理が景気回復の決め手になるのだというのが今日までの通説ということになります。

ところが，データをきちんと調べてみると，実は昭和金融恐慌の直後の政策で，確かに不良債権問題は一端解決しているんですが，その後，昭和恐慌で再びほぼ同じような大規模な不良債権が発生していたということがわかってきました。しかもその中身は，昭和金融恐慌ではバブル崩壊型であったが，昭和恐慌はデフレ不況型であったということがはっきりしたのです。つまり，デフレ脱却は不良債権処理の結果ではなくて，実はデフレと不況の脱却こそが，2回目に発生した不良債権問題を解決する鍵になっていたんだということが明らかになってきたのです。

景気回復の効果で不良債権処理が進展するわけであり，不良債権処理で銀行が元気になって貸付が増えて，それによって景気がよくなったわけではなかったことがわかってきました。銀行貸出は景気回復の始まった後で増えているのです。

では，一体どういうルートで資金が経済に供給されたのかというと，証券市場を通じてだったことがわかります。つまりバブル崩壊からの回復の過程で，直接金融中心の経済へ急激にシフトが起こっていたのです。このエクイティーファイナンス（新株発行による投資資金の調達）の拡大は，株式市場の回復が前提になります。つまり株価が上昇するような強力な金融政策がとられたということが，実は銀行の貸出の急激な増加を伴わない景気回復のキーになっていたということがわかってきました。

2.3 金融政策失敗説

このように主要な90年代の長期停滞の原因と呼ばれている構造問題説あるい

は金融システム問題説，これは両方ともデータをきちんと見てみると，棄却されるらしいということがわかってきました。そうなると，最後に残るのが，金融政策がそもそも極めて長期にわたって失敗していたのだという我々の主張であります。

　金融政策をどうやって評価するかというのは難しい問題です。例えば毎年10％成長しているような経済では，金利が8％，9％であっても，金利は高過ぎるということはないでしょう。あるいはインフレ率が10％のときに，5％の金利だとしたら，それは余りにも低過ぎる金利ということになります。このように金利の絶対水準そのもので景気に対して刺激的なのか否かということを判断することはできません。何らかの形で金利の水準あるいはマネーサプライ，マネタリーベースの伸び率等が，実体経済とのバランスの上で適正な水準に達しているのかどうかということを判定する必要があります。

　そうした基準の1つとして，アメリカのジョン・テイラー教授が開発した「テイラー・ルール」というものがあります。これはものすごく簡単でして，日本で言うコールレート，銀行間市場での短期金利に相当するアメリカのフェデラルファンドレート（FFレート）に関して，その引上げ幅が，現実のインフレ率と目標インフレ率である2％の乖離幅，および現実の失業率と目標失業率6％（これは時期によって7％だったりしますけれども）の乖離幅のそれぞれにウエイト2分の1を掛けて足し合わせてやったものがFF金利の変化幅なのだという単純なルールです。驚くべきことに，この単純なルールでアメリカの金融政策は説明できるということがわかっています。

　もちろんアメリカもいろいろな失敗をおかしているわけですが，少なくとも我々がこの90年代に経験してきたような長期にわたる金融システム不安を伴うデフレ下の不況などという現象には陥っていません。最近を見てもおわかりのように，2000年の初め，5月ですか，ナスダックでIT株が暴落し，その後，ワールド・コムという巨大通信会社が崩壊したり，いろいろなバブル崩壊に伴う恐ろしいことがアメリカでも何度も起こっています。にもかかわらず，アメリカは経済活動水準が特に大きく落ち込んでいるわけではないのです。もちろ

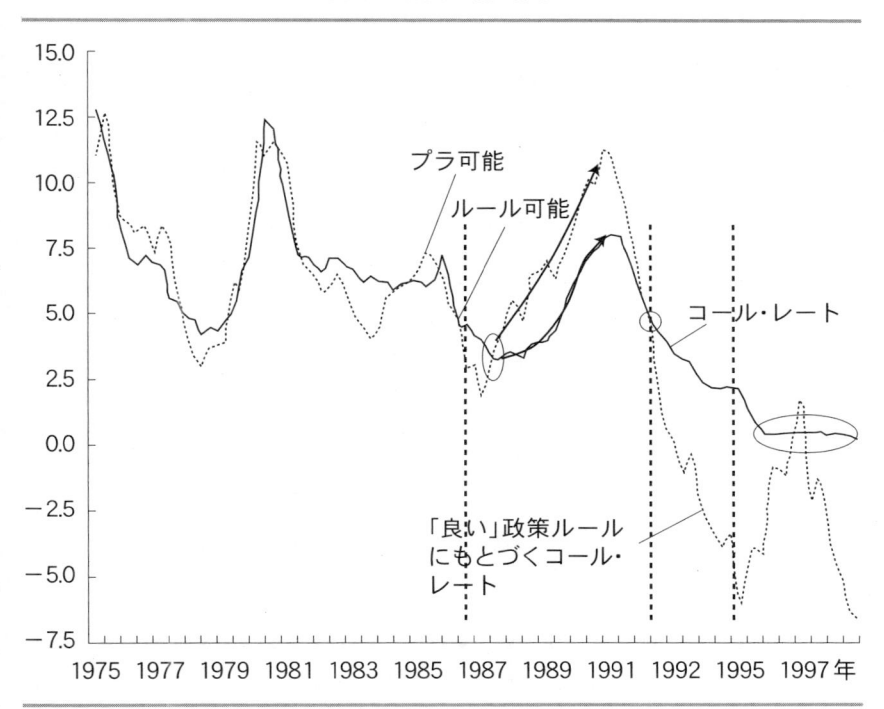

第4章　銀行経営とデフレ脱却の途

図 4-3　短期金利の推移

[図中ラベル：プラ可能／ルール可能／コール・レート／「良い」政策ルールにもとづくコール・レート]

ん財政赤字など，いろいろ問題を抱えていますが，少なくともITバブル崩壊から3年たっているわけですけれども，日本で起こったようなことが起こっているわけではないのです。その意味で「テイラー・ルール」に従う金融政策が行われていたら，一体日本ではどのようなコールレートの誘導水準が必要だったのだろうかということを考えてみることは，非常におもしろい思考実験であります。アメリカのFRBの理事会と同じ方法で日銀が判断を下したら何が起こったのかということです。その結果が，神戸大学の地主先生，黒木先生，宮尾先生の研究にあります。

　ここに示されている図4-3は，彼等の書いた論文から直接コピーしてきたものです。実線で書いてあるのが，短期の銀行間金利（コールレート），破線が日本に関して彼等が推計したテイラー・ルールから出てくる適正な短期金利の

81

水準です。これでおわかりのように，80年代後半には，バブルの最中ですけれども，どうも金利は低過ぎたということがまずわかります。次にわかることは，91年以降，日本の金利は絶対水準は下がっていたけれども，必要とされる下げ幅は，はるかに大きかった，それに追い着くことはできなかったということです。つまり日銀の金融政策は，バブルの最中は過剰な緩和であり，バブル崩壊以降は十分な緩和をしていなかったという結論になってくるわけです。

もう1つ金融政策を判定する基準として「マッカラム・ルール」と呼ばれているものがあります。これはカーネギーメロン大学のマッカラム教授が考えついたもので，名目GDPの伸び率について一定の目標を設け，これを実現するのに必要な金融の量的な緩和の程度を求めようというものです。

これを日本に適用してみた結果が図4-4です。ご覧のように，実線で描いてあるのが現実のマネタリーベースの伸び率です。日銀が市中に金融システムに対して放出している資金の量の増加率です。この伸び率と，マッカラム・ルールから推計される適正なマネタリーベースの伸び率を比較してみましょう。ご覧のように80年代の後半には，適正なマネタリーベースの伸び率に比べて現実のベースマネーの伸び率の方が高かった時期があります。つまり，先ほどのテイラー・ルールのケースと同じように，バブルの最中は過剰緩和だったということがわかります。

しかし，90年代に入ると，ベースマネーの伸び率は，適正なベースマネーの伸び率を下回る時期が一貫して続いています。この図4-4はゼロ金利政策の導入が始まった1999年以降は意味がないですけれども，それ以前のだけを見ていただくと，常に適正なマネタリーベースの伸び率が，現実のマネタリーベースの伸び率を上回っていたということがおわかりになると思います。

今まで説明してきたように，TFP（全要素生産性）の伸び率の変化による技術進歩が悪化したために日本の90年代の不況が起こったという説が棄却され，また金融システムの金融仲介機能が悪化したために長期不況が起こったという説も却下されます。

これに対して金融政策の失敗といっても，90年代の10年以上も一貫して金融

82

政策が失敗していたなんていう馬鹿げた話はないだろうというふうにしばしば評価されるんですが，マッカラム・ルール，テイラー・ルール，ともに結論は，90年代一貫して日銀の金融政策は間違っていたという結論を導き出すことになるわけです。

3. 金融危機と経済危機

　このように，日本の金融システムと経済危機の関係を考えていくと，幾つかの結論を得ることができます。まず第1に，不良債権問題の解決が経済再生の道だという通説は多分間違っているということです。幾ら銀行のバランスシートをきれいにしても，それ自体は景気がよくなる条件にはならないのです。逆に景気がよくなるようにして，初めて本来の意味での金融システムの回復が生まれてくるだろうということです。

　ただし，昭和恐慌の例でもわかるように，復活する金融システムはかつての金融システムとは全く違うものになっている可能性が極めて高いということは

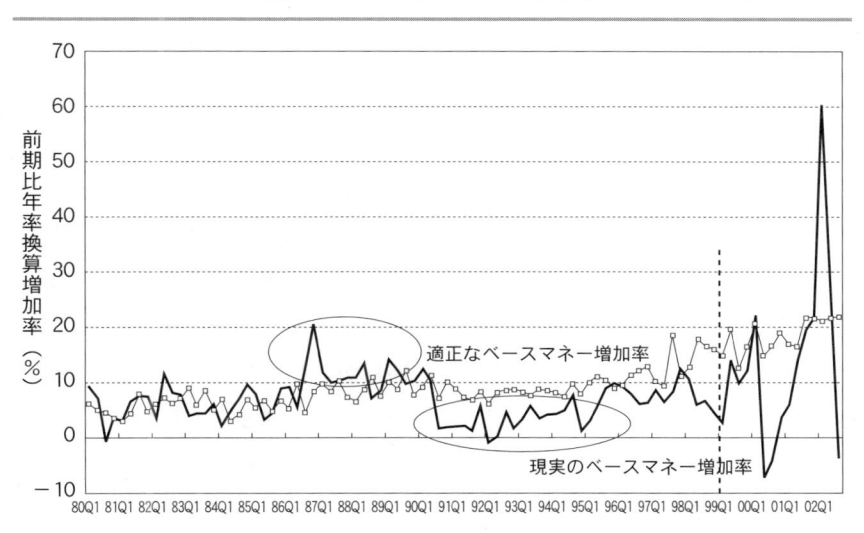

図4-4　マネタリーベースの伸び率

(出所)　日本銀行，内閣府，CSFB

83

注意すべきです。戦前の日本の経済システムは，今日の経済システムより，ある意味では，はるかに競争的なシステムだったと言われることがありますが，昭和恐慌をきっかけにして，銀行貸出による産業資金の配分というシステムから，株式市場を軸とした資金配分システムへ移行していったということがわかります。恐らく今日我々が直面しているのも同じような問題なのでしょう。新聞を読んでいると，世界に伍するメガバンク，これがバランスシートを改善して強力なパワーを回復することによって日本経済が回復していくというようなイメージを皆さん持っていらっしゃると思いますけれども，恐らくそういう形では日本の金融機関は回復しないだろうと思います。

なぜそんなことになっているかというと，実は金融システムに限らないのですけれども，90年代以降の世界全体の産業の動向で最も重要なことは，情報格差に依存した産業というのが急激に消滅の危機に瀕しているということだからです。情報格差とは何かというと，それまで経済的に有用な情報にアクセスが限定されていたようなもの，そのバリアーになるものがコンピューターとネットワークの発達の結果，急激に消滅し始めているという事実です。バリアーが存在するために，そこからレントが発生して利益を得ていたようなタイプの産業が衰退し始めているということです。

例えば商社は，輸出産業でまともに英語で契約書を書けない，あるいは外国の企業と輸出の交渉のできない，そんな能力のある人が極めて限られているというときに代理店として機能していたわけです。ところが，英語を喋れて，契約書を書けるという人がどんどんメーカーに増えてくると，何も商社を通して商売する必要がなくなってくる。あるいは銀行も同じです。今申し上げたように，銀行が優良な貸付先を見つける能力が十分あるのであれば問題ないですけれども，不良債権問題でわかるように，明らかにこんなところに金を貸して返ってくるはずないじゃないかと思われるところへ金を貸してしまったことで代表されるように，銀行の審査能力が決して高くないということが明らかになってきたのです。

また，証券会社も同じです。証券会社は新株引受を行って，資金調達・ファ

イナンスしていく重要な機能を持っていますけれども，新株の発行を引き受けることが常にうまくいくとは限りません。それどころか，いろいろな問題を起こしているということもわかっています。あるいはネット経由の株式売買では手数料が非常に小さくなってきています。

　また，マス，メディアも大学も同じです。既にアメリカの超一流大学の先生たちの中には，自分たちの講義をインターネット上で流すということを始めている人たちもおります。昔は，アメリカの有名な先生方の講義を聞いてきた留学帰りの先生から授業を聞けるのがうれしかったわけです。あるいは，経済学の勉強をするのに必要なリーディング・リスト（論文の目録）をアメリカのトップスクールの大学院に留学している人から貰って初めて「あっ今こういうのをみんな読んでいるのだ」ということがわかったりしていました。しかし，皆さんも既に経験していらっしゃると思いますけれども，今やインターネットで，MITでもハーバードでもアクセスすれば，あるいはクルーグマンのホームページでも結構です，そういうところにアクセスすれば，一体アメリカのトップスクールの大学院というのは，どんな論文が読まれ，どんなテーマが議論されているかということが手に取るようにわかるわけです。恐らく数年もすれば，光ファイバーを経由した超高速インターネットを通じて有料で全世界の学生がクルーグマンの「貿易論」の授業を聞くことができる時代がやってくるでしょう。こんな状況で，果して今までのタイプの大学が続くのかどうか怪しくなってくると考えるのは当然だと思います。これは別に日本の大学の悪口を言っているわけではありません。メディアにしても商社にしても銀行にしても証券会社にしても，すべて情報の格差に依存して利益を得ていた，所得を得ていた産業というのは，今や急激に衰退に向かっているということを言いたいのです。つまりバブル崩壊後，不良債権問題が起こったから，日本経済がおかしくなったのであって，このバランスシートの空いた穴に大量の資金を投入してバランスシートを改善すれば，また世の中は元にもどるだろうという主張がありますけれども，実際はそうじゃないだろうというということを申し上げたいのです。

そもそもバブル崩壊がこれほど酷い結果を招いた理由の1つは，銀行が利益にならないような貸出を80年代の後半に急激に拡大していったことが挙げられます。これは裏返して言うと，利益になるような機会を十分銀行が発見することができなかったということでもあるわけです。つまり銀行が金融仲介機関として行うべき与信情報の生産機能を十分に持っていなかったということになります。そういう意味では，従来の銀行の再生が経済危機の克服と直接繋がるのかどうか怪しいと言えるのです。

　もっと極論するならば，日本の金融システム問題というのは構造不況問題なのかもしれないとも言えます。金融業というのが，かつて造船業がそうであったように，一種の構造不況業種として日本に存在しているに過ぎないのかもしれないということです。造船業の衰退が起これば，日本経済が滅びてしまうということは決してなかったわけですが，日本の金融機関が滅びてしまうことが，日本にとって致命傷になるかどうか，それすら実は怪しいと考えるべきなのかもしれないです。

　逆に日本の銀行システムを守るために，不必要な規制や，あるいは資金の投入等を行って，その結果，日本経済全体がおかしくなってしまう，その方がはるかに大きなリスクになるのかもしれません。皆さんにとって恐らく重要なことは，金融機関がこの後，どういうふうに変化していくのか，皆さんが就職する企業がどうなっていくのかということでしょう。今後景気がよくなり，そして，政府による支援等が行われ，既存の金融機関が規模を大きくして，再び80年代のように世界の金融市場でメジャープレーヤーとして復活する日が来るということを漠然と思っている人もいるかもしれませんけれども，恐らくそういうことは起こらない。少なくとも今までのようなタイプの銀行のまま，今までのようなタイプの証券会社のまま，そういったものに戻っていくことで「復活すること」は恐らくないだろうというふうに思います。

　構造不況業種の持っている問題を日本経済全体に押し広げないで，いかにして日本経済全体を回復させるのかということの方が，はるかに重要な問題であるというふうに思います。

質問箱から

問 インフレ・ターゲットのお話についての質問ですが，インフレ・ターゲットを行って，実質的な国債の価値が下がっていくことを考えると，今の大きな債権国であるアメリカやその他債権国の諸外国がすごくいやがると思うんですけれども，そのあたりの兼ね合いをどのようにしてとっていくのでしょうか。

答 日本は，外国から1円も借金していない。世界最大の資金を貸している国です。日本国債は金利が低すぎて外国人には魅力がありません。中央銀行が僅かに持っているだけです。日本国債がどうなろうと，外国人のポケットには全く響きません。ご承知かもしれませんが，日本の経常収支は世界最大の黒字です。ということは，日本は世界最大の資金の供給国で，つまり資金の貸し手です。

アフガニスタンとか，そういった国が経済破綻に瀕していることと，我々日本の経済破綻は全く性質が違う。アジア通貨危機もそうです。資金を借りて，返せなくなるというのが通貨危機です。

ところが，我々は資金をネットでは借りてないんです。それどころか，世界最大の貸し手です。ですから，我々から取るべき借金はありません。私も外資の証券会社のエコノミストを長いことやっていて，常に外国人の連中とこういう話をしました。もののわかっている人はいいんですが，もののわかってない連中は，アジア通貨危機と同じようなことが日本で起きるなんてことを言うわけです。

しかし，「お前たち，何を考えているんだ。我々は1970年代以降，一貫して経常収支は黒字，2度の石油危機のときに僅かに赤字になったけれども，それ以外，一貫して黒字で，僕らは君らに対して，とんでもない額の金を貸してこそいれ，君たちから借りてないのに，日本が借金で首が締まるとはどういうことか。我々が借金しているのは，日本国民に対してだけである。つまり国債はほとんど日本人によって保持されている。ということは，日本政府がお札を刷って返せば，それでおしまい」ということを話さなければなりませんでした。

例えば東南アジアの通貨危機に陥った国が，外国からの借金を返すときに，インドネシアがルピーを刷って，返そうとしても，だれも受け取りません。当然ドルを持ってこないといけない。ところが，インドネシアが輸出をそんなに増やせはしない。そのため景気を悪くして，輸出に対して輸入を減らして経常収支を黒字にして，それによって調達したドルを借金の返済に向けなくちゃいけない。だから，通貨危機の起こったアジア諸国は，無茶苦茶な金融引締めと財政引締めによって景気を意図的に悪くしている。これがIMFによるパッケージです。それによって外国

からの対外収支のバランスをさらに黒字化して,そこで得られたドルを借金の返済に回すわけです。これはアルゼンチンでもブラジルでも,南米で起こったことも同じです。

しかし,我々は腐るほどドルがある,処理に困るほどドルがある。彼等に返すべき借金は最初からネットでは存在しない。彼等が我々に返さなくちゃいけない借金はいくらでもあるということです。

第5章 キヤノンの経営戦略

御手洗 冨士夫

はじめに

　経済学部の皆さんこんにちは。ご紹介にあずかりましたキヤノンの御手洗です。この多摩キャンパスを訪れるのは今回で2度目です。私が中央大学法学部法律学科を卒業したのは昭和36年のことですが，授業中に小説を読んだりして到底模範的な学生とは言えませんでした。ですから，こうやって皆さんに講義をするのは内心忸怩たる思いです。本日は，皆さんが経営学の勉強を進めるうえでの1つのケース・スタディとして，キヤノンの事例を紹介したいと思います。何らかの参考になれば幸いです。

1. キヤノンの創業期

　さて，個人にとっても企業にとっても，そのスタートが肝心です。個人においては，どのような志を持つかということがその後の人生を律するものになると思いますし，同様に企業においても，どのような理想のもとに起業したかということが，世代を超えてその会社のDNAとして伝承され，それに基づいて会社が発展していくと思います。逆に言いますと，個人でも志がなく，人生観の確立していない者は大成しないでしょうし，会社であっても理想や志，ポリシーを持っていない会社は，時代の波に翻弄されてしまうと思います。

　キヤノンは1937(昭和12)年に，小さなベンチャー企業としてスタートしました。当時の日本は，近代化，工業化を目指して邁進している時代でした。そのような中で，我々の先輩は，ドイツ製に負けないカメラを日本で，自分たちの独自の力でつくろうと同志が集まって創業しました。このように創業時から，新しい技術を日本にもたらし，その技術に基づいて会社を発展させていこうという技術優先主義の考えを持っていました。

そしてもう1つ，人を大事にしていこうという人間尊重主義の考えがありました。社員たちが，本当に一生安定して生活し，幸せに暮らせる会社をつくりたいという理想を抱き，「新家族主義」，「健康第一主義」を掲げました。また当時，日本は階級社会であり学歴主義社会でしたが，それを排して「実力主義」を掲げました。この3つの社是は日本の産業界の中でも非常にユニークなものでした。

　と言いますのも，メーカーの「社是」と言えば，通常は「技術を磨いて社会に貢献しよう」，「文化に貢献しよう」といったものを掲げるところですが，この3つのポリシーは，自社の社員に向けたもので，非常に珍しいと思います。しかも，それが単なるお題目に終わらずに具体的な施策に表れています。

　例えば健康第一主義としては，国民病とも言えた結核の予防のため，1953年には全社員を対象とした集団X線検診を導入しています。また，新家族主義としては，「GHQ運動」，これは「Go Home Quickly」の略なのですが，「仕事が済んだら寄り道などせずに帰宅し，家庭を大事にするように」という運動がありました。また，1967年には日本でいち早く完全週休2日制を導入しました。このように健康第一主義，新家族主義の思想を実際に施策に盛り込んで実行してきました。

　また，実力主義につきましても，1943年という非常に早い段階でブルーカラーとホワイトカラーという区別をやめ，学歴や性別に関わりなく全員を「社員」として遇する人事制度を導入しました。この考えは脈々と受け継がれており，今日では従事する職務と成果によって給与が決まる実力主義のシステムをとっています。これもキヤノンの創業以来の人間尊重主義，実力主義を受け継ぐものです。したがって，いわゆる年功序列のようなものは全くありませんし，社員同士切磋琢磨して非常に活性化しております。

　その証拠の1つに特許があります。キヤノンは約8万件の特許を保有していますが，特に競争の激しい米国での特許登録件数は，この10年間ほぼ毎年，IBMに次ぐ第2位の地位を占めています。これは，社員たちが長期的に安定した雇用環境の中で実力主義を発揮して頑張っていることの1つの証拠になる

と思います。

　このようにキヤノンは，当時から新しい考え方，常に新しいものを求めていくという「進取の気性」に富み，人間尊重主義という社風を持っていました。

2. キヤノンの経営戦略——国際化と多角化の展開

　その上に立ち，キヤノンの経営戦略を話してみますと，2つの基本的な戦略があります。1つはグローバリゼーション，国際化です。戦後いち早く海外市場に着目し，1955（昭和30）年にニューヨークに販売支店を開設して以来，60年代，70年代に次々と販売会社を設立し，全世界に販売網を構築していきました。その後70年代から生産の海外移転を進め，今日では海外に30社の生産拠点があります。また90年代以降はソフト開発を中心に海外研究所を設立していきました。その結果，キヤノングループは海外に198社，日本には54社，総勢252社という体制となっています。

　また，全世界で約10万3,000人弱の社員がいますが，その内訳は日本が44％，米州が10％，欧州が11％，アジア・オセアニアが35％となっています。また地域別の売上は，日本が25％，米州が33％，欧州が30％，そしてアジア・オセアニアが12％となっています。このように，キヤノンは積極的に海外展開を図ってきました。

　そして，もう1つの基本戦略が多角化です。この多角化については，技術優先主義で進めてきました。常にその時代の趨勢を見極め，その時代が必要とする産業を目指して技術を獲得し，そして様々な事業に展開していくことによって発展してきました。

　1937年にカメラでスタートして以来，初めの30年間はカメラだけでした。その頃のキヤノンの持つ基本的な技術は，カメラを製造するメカ技術と光学技術でした。60年代になり，日本も発展して生活コストも高くなってくると，カメラだけでは，先ほど言ったように，皆が安定して幸せに暮らせるように発展していくことが困難になってきました。そのため，1967年に「多角化宣言」を行い，より付加価値の高い産業に進出していくことを打ち出しました。そして，

当時先端技術であったエレクトロニクスの技術を導入し，世界で初めてテンキー式の卓上電子計算機をつくりました。

そして70年代の初めになると，化学の技術を導入してトナーをつくり，複写機をつくりました。複写機をつくるには，光学技術や化学技術，エレクトロニクス技術，そしてメカ技術の全てが必要となります。さらに，通信技術を導入してファクシミリをつくりました。最近ではこれらの事務機にデジタル技術を導入し，ネットワーク対応の複合機へと進化させています。その一方で，光学技術をさらに超精密化して半導体製造装置もつくりました。

このように常に現存の技術を深耕し，新しい技術を加えながらその複合技術の上に新しい産業を打ち立てていくのがキヤノンの多角化戦略の基本です。しかしこれは闇雲に進めてきたわけではありません。常に時代を見据えて進めてきました。

日本は戦後，外貨を稼ぐ輸出産業で復興を図りました。当時カメラは非常に小さな産業でしたが，輸出の花形産業として脚光を浴び，時代の最先端を行くものでした。昭和30年代に入って日本経済が高度成長を遂げ活況を呈するようになると，企業も大きくなり，人件費も上昇して事務の合理化が叫ばれるようになりました。そういう時代にキヤノンは電卓や複写機などの事務機に参入していきました。また昭和50年代になり，半導体が「産業のコメ」と言われるようになると，先ほど言いましたように半導体製造装置に参入していきました。

このようにキヤノンは，時代が何を求めているかを見据えながら，既存の得意技術に新しい技術を加えつつ，その複合技術の延長線上に拡大して先端産業の一角を占め，退嬰するのを防いできました。

しかし，多角化は最初から順調であったわけではなく，1967年の「多角化宣言」以降，10年ぐらいは遅々として進みませんでした。当時は単一の組織であったために，資金も優秀な人材も，主力であったカメラ事業に集中してしまい，他の新分野が育ちにくいということがありました。

この問題に対しては，1977年に社長に就任した賀来社長が，1978年に事業部制を全社に導入し，今までの単一の組織から各事業部に責任者を置いて権限分

散型の組織に変えました。これにより多角化が進展して80年代末まで急成長を遂げ，国際企業としての基礎を築きました。

3. キヤノンにおける経営改革

3.1 制度疲労の克服

では，それ以後，キヤノンは順風満帆に発展してきたのかと言うと，そうではありません。どのような組織であっても，その社会の変遷あるいは人心の変化等々により必ず制度疲労を起こし，時代にそぐわなくなってきます。当時のキヤノンでは，事業部制が強くなり過ぎて，企業内企業の様相を呈し，1つの会社としての体をなさなくなってきました。

するとどのようなことが起こるかというと，資本，投資等の無駄が起こります。例えば事業部や子会社の中には景気の良いものもあれば，悪いところもあります。資金に余裕のある事業部や子会社は，投資を重ねてますます大きくなっていきますが，余裕のない部門にはそれができません。もう少し資金を投入すれば発展することも可能なのにそれができない。また，一方では余剰人員を抱えているのに，一方では人手不足で新たに人を雇ってくるということがありました。各部門お互いの連絡がなく，事業部制の行き過ぎがキヤノングループ全体の発展を阻害するという状況に陥っていました。

私が米国から帰国したのはちょうどその頃，1989年でした。私は30歳で渡米して53歳で帰国するまで23年間，米国で仕事をしてきましたが，帰国して本社の各事業部がそのような状況に陥っているのを目にして愕然としました。当時は経理・人事担当の専務で会社全体を見渡せる立場にありましたので，一目瞭然でした。

そうした状況の中，1995年に社長に就任しました。そこで，米国から帰国後6年間あたため続けてきたことを一挙に実行に移すことにしました。当時キヤノンは，連結の売上高が2兆900億円弱だったのに対し，借入金が8,400億円余りもあり，有利子負債依存度は33.6%でした。利益率も低迷しており，私は財務体質の改善を目標に位置付けました。そのためには考え方から直していこう

ということで，2つの意識改革を行うこととしました．

3.2　意識改革の断行──全体最適と利益優先の経営

1つは，「全体最適」です．グループ全体が1つの会社として動く効率的な経営を目指し，各事業部の都合よりもグループ全体の利益を最優先にすることを徹底的に説いて回りました．しかし考え方をお題目のように述べていても事態は決して動きません．考え方を説くと同時に，それが実行される仕組みをつくっていくことが大事です．

そこで，私は「全体最適」という考え方を徹底させるために，連結経営体制を敷きました．親会社あるいは子会社別々の決算を単独決算と言いますが，親会社だけではなく子会社や関連会社を含めた連結決算を経営に取り入れるようにしました．

連結での業績評価には様々なメリットがありましたが，まずは，部門や子会社の業績を並列して比較することができるようになることです．そしてもう1つは，事業部と販売会社の間の壁が崩れたことです．キヤノンは製販分離で，販売会社は全て子会社になっています．したがって，本社の事業部は販売会社に製品を売ってしまえば売上が立ち，利益も上がります．しかし，販売子会社は，売れなければ在庫となり，評価下げしたり，廃却したりしなければなりません．しかし，連結での評価になりますと，販売子会社がお客様に売らずに在庫として残ってしまうと，連結されて事業部の在庫として記録されてしまいます．そのため，本社の事業部長が世界中を走り回って販売会社と一緒になって製品を売り歩くようになりました．これにより在庫が一挙に減少しました．社長就任当時は80日分あった在庫は，今では49日分にまで減少しました．

このように連結で事業評価を行うことによって，企業行動が変わり，資産の圧縮も非常にスムーズに行われました．そして，それによって浮いた資金を借金返済に回すことができました．

もう1つの意識改革は，「売上優先から利益優先へ」の転換です．私は，「社員の生活の安定・向上」，「投資家・株主に対する利益の還元」，「社会に対する

貢献」，そして「先行投資のための自己資金を稼ぐこと」の4つが，会社が持続的に繁栄していくための必須要件であると考えています。この4つができない会社は存在できませんし，また存在する価値もありません。そして，この4つを実行するためには何が必要かといえば，売上ではなく，利益です。

　したがって，会社の目的とは利益の追求であるということを徹底的に説いて浸透させました。その上で不採算部門の整理に着手しました。会社の目的は利益ですから，その利益を生むための事業は，全て手段です。すなわち，事業は手段に過ぎず，目的は利益であるということを明確に打ち出しました。目的を達成できない手段は変えなければならないと説き，大小取り混ぜて7つの部門を閉鎖しました。それによってピークの96年には734億円の売上を失いましたが，同時に260億円の赤字も解消されました。

　キヤノンもそうですが，日本の多くの会社は終身雇用で，社員も一生その会社で過ごしますので，目的と手段を同一化してしまう傾向があります。私はまずパソコン部門を整理したのですが，随分恨まれました。ある社員は私のところに来て，「私は入社以来この仕事に十数年命を懸けてきた。あなたは私の人生を潰すのか」と迫られましたが，私は「事業は手段に過ぎない。君は間違った手段に命を懸けている。それは非常にもったいないことであるし，我々としても大変迷惑だ。すぐに辞めて他の事業に移ってくれ」と言って説得しました。しかしその後彼らは複写機やプリンターのデジタル化に大活躍し，現在のキヤノンの事務機の発展の礎となりました。昔は意気消沈していましたが，今は胸を張って天を仰いで歩いています。つくづく人材とは，適材適所で活かさねばならないと思い知らされました。話はやや横道にそれましたが，こうして徹底的に利益優先主義を説き，まず第一に不採算部門を切り捨てました。

3.3　経営管理の革新

　次に，経営管理の手法として，キャッシュフロー・マネジメントを導入しました。これは，現金の流れから会社の業績を見ていこうというもので，アメリカでは一般的に行われている手法です。日本では経営者は一般的にP／L（損益

計算書)を重視する傾向にありますが，私は，これは日本企業の資金調達方法に大きな関連があると考えています。戦後の復興時，会社は銀行から借金をして大きくなっていったわけですが，銀行は返済する見込みのない会社には融資をしません。利益がきちんと出ている会社に貸すというのが鉄則です。したがって，日本の経営者は借金のために，損益計算書を改善することに努力してきました。

　しかし，損益計算書には大きな弱点があります。例えば在庫の評価の仕方といった経営の質と関係のない部分で利益額が変わってしまうということです。一方，キャッシュフロー・マネジメントでは，現金の流れで評価します。現金は有るか無いかのどちらかですから一目瞭然です。では，現金をどのようにして増やすかということですが，現金の源は大きく分けて4つあります。

　第1は純利益です。第2は，先ほど少し触れましたが，経営努力による資産の圧縮です。在庫を圧縮したり不良資産を売却したりしてお金を浮かす方法です。第3は減価償却です。そして第4が，特許実施料や何らかの売却益など，本来業務に関連のない収入です。

　この4つのうち，主に純利益と資産の圧縮，そして減価償却の3つが資金源になります。しかし減価償却は自動的に決まってしまう計算上の数字であり，経営努力によって変動するのは，純利益と資産の圧縮です。支出は，社員の給与や研究開発費，社屋など種々雑多ですが，要は支出の合計を収入が上回れば，それだけ資金がたまり，借金の返済や次の投資に使えるわけです。

　ですから，どのようにして利益を生むか，資産を圧縮するかということが経営の課題になってきます。まず，利益を生む方ですが，一番簡単なのは製品価格を引き上げることです。しかし，市場競争がありこれは大変難しい。ではどうするか。価格を上げられないのであれば，原価を下げれば良いわけです。

　事実，資金の流れを見てみますと，製造部門が一番現金を使用しています。広大な土地を購入して工場を建て，設備を入れます。人員も大量に採用して多額の給与を支払っています。そして何よりも連日膨大な量の部品を購入し，それを組み立てて出荷しています。ですから，工場部門を合理化すれば資金も浮

き，原価も低減できるはずだと考えました。

3.4 生産革新と開発革新

そこで私は，生産革新に着手することにしました。従来，キヤノンの生産拠点ではベルトコンベアで大量生産を行っていましたが，新たにセル生産方式を導入しました。ベルトコンベア方式は，ベルトが一定のスピードで動いており，その上に製品が乗って流れてきます。そこに人が並んで，ある人が加工したものをベルトに戻し，次の人がそれを取り上げて別の作業をする，という方法です。ところがこの方式ですと，2つの欠陥があります。第1は，いくらその作業者が習熟しても，ベルトの速さ以上に生産性は向上しないということです。また，作業者の能力には必ずばらつきがあり，ベルトの速さは一番遅い人に合わせなければなりません。第2は在庫が多いということです。ベルトコンベアでは多数の仕掛品，つまり加工途中の半製品がベルトの上に乗って運ばれているわけですから，これは大きな在庫を抱えていると言えます。一方，セル方式では，自分が加工したら隣の人に直接手で渡しますので，ベルトコンベアのように仕掛品がありません。また，セル方式は，人間の向上心とともに生産性を向上させていくシステムです。人間の能力は必ず向上し，習熟度が上がってくるものです。初めは5，6個の部品しか組み付けられなかった人でも，2，3ヵ月もすると，同じ時間で10の部品を組み付けられるようになります。しばらくすると，20の組み付けができるようになります。そうなりますと，初め60人でスタートしたセルが30人になり20人になり，10人でできるようになります。中には1人で全部組み立てられる人も出てきます。このようにして，この5年間で約3万5,000人分に相当する合理化を達成しました。

また，全世界の工場からベルトコンベアを一掃し，省スペース化しましたので，およそ86万平米のスペースが空きました。これは東京ドーム十数個分のスペースに当たります。そのスペースを増産に割り当てたり倉庫に転用したりし，この結果外部に借りていた37ヵ所の倉庫を次々と返却し，今では12ヵ所しかありません。こうして，年間30億円程度の費用が削減されました。仕掛品も

23日分程度ありましたが，今では4日分程度しかありません。これによって各工場の運転資金も約3分の1に減りました。このように生産性が向上し，労務費が減少し，また在庫が大幅に圧縮され，浮いた資金は借金の返済に当てました。

続いて開発革新に着手しました。それまで設計には二次元のCADを使用していましたが，新たに三次元のCADを導入しました。それまでは何度も試作を繰り返して不具合を調整するという手間暇をかけていましたが，3D-CADの導入によりコンピューター上で仮想試作を行い，様々な条件下でシミュレーションすることにより，設計の精度が格段に高まりました。また，設計品質が向上したために，工場での不具合が大幅に削減され，3分の1になりました。

さらに開発期間についても，およそ18ヵ月から12ヵ月に短縮されました。これによって市場に新製品を投入するスピードが速くなりました。新製品を出して長い期間が経過すると競争力を失い，製品が陳腐化していきます。すると価格競争に陥り，儲からなくなります。しかし開発期間の短縮により，陳腐化して価格競争に陥る前に新製品を投入できるようになり，市場で一定の利益率を確保することができるようになりました。4，5年前は，キヤノンの売上高に占める新製品の比率(発売後2年以内)は41〜42%でしたが，今では65%近くまで上がってきました。

このように生産部門で原価を低減し，開発部門で設計品質を向上させて市場で高い利益率を保つことができるようになり，キヤノンは利益体質への転換を成し遂げることができました。1995年の連結の売上高原価率は61%程度でしたが，今では50%を切るまでになり，この8年で11%も下げることができました。逆に言うと，粗利率を11%上げたということです。

このように全社を挙げて革新活動に邁進して利益率を上げ，借金を返済していきました。社長就任時の1995年に8,400億円あった借金も，昨年(2003年)末には984億円となり，有利子負債依存度も33.6%から3.1%にまで減少しました。また，会社の安定を測る指標である株主資本比率も，95年の35.1%から58.6%へと上昇しました。

そしてこのような業績は市場からも評価され，時価総額も95年末は1兆5,600億円，国内の上場企業の中で43位でしたが，今では4兆6,000億円と約3倍になり，上場企業では8位，メーカーとしては4位になりました。

4. キヤノンの未来

以上，キヤノンの創業の歴史と基本戦略，そして経営革新について述べてきましたが，今後について少し話してみたいと思います。

これまでキヤノンは，グローバリゼーションと多角化という2つの基本戦略で大きく発展を遂げてきましたが，今後もこれを踏襲していこうと考えています。これまでの多角化は日本を中心に行ってきましたが，これからはこの多角化を国際的に進めていきたいと思います。

今，米州の販売会社には約9,000人の社員がおり，売上は約1兆500億円程度あります。また，欧州の販売会社も約1万人の社員がおり，売上は9,700億円程度です。私は，この米欧の販売会社をメーカーに転換させていきたいと考えています。M&Aを進めて新技術や新製品を持つ会社を買収し，キヤノンの東京本社がつくらないものを海外でつくり，国際的なスケールで多角化を図っていきたいと考えています。そして日本，米州，欧州の3極それぞれが新しい価値を生み出す体制をつくり，お互いの製品を輸出・輸入するようになれば，為替変動に対応できるようになります。

これから何年かかるか分かりませんが，今後はこの国際化と多角化をミックスした戦略を進め，21世紀のキヤノンの発展を図っていきたいと思います。

以上で私の話を終わります。

質問箱から

【問】 先ほど人間尊重主義というお言葉がありましたが、キヤノンでは社員の能力を高めるためや、社員の仕事をしやすくするために、どのような方法・制度をとっているのでしょうか。他社とは違って、こういった制度をとっているとかいうものがありましたら、お聞かせください。

【答】 基本的には他社も同様のことを行っていると思いますが、キヤノンには新入社員から役員候補生に至るまで、階層別の研修制度があります。中でも役員候補生に対しては、7ヵ月間にわたって十数回、土曜日を丸一日使って徹底的に教育を行う「経営塾」があり、私はその塾長を務めています。

またキヤノンでは社内公募制度をとっていますが、生産現場において職種転換を希望する社員に対しては、教育を支援する制度があります。今まで組立を担当していた人が型をつくったり、あるいは型をつくっていた人が設計に異動したりする際の教育や訓練を援助します。そのほかにも技術者の海外留学制度など用途に応じて様々な研修制度があります。

組織としては人事本部に教育や研修を担当する部門があり、外部から講師を招聘することもあります。

会社の実力とは社員の実力の総和です。優秀なプレーヤーを大勢集めたチームが強いのと同じように、優秀な社員がたくさんいる会社が強いのです。ですから、キヤノンでは社員教育を徹底して行い、優秀な社員を育てることに力を注いでいます。

しかし、アメリカのように非常に流動的な社会では事情が異なります。アメリカでは、強い会社をつくるために、どんどん社員を入れ替えていきます。アメリカの一流企業ともなりますと、他社の社員から続々と履歴書が送られてくるため、人事部長の机の上には履歴書の束が山のようにたまっています。そして、社内に生産性の悪い人がいれば解雇し、その履歴書の山の中から優秀な人材を選び出して入れ替えていきます。

アメリカのこのようなシステムは、経営側の立場からすれば、どんどん社員を入れ替えることによって、強い会社をつくることができますが、一方で、仕事をするサラリーマンの立場からすると、社内で競争しているだけではなくて、社外とも競争させられているという厳しさがあります。

さらに言えば、アメリカは典型的な資本主義の国であり、すべて市場原理で動いています。これは雇用の面でも同様で、同じ大学から同じ会社に10人入社しても、

全員給料が違います。例えばキヤノンがアメリカの会社で，中央大学の皆さんがキヤノンに入社を希望しているとしましょう。キヤノンが経済学部の人を求めており，皆さんが優秀であれば少々給与が高くても採用するでしょう。あるいは，法学部の出身者をついでに採っておこうかという程度であれば，経済学部出身者よりも低い給与でも良ければどうぞということになります。

また技術系の場合は，化学の技術者が必要であれば化学専攻者を優先的に採るでしょうし，物理の技術者が必要ならば物理専攻者をたくさん採用するでしょう。さらに同じ化学であっても，学校の成績によって給与は異なります。アメリカの一流企業は学生の成績を把握していますので，「あなたは何番でしたね，ではこれくらいでどうですか」と，個人によって給与がすべて違ってくるわけです。

しかし，日本においては，どの大学を卒業しても，また勉強した人も，私みたいにしなかった人でも，同じ会社に勤めれば全員給料は同じです。こういうことはアメリカではあり得ません。

アメリカは需要と供給の関係で働く社会であり，非常に流動的ですので，強い会社をつくろうと思ったらどんどん人を入れ替えれば良いわけです。しかし，日本ではそういうわけにはいきません。

今，終身雇用を宣言しているのはキヤノンぐらいのものですが，日本にはまだまだ終身雇用が根強く残っており，人はほとんど動きません。例えば，毎年2,000人程度の人がキヤノンに転職を希望してきますが，そのほとんどは社外失業者か，あるいはリストラ予備軍の人であり，実際の採用にはなかなか結びつきません。そのため，採用は実質的に新入社員だけになってしまっています。

そのかわり，キヤノンでは終身雇用の利点を大いに活用すべく，生涯教育に力を入れています。アメリカの場合は教育しても，より条件の良い職場を求めてジョブ・ホッピングをしていってしまいますから，教育が蓄積しません。一方，日本では，アメリカのように社員を入れ替えることはできませんが，教育によって社員の能力を高めることができますし，社内にその効果が蓄積していきます。

もちろん日本にもデメリットがあります。それは，終身雇用で年功序列だと，緊張感が失われてだれてしまうということです。キヤノンでは，終身雇用を標榜しながらも，実力主義を徹底した賃金制度により年功序列を排し，これを防いでいきます。このように日米の社会の違いにより，会社の人事政策も大きく異なってきます。キヤノンでは，徹底的な教育によって，あるいは社内の職種転換によって，社員のやる気を生み出し，働きやすい環境をつくることに日々努力を傾けています。

第6章 経済と持続可能性

河口　真理子

はじめに

　今日は「経済と持続可能性」について，皆さん経済学部でいらっしゃるということで，経済の基本的なことは勉強されているという前提で話をさせていただきます。経済学では何を言っているかということと，何十年か前に私が経済学部におりまして感じていた疑問が，大学を卒業してからも，あんまり解決してないんじゃないかという前提で話をさせていただきます。

　4年前，21世紀になったわけですが，21世紀のキーワードというのは，経済において「成長」という言葉から「持続可能性」へシフトしてきているというふうに考えています。「成長」ということを聞くと，みんな何か無条件にいいことと思いがちですね。例えば新聞発表で「今期のGDPが1.3％伸びましたとか前期より増えた」というと，「何かよかったね」と言って，「減っています」というと，「あれっ」というふうによくないことのように思う。条件反射的に増えると「いいね」，減ると「悪いね」と思っているんですけれども，では，そこで増えるGDPとは何？　成長って一体何なんでしょうか。成長すると，本当にいいことなのかなということは，あんまり問われていない。成長するのは善だというところから話がスタートしている。

　基本的に経済成長というのは「富」とか「財」が増えることなんですけれども，そこにおいて「富」とか「財」とは一体何なんでしょうか。それを考えてくると，意外とわけがわからなくなってしまうんですね。

　私は会社に勤めて最初大和証券というところに入りまして，現在は「大和総研」というところに転籍になったんですけれども，入社してまもなく「ブラックマンデー」というのを経験しました。「ブラックマンデー」のころは皆さんまだ小学生でしたか，もっと前でしょうか。あれは87年ですからね。何かと言

うと，アメリカで株が大暴落をしました。大暴落をしたというのは昨日まで200ドルだったものが，きょうは100ドルになったということです。自分はこれだけ資産を持っている，株をこれだけ持っているから大体概算で2,000万円ぐらいのお金になるねと言っていたのが，一夜明けたら，それが1,000万円になってしまいました。そうすると，価値というのは何なんだろう。昨日までその株に，これは200万円で売り買いできるじゃないかと言っていたのが，一夜明けたら，それは100万円の価値しかないということを平気で言うわけです。そうやって考えると，意外と価値とかいうものは非常にうつろいやすいものではないのかなというふうな問題意識を持っています。

　もう1つ，これも問い掛けですが，そういう財が増えることはいいことなんでしょうか。減るのは悪いことで，どうして増えることがいいのでしょう。

　皆さんもミクロ経済の基礎はもうやっていらっしゃると思うんですけれども，ミクロ経済でも「限界効用逓減の法則」とかあって，物が2個よりは3個増えた方がいい，リンゴが2個より3個，3個より4個の方が人の厚生が増すというふうに単純に言われているんですけれども，本当にそうなんでしょうかね。1個しかない人が2個になって増えたら喜ぶけれども，100個ある人が101個もらってもあんまり喜ばない。それは「限界効用逓減」だから，あんまり喜ばないということになっているんですけれども，本当にそうなのかな。

　財とか富を得るということと，本当の豊かさというのは同じなのか。財や富があれば，豊かになると思っていたのが経済学なんですね。なぜかというと，昔は貧しかったからテレビもない，水道もない，井戸水を汲んでいました。それがテレビが買える，夏になったら扇風機が使える，夜になったら灯がつく，そういうことが非常に豊かになるという「しるし」だったんですが，今の世の中，別にどこの家にもテレビがある，どこの家にもエアコンがあって，さらにこれから財や富が増えることが，本当に豊かになるのか。それが本当に経済学が目指していることか，豊かさと富というか財は，同じかどうかということも甚だ疑問ではないか。これは私が答えるわけではなくて，皆さんは今そういう問題意識を持って話を聞いていただきたいということです。

1. 成長とパレート改善

　経済学の中で「厚生経済学」という分野があります。私は，大学・大学院では「財政学」をやっていました。その中で分配論に興味があって「厚生経済学」，それから「環境経済学」をやっていたんです。そこで「環境経済学」をやるに当たって，一番ベースになったのは「厚生経済学」ですが，これは人々の厚生，幸せの度合いを増すためにはどうすればいいのかということを研究する学問です。基本的にこうやって定義されているのを私なりに解釈すると，財が多い方が，少ないよりも厚生が高いと，やっぱりリンゴは，2個より3個の方がみんな豊かだと思って幸せになる。それから人々の間で公平に分配される方が，不公平な分配よりも皆幸せになれる。一人の人が10個取って，ほかの人が1個というよりも，一人5個ずつ取った方がそれは世の中幸せになるということで，成長と適正な分配があって豊かな社会が実現できるというのが「厚生経済学」の基礎だったんですけれども，厚生経済学が発展していく中でどういうことが起きたかというと，成長というところはずっとその後生きているんですね。「成長したら幸せになる」というのは学問の関心事としてずっと残ったんですけれども，「分配」というのは学問の目的から抜け落ちてしまった。

　なぜかというと，公平な分配は非常に難しいからです。成長というのは，富とか財とか全体のパイを増やせばいいんでしょうと，これは数字の世界である程度計算できるので，皆さん反対しづらい分野なんです。だけれども，公平な分配をしましょうと言ったときに，これは非常に難しい。

　例えば今回の震災で家がなくなっている人がいます。私たちは，別に何も失うものがありません。じゃ強制的に皆さん，自分の資産のうちの1割をこの人たちに分配しましょうと言ったら，それは社会的には今すべて失った人たちに，それだけの資産が行けば，少しでも彼らの状況がよくなるわけですから，社会的にはいいけれども，個人的に「それはちょっと違うでしょう」とみんな思ったりするでしょう。強制的に皆さん1割取られたらどう思いますか。社会的には世の中が幸せになるかもしれないけれども，自分のこととなるとなかな

かそういうコンセンサスは得られない。中には自分の財産の半分は渡してもいいと言う人もいれば，いや，自分は1銭も渡したくないという人もいるわけで，こうやって分配というのは決めづらい価値観の世界なわけです。これが税金であるとか補助金であるとか福祉政策というところで，いかに公平な分配をするかということをしてやっているんですが，なかなかコンセンサスが得られないので，なかなか経済学の中では，どちらかというとあまり注目されない。

　基本的には経済学を勉強して企業に入って，日々収益を上げることに関心のある人たちは，いかに増えるか，伸びるかということです。私が前にやっていたアナリストの仕事なんかも，いかに業績が伸びるか，増えるか，いかに増えるかということしか考えない。つまり成長のところしか見ていないというのが今までの経済でした。

　それで成長という理論をバックアップするのに出てくるのは「パレート最適」という考え方です。皆さんの中でもご理解いただいている方もいらっしゃると思いますが，確認のためにご説明しますと，パレート的な改善というのは，Aという状況からBという状況に関して，誰も損をすることがなく移れる状況をパレート的改善と言います。しかし，誰かが損をしてしまう，オールハッピーにはならない情況は，パレート的な改善ではないんですね。ですから，常に成長というのは，パレート的な改善を求めていくと，AからBという方向にしかいかない。そのときにどういうふうに分配されているかということは考えない。

　例えばAという人が，お金を10単位あるうちの9単位をAが持っていて，Bは1単位しか持っていません。これは5単位ずつにしたら平等なんじゃないかなというのがあっても，Aは4をBに渡すのは絶対いやですから，やらない。そうしたら，どうすればいいのか。2人で合わせて10なのを増やせばいいじゃないか。2割増やして全部で12にすれば，Aは11.8，Bは1.2になる。どっちも少しずつ増える。どっちも増えるからどっちもハッピーだからいいでしょ。でも，配分の9対1という割合は変わらないわけです。そこは問わない。とにかくパイが増えればみんな文句ないだろうというようなパレート的な改善，こ

ればかりを目指してきたのが20世紀型の経済，現実の経済活動のあり方ではないかと思うわけです。

　このあり方が見えてきたのが20世紀のおしまいであります。1つには貧富の差が広がってきましたね。これはグローバル経済が進んで途上国が市場経済システムの中に取り込まれていったことで，逆に先進国からマーケットの力の関係で非常に搾取されやすくなったということで，貧富の差がどんどん拡大しています。グローバル経済が進んだので，世界全体のGDPは上がったんですけれども，貧富の差はますます拡大している。

　それから物質的な豊かさへの疑問というのが出てきています。途上国などでまだ生活物資も十分にないようなところであれば，まだ豊かになりたいという欲求は非常に強いわけですが，日本では皆さんの生活の中で，それほど豊かにならなくても，そんなに物に対する執着というのはないのではないか。ただ，伸びればいいや，去年より今年の方がもっと買えればいいといような時代ではないのではないか。GDP依存から本当の豊かさ指標への脱却というのが考えられています。

　もう1つ深刻なのは地球環境問題でして，これは人間の生存環境を脅かしている。最近ですと，台風がたくさん起きている。これは温暖化と影響があるということは随分前からいろいろと言われておりまして，損害保険会社などでは10年以上前から随分危機意識を持っているわけです。自然災害がどんどん増えてきて，当然保険金の支払いがどんどん増えますので，このまま行ったら保険会社はパンクするんじゃないかということは，ずっと前から言われておりまして，保険業界全体として地球環境問題，温暖化に対して何らかの措置をとっていかなければいけないということをやっています。それから最近はテロの不安などありますけれども，世界規模での安全保障への不安というのが増しているということが，20世紀の終わりから問題が出てきたわけです。

　21世紀はどういう時代になるかというと，成長ではなくて，いかに持続していくかという「持続可能」というふうなことがキーワードになるのではないかと思います。これは先ほど言いましたマイナスの部分，貧富の差とか不平等を

是正していくこと，途上国の人々の生活レベルも上げていかなければならないということ。それから今の人間の経済活動と地球全体の環境容量との兼ね合い，今のような経済活動をやり続けていって，本当にいいのかなということです。

それからもう一方は，市民社会が成熟化に向かっている。今までは工場で企業がつくった物をただ一方的に消費するだけの消費者で，それで会社に勤めて終身雇用で一生いると安泰よ，みたいな人生だったのが，そうじゃない。やっぱり会社がつくっているものでも，おかしいものに対しては「おかしい」というふうになってきた市民が増えてきているというような状況で，全員が持続可能でハッピーになるようなことを求めるのが21世紀かと思います。

2. 環境と経済

それでよく「環境か経済か」と言われるんですね。こういう話をすると，「そういうことを言うけれども，環境対策にお金を使っていたら，経済的に立ち行かなくなるとか不景気になる」ということを言われるんですが，これはちょっと皆さんに考えてもらいたいんです。「環境」と「経済」というのは並列の問題じゃないんです。環境というのは我々がいる大地なんで，その大地の上に人間社会があって，その上に経済活動が成り立っているので，これは並列の問題じゃないんです。大きい枠の中に環境があるので，経済新聞なんかでは「環境か経済か」みたいに単純化しているんです。企業の立場からとると，目先の収益に結び付く活動か，目先の環境対策に使うお金かみたいな選択肢になるので，それはわかるんですけれども，もっとマクロ的に考えると，こういう問題ではないということです。環境あっての経済なのです。

地球と人間の位置関係をもう1回確認してみましょう。地球の半径は6,378キロで，そのうち人間が生活できる対流圏というのはたったの15キロです。さらに植物が生育できる土壌の厚さは18センチしかないんですね。同じ土があったって，この土壌がないと生物ができません，みんな生きていけない。地球の年齢というのは45.5億年ですけれども，これを1年に換算したとすると，人間

が生まれたというのは12月31日の8時間半前だから，午後の3時半にやっと人間が生まれているわけです。そして農耕が始まったのは除夜の鐘が始まるころ，1分69秒前，産業革命というのは1.5秒なんです。地球の1年間のうちの最後の1分で我々は経済の名において地球の破壊をしている。そういうことなので，相対的に見ると「環境か経済か」と言われると全くおかしい。

それで「地球に優しく」なんていうのも全くおかしいわけで，それはおなかの中にいる回虫かなんかが，人間の体に優しくしてあげましょうなんて，それは冗談じゃありませんよということで，同じだと思うんです。地球にとって人間はガン細胞かなんかみたいなものではないか。そういう次元でもう1回人間活動がやっている経済活動というものを見る視点が重要ではないか。こういう観点で経済活動を見直そうという動きが出てきています。

目先では，GDPがどうのとか，バランスシートがどうのという議論はありますけれども，もう一方では別の動きがあります。前回，御手洗社長がここでお話をされて「技術革新」ということだったらしいんですが，キヤノンという会社では，環境を大切にする発想を持っており，「技術革新」と表裏一体でいかに環境が大事かとか，いかに環境に負荷を与えない物をつくるかということをやっているわけです。そのような会社がすばらしい業績を残しているというように，次第にパラダイムが変わってきているということがあります。

経済活動と地球の環境容量は，平成15年の「地球環境白書」に使われた資料ですが，何かというと，オレンジ色の部分が人間一人当たりどれだけの生活物資を生産できるか。地球というのは光合成をして植物をつくっているわけですから，地表が人間1人あたりどれだけそれが生産できるかということを表わした単位がグローバルヘクタールです。「世界」では，1.9です。一人当たり1.9グローバルヘクタール単位分の生産物を生産しています。それでは，人はどれだけ使っているか。既に2.28グローバルヘクタールと多く使っています。既に25年ぐらい前にこの数字は1を超えている。これは地球の国土の面積で，例えばカナダなんていうのはまだたくさん供給していて，人口が少ないからいいのですけれども，日本は大幅に供給可能な分とものすごい需要過多という状況

で，世界中で見ても，これから中国の需要が大きくなってきますから，この数字の格差が開いていく。これどういうことを意味しているかと言うと，過去の地球が生産した物，過去生産された森林資源，漁業資源その他のそういう資源の遺産を食いつぶしていくという今の地球の経済状況であります。

いかに経済活動がすさまじいかという事例があります。後で読んでいただければいいと思いますが，『1秒の世界より』という本によれば，1秒の間，世界中で何が起きているか，252トン，これはトラック63台分の化石燃料が消費され，1秒で39万立方メートルのCO_2，1秒で体育館32棟分のCO_2が排出され，710トンの酸素が減少している云々とあります。こういう世界に今，我々は生きているわけであります。

3. 持続可能な社会

「持続可能性」という言葉がありまして，これには2つ意味があります。持続可能性ということを考える上で企業の立場に立って考えると，生物的な持続可能性と社会的な持続可能性ということが考えられます。生物的な持続可能性とは，今，言ったように地球容量の中で生きていかないと，我々自体の生命が危ないということですけれども，それをどう定義するかということです。一番よく使われているのは「将来世代のニーズを損ねることなく，現在世代のニーズを満足させる」ということです。先ほど言いましたように，我々は過去の遺産をどんどん食いつぶしていたら，我々の子孫の世代には食いつぶすべき森林もなく，漁業資源も何もなくなっていくということになります。そうならないように，将来の人たちも生き残れるように，現在世代のニーズも満足されるシステムをつくらなければいけない。そのための経済メカニズムということで，「ナチュラルステップ」というスウェーデンのNGOがあるんですけれども，ここで4つのシステム条件というのを考えています。

1つは，自然の中で地表から掘り出した物質の濃度が増えない。ですから，例えば石油をどんどん掘り出していって，それをプラスチックにして，プラスチックのゴミがどんどん地面の上に増えるというようなことはしない。

2つには，自然の中で人間社会がつくり出した物質の濃度も増え続けない。
3つには，自然が物理的な方法で劣化しない。

4つには，そして，その社会においては人々のニーズが世界中で満たされている。

要するに，これからどんどん石油を掘ってエネルギーを使ってプラスチックをつくって，ゴミを出すという世の中ではないメカニズムをつくっていこうということです。

もう1つ持続可能性には側面があって，それは社会的な側面でして，先ほどのは生物的に生き延びなければいけないということなんですけれども，もう1つは，社会システムをつくっていかなければ人は生きていけないということです。今はグローバル化が進んでいて，どんどん世界中の経済が1つになっているというような話があるかと思うんですけれども，その中で，特に途上国との不平等に対する不満を解消しなければいけないということがあります。

今，一連に起きているテロの要因としては，これだけ貧富の差が拡大している。アメリカだけが強くなって，アメリカの言っていることが世界中にすべて罷り通るみたいなグローバライゼーションというか，アメリカナイゼーションというか，そういうものに対しての不満がテロになってあらわれているだろうというのが国際社会での理解なんですが，不平等であればあるほど不安定，不安感も増すから，それも解消しなければいけない。

かつ治安というのは，非常にビジネスにも重要な観点でして，世界のCEOが自分の会社の成長のマイナス要因として何が一番重要かというと，第1に規制，第2が戦争，やっぱり戦争があると，絶対ビジネスにとってマイナスなので，こういったものは解決していかなければいけない。貧困を解決していかなければいけないということと，人権を尊重するということで，社会的に全員が安心して暮らせる社会システムをつくっていく。この2つがあって，初めて社会全体，経済全体が持続可能になるということです。

持続可能な経済社会とは何かと，社会的に持続可能な状況で，それから生物的な環境破壊をしないということです。社会システムも存続するし，両方合っ

たところが持続可能な社会ということになります。

　それでは今の市場経済が，こうした持続可能性を達成できるかということですが，市場メカニズムの長所は，皆さん経済学の教科書でも見られたかと思うんですけれども，情報が1つに集中するから，いろいろな情報が集まってくるということで淘汰が始まる。競争が起きるので，効率的で最適な資源配分ができる。それからまた競争が起きるので，非常に活力が出るということが言われます。実際に企業を民営化したことによって，そういう活力が出たり競争が出てメリットが出てくるということはたくさんあるんですが，一方で，短所としては公共財の適正な供給ができるか。市場に乗ってこない公共財，教育ですとか，いろいろとインフラ整備ですとか，公共財が本当に世の中のニーズに合った量だけ適正に供給されているのかなということと，あと外部性の存在ですね。公害をまき散らすものなんですけれども，その公害をまき散らす負荷という部分が値段に反映されてないということが言われています。そうすると，最適な配分になっていないんじゃないか。値段が不当に安いのじゃないか。

　例えば車がCO_2をこれだけ出す。このCO_2を出す害のコストを計算されたら，こんな値段で車は売っていないかもしれない。10倍の値段かもしれない。そうしたら，世の中にこんなに車が出回らない。そうしたら，車に起因する公害も起きないし，人が死ぬということもなくなる。今の車の値段というのは本当に妥当なんでしょうか。例えばユニクロが非常に安くフリースをつくっているわけですけれども，安いね，買えるねと。ユニクロのフリースは，1,000円とか2,000円で買えますね。いろいろな色があって，みんな毎日色を変えて着ましょうみたいなことを言っているわけですが，それを毎日色を変えて着る。私も喜んで買っていたことがあるんですね。ふとある日考えて，ユニクロのフリースを3色買いました。皆さんと違って週末しか着ないので，一体何回この1枚のフリースを着るのだろうと考えると，フリースを毎日着るわけではないので，土・日だけ着るとして冬3ヵ月と考えると，1枚7〜8回しか着ない。そのためにお金を使う。それをつくるためにどれだけの石油資源を使っているか。そうやって考えると，実際そういうふうに安くたくさん買うということが

第6章　経済と持続可能性

いいことなのかどうか。安いねと言って喜んで買っていたんですけれどもね。
　一方で，ユニクロと対極にあるアウトドア用品メーカーで「パタゴニア」というのがある，ご存知の方もいらっしゃるかと思うんですが，あそこは「うちの製品をたくさん買ってくれなくていい，その代わりずっとぼろぼろになるまで使ってください」という方針なんですね。あそこが実際フリースを開発したところなんです。パタゴニアのフリースは高くて１万円以上します。ですから，ユニクロが５枚買える。５枚買える値段で１枚しか買えない。しかし，考えてみると，フリース５枚買って，どうするの，１日１枚しか着ないじゃないですか，２枚も３枚も着ない。それでかつ着ているとヘロヘロになる。それだったら，１枚の高いフリースの方が場所も取らない。５枚もためておくのは，場所ふさぎになるしという発想，そういうことができないのかな。ただし，こういう発想は，ちょっと立ち止まって考えないとだめなんですね。市場メカニズムだけだったら，安い方がいい。同一の予算でたくさん買える方がいいというふうになりがちです。そこで別の価値観を入れていく必要があるわけです。
　こうした市場の欠陥を補う手段としてコモンズの概念が有効なのではないかと思います。コモンズというのは，共有地とか入会地という言葉でして，これも経済学で学んだ方もいらっしゃると思いますが，中間組織なんです。公的な組織と私的な組織の間の関係であります。公共性と顔の見える関係がある。具体的にどういうことかというと，入会地というようなことですが，入会地ってご存知の方，いらっしゃるかどうか，数十年前までは日本にもたくさんあって，日本の村に行くと，村の裏に山みたいなものがあって，そこの山は入会地として，みんなが共通で使える。そこに薪を取りに行ってもいいし，きのこを取ってもいいし，栗も取ってもいいし，山菜も取ってもいいよ，みんな好きなだけ，ニーズに合うだけ取っていいです。
　ただし，村の掟があって，「きのこは親指の大きさ以上にならないといけない」とか，霜が下り始めたら取ってはいけないとか，そういう幾つかの制約条件があって，その中でみんなが取っている限りは，来年もまた出てくる，そう

113

すると持続可能になる。これはみんなのものなので，一人だけ闇夜に乗じてこっそりたくさん取るということをする人がいたら，このシステムは成り立たないんです。来年はもう取れなくなってしまう。ただし，そういう掟の中で，そういうことをやったら，全員来年取れなくなることがわかったら，みんなやらないわけです。やっぱり自分がある程度律して，その中でやっていく。これが東京のような大都会でお互いにだれだかわからない世界だったならば別ですが，村みたいな狭い社会ですから，こっそり闇夜に乗じても大抵見つかってしまうということで，自己規制が働きます。

　このコモンズというのを破壊してきたのが20世紀の経済で，入会地なんかやめましょうよ，村の人たち全員一人ずつの所有地に分ければいい，そうやって分けたらどういうことになったかというと，ある人は薪が必要だからというので，自分の所有地にある木を全部伐ってしまいました。そうしたら，翌年から薪は取れません。ある人は，きのこを全部取ってしまったので，翌年は取れなくなる。全員に分けなければ，ずっと存続して森があったのに，分断したことによって，そこが前のような森にならなくなってしまう。

　今の経済というのは，何でも私有すればいい，企業がやればいいじゃないか。私有財産なのだから，自分がやりたいようにやればいいじゃないかということですけれども，それではコモンズを解体して，どんどん取れなくなってきているようなものです。これをもう1回，我々はグローバルなコモンズの一員なんだ，自分たちが好きなだけ取っていったら，もたらすものは持続可能とは全く反対のものである。そういう認識を持って，そういう制約の中で企業も活動していかなければいけない。その制約の中でなければ，全員が生き延びられない。そういう認識を，多くの企業の方が持つようになってきています。特に若い人の方がそういう危機意識があります。このままではやっていけない。私が話をする大手の電機メーカーの環境担当者も，本当に危機感を持っています。危機感があるから環境対策を進める，環境配慮型の商品をつくるというふうに，やっぱり自分たちはコモンズのルールに従っていかないとだめだということです。

先ほど言ったように20世紀というのは「成長」がキーワードで，これに対して21世紀は「持続可能性」です。20世紀は「欲望の追求」だったと思います。21世紀は欲望ではなくて，その先にある幸福を追求する時代ではないか。20世紀は，市場経済がやればすべてうまくいくという幻想があったんです。しかし，21世紀は，社会的な厚生とか，市場メカニズムというのは非常に有効なものなので，それを活用するが，コモンズの管理と両方が必要ではないでしょうか。

　社会の動きとしては，今までは1極集中で一方向だった。何でも1極集中で，例えばマスコミに関しても，情報はマスメディアが握っていて，中心から全国へ発するという一方向です。日本の政治構造でも，中央集権で中央の役所が決めて全部地方にそれを押しつけていく。通貨制度も中央銀行が握っていた。前の講義でも，インフレターゲットについての議論があったと思いますが，そういう形です。エネルギー供給も大規模発電で，それを遠いところから送電してもらって使っている。福島あたりにある原発の電気を私たちが使っているということです。20世紀はとにかく大きいことはいいことだの時代です。これが21世紀には徐々に変わってきていて，分散化，多元化，多様化，双方向になるのではないかと思います。情報に関して言えばマスメディアだけではなくて，インターネットで，双方向で情報を個人でも発信できるようになった。マスコミに頼らなくても情報発信ができるようになってきた。

　それで政治構造も，道州制ということが議論され，地方分権を考えていこうという動きもあります。国にお金がないからだと思いますけれども，地方に財源を移譲していこうという動きが盛んに起きています。

　それから通貨制度も，中央銀行のお金が使われているんですが，中には地域通貨，エコマネーとか，聞かれた方もいらっしゃると思いますけれども，自分たちのニーズに合うもの，自分たちのお金をつくって回していこうという動きが出ているわけです。この間，官庁の人と話していたんですが，地域通貨だって課税すればいいですよね。地域通貨で幾ら収入を得たという枠があったら，それを課税対象にしていい，ということを言っている人もいるぐらいで，今で

は絶対に夢物語と思われているんですけれども，意外と地域通貨という自分たちのお金をつくっていく，そういう動きができるかも知れません。

　エネルギー供給でも大規模原発で発電していましたが，小規模発電，最近では風力発電ですとか太陽光とか，自分の家で付けたり小型のものもありますし，それから小規模水力といって，本当に下水に流れているような水で発電していくというようなシステム，そういうようなものをマンションみたいなところに取り入れていって，マンションの電気を賄おうとか，そういうのが起こっていますし，燃料電池が画期的な技術で開発されたら，どこの家にも箱があって，そこで電源が取れて，そうしたら，今の地震で起きているようなライフラインが全部だめでという問題がほとんどなくなって，自分の家で発電できて，それでご飯もできるという時代が来る。そういう分散化というのが21世紀です。このようにシフトしてきているのではないかと思います。

4. 企業の社会的責任

4.1 企業の社会的責任とは何か

　ここから，企業の「社会的責任」という話をさせていただきます。

　日経新聞などを読まれている方は，最近「企業の社会的責任」という言葉を非常によく聞いているのではないかと思います。私は企業の担当者に，社会的責任についてのお話をさせていただくことが多いんですけれども，「企業の社会的責任」「CSRとは何ですか」と言うと，かなり持っているイメージが違うんです。「社会貢献」，「コンプライアンス（法令遵守）」，「環境対応」，「顧客満足」，「雇用の創出と機会均等の維持」，「従業員満足」あるいは，「コーポレート・ガバナンス」などがイメージとして浮かぶかもしれません。しかし，「社会貢献」や「コンプライアンス」など何の繋がりもないですし，「コンプライアンス」と「環境」も，環境法令違反とかがあるから関係がないとは言えないんですけれども，基本は違う。全く違う項目が，CSRという言葉に括られている情況があります。どうして「社会的責任」という言葉で一括りにされているのでしょうか。

「環境経営」とか言って，キヤノンやトヨタもそうですし，ソニーなども環境で進んでいるイメージがあります。特にリコーなどのように，環境部が出世コースになっているという会社もあるくらいで結構花形になっています。しかし，10年ぐらい前は傍流でした。そのころまでは「公害対策室」という名前が「環境部」に変わっただけの，傍流だったんです。何をやっているかというと，工場から出る排水をチェックしているとか，空気・排煙が汚くないかとか，極めて受け身のチェックをしていました。

それから「コンプライアンス」ですけれども，これも最近まで「監査部」があるかないかわからないぐらいでした。それが，最近企業の不祥事が多いので，コンプライアンスが重要になっています。私のいる会社でも，今まではなかったことですが，対外的に発表するようなものは，コンプライアンス部ができて，そこで全部原稿をチェックしてもらわないと一切外へ出せないというようになりました。

「顧客満足」についても，苦情センターのような部署での単なる苦情処理だったのが，逆にそこに商売の種が埋まっているんだと言って，情報はすべて社長に上げるといった会社が増えてきて，現在では非常に重要視されています。「雇用とか人事」というのは，昔から重要だったんですね。それから「コーポレート・ガバナンス」ということが議論され始めたのも，つい4～5年前です。それまでは企業経営の組織のあり方については，ほとんど議論するということはなかったのです。社長が全部責任を持ってやっていればいい，社長の独断で，何がどうしてこういう決断に至って投資をしたのか，こんな商品をつくってしまったのか，といったことが，外から見ても全然わからないことがあったわけです。けれども，それでは経営ではないでしょう。外部から見て，よくわかるように，どういう意思決定プロセスで，どういうことを考えてそれを決めたのか，わかるようにしようということで，コーポレート・ガバナンスが出てきたわけです。すべて傍流だったことが主流になってしまったんですね。

なぜ主流になったかというと，それはステークホルダーのニーズがあったか

らです。ステークホルダーとは利害関係者のことなんですが，具体的にはお客さんとか，地域の人とか，それから環境問題に熱心な環境 NGO の人とか，それから従業員，こういう人たちが自己主張をするようになったということがあります。

　特に最近の事例では，アサヒビールの例があります。アサヒビールがこの 7 月にペットボトルビールを発売するというニュースが出たんですが，ご存知でしょうか。それでペットボトルビールを売り出すことを 7 月に発表したんです。アサヒビールは，環境の世界では非常に評価の高い会社です。随分前からゼロエミッションということで，工場からゴミを全く出しませんとか，非常に評価の高い，いろいろな活動をしているところですけれども，私もそれを見たときに，なぜアサヒビールがペットボトルビールなのかなと，不思議だなと思っていました。案の定，グリンピースが即反対キャンペーンを行い，まず最初にビール会社 5 社に「御社はペットボトルビールを販売する計画がありますか」という公開質問状を送ったところ，残りの 4 社は「ありません」という返事でした。グリンピースのホームページには，「ペットボトルビール反対キャンペーン運動」をずっとやっていて，アサヒビールから「今日も回答が返ってきません」とか「鮮度を大事にするというアサヒビールさん，どうしているんですか」とか，環境報告書では「コミュニケーションを大事にすると言ったのに，何で返事が返ってこないんでしょうか」とか，皆さんの反対意見みたいなのを全部載せていて，中には，「私はスーパードライを好きでしたけれども，ペットボトルビールが出たら，金輪際飲みません」というコメントもありました。

　それで結局，どうなったかというと，アサヒビールは，販売を中止しました。中止したのが 9 月の下旬か 10 月の初めでしたか，私は発表する直前にアサヒビールの CSR 担当の人と話す機会がありました。その経緯を聞いてみると，実は，ビールをペットボトルに入れて売るというのは技術的に非常に難しい。ビールというのは，太陽光を浴びると変質してしまうので，とっても難しいらしいんです。難しい技術ですが，開発できてしまった。開発できたから，

何も考えずに売ると発表して，後へ引けなくなった，ということだったんです。あまりにも対外的な反響が大きいので，どうしようか。結局，「中止します」ということになりました。

　これが例えば5年前だったら，同じことをやっても，幾らグリンピースが騒いでも，多分アサヒビールは設備投資し，とりあえずつくる決断をしたのではないか。NGOから騒がれたからやめるなんて，会社の沽券にかかわるという認識が，アサヒビールに限らず，企業の間であったと思うんです。それが「やめた」という決断ができたというのは，外のステークホルダーの声がいかに重要か。特にビールは消費財ですし，それでアサヒビール製のペットボトルビールのゴミがあちこちにまき散らされたならば，会社のイメージダウンも甚だしい，これでどうして環境かと批判される材料をつくるようなものだ，などいろいろな考えがあったと思うんですけれども，結果としてペットボトルビールは中止するということを発表したんです。

　グリンピースのホームページを見ると「アサヒビールさん，ありがとう」ということが出ているんですが，そのように個人のアクションが実際に会社の行動に影響を及ぼす。今まではNGOなどが批判しても，企業の側は「何言っているんだ」と，とりあわずそこを遮断していたわけです。お気持ちはよくわかりますけれども，弊社には弊社の都合があると言っているだけでした。それがステークホルダーとのコミュニケーションを積極的にとるようになってきた。つまり，NGOの意見でも「あっそういう意見がある」と耳をかたむけ，そういう意見を聞いてみて，本当にこれはやった方がいいのか，よくないのか，社内でもう一度議論して，結論としてはやはりみんなが言う方が多分正しいでしょうということで，やめたというふうに変わってくる。これがCSRの1つなんです。

　そして，対外的にそうやってステークホルダーが言っていることが，要求することより重要視されるようになってくるということです。こうしたCSRへの関心の高まりは，日本だけではなくて，世界的な潮流です。

4.2 CSR の展開とその背景

先ほどもお話ししたように，グローバル化が進んで，環境破壊とか人権侵害，先ほどコモンズと言いましたが，そういうふうな世の中をつくっていかなければいけないというのが底流にあって，それで付け加えると，ヨーロッパでは90年代の終わりからEUの経済統合というのを考える際に，失業問題がクローズアップされるようになりました。そして，EUの域内で経済統合して域内でどこでも工場をつくっていいですということになるわけです。そうすると，失業率が高いドイツだとか，EUの中で先進国と言われているところの工場がEU域内での後進国，ポルトガルとかギリシアとか，そういうところに行ってしまう可能性が高まる。その結果ドイツなどでは失業率はもっと高まるでしょう。ですから，EUを経済統合するのはいいんだけれども，企業はそう簡単に工場を域内で動かさないでほしい。社会へのインパクトを考えて操業してほしい。絶対移転しないと，コスト競争力がなくて，どうしようもないから工場を移転するという場合も，社員がほかにも仕事を見つけられるようにちゃんと従業員の教育をして一人前の職業人として教育してほしい。それを企業の社会的責任としてやってくれ。法律で強制するのは難しいので，社会的責任でやりましょうねということで，EU域内全体的な経済力を上げていこうというふうにEU全体で決めたんです。

アメリカ経済にCSRを競争力としてヨーロッパの企業は勝とうということを決めたということがあって，これはEU全体の経済方針としてCSRを進めているというのがヨーロッパの状況です。

これに対してアメリカは，エンロンとかワールド・コムとかの企業の社長が大量に株式のオプションを得て，会計操作して決算をかんざんし，株価を急騰させて，自分は勝手に売り抜けて，それで本当の決算の内容が出たら，暴落して会社が潰れてしまいました。経営者自身が社会を騙した企業があり，その経営者の行動をサポートしたとしてアンダーセンという監査法人も一緒に不正を働いたので潰れてしまったわけなんですが，そういう不祥事があった。この反省として，アメリカの場合も不祥事から企業社会をちゃんとしていかなければ

いけないという動きが出ています。

　日本の場合は，先ほど言いましたように，食品会社の不祥事とか，多くの企業不祥事があったので，「とにかくコンプライアンスをどうしているんだ」，「事故ばっかり起こしてどうなっているんだ」，そこをどうにかしてほしいというのが1つです。

　もう1つは，海外からCSRに関するアンケートが山のように来るようになったんです。社会的責任投資については，今日はお話しできないんですけれども，企業をCSRの観点で見て評価をしていこうという投資家がヨーロッパ，アメリカには結構多くて，その人たちが，情報を取るために企業にアンケートを送りつける。どのアンケートも大体100問ぐらい質問項目がある。「人事政策はどうなっていますか」とか，「環境対策についてCO_2の排出量の3年間の伸び率を書いてください」とか，細かい質問が来る。そういうのが来て，日本企業もそれに答えなければならなくなったので，それにCSRというふうに騒ぐようになったという2つの動きがあります。

　一方で，企業の力自体が経済力として大きくなっているということが，もう1つCSRということを言うようになった背景にあります。

　世界上位100社の世界のGDPに占める比率は，1990〜2000年の間に3.5%から4.3%の割合で拡大していますから，かなり拡大しているわけです。大きい会社順に並べたら，一番大きい経済力というのはアメリカで，その次が日本，ずっと下りてきて40位にシンガポールがあって，エクソンモービルというのが45位，パキスタンの上，そしてGMです。つまり，このくらいのクラスの会社になってくると，中堅の国並みの経済力を持っているということです。ですから，幾ら「プライベート」を看板に私的企業だから好き勝手にやっていいかというとそうではない。大きいということだけで社会的な影響力が大きいですので，社会的な責任が当然存在するという言われ方もしています。

　一方で，国にはお金がない。OECD各国の財政赤字の幅を，対GDP比で出したものの平均値はずっと赤字で，2000年にやっと均衡するんですね。そのまま悪くなっている。なぜ2000年に均衡するかというと，アメリカですごい黒字

だったんです。アメリカはその後，ブッシュ政権で大幅減税をして，かつ戦争もしているので，これからどんどん赤字が膨らみます。

それでEUの国，こちらも景気がよくて2000年はよかったんですが，EUの経済統合をしてユーロになったので，ユーロに加盟した国は財政赤字をGDPの3％以内にしなければいけないという縛りがあるので，これ以上財政赤字を膨らませません。

大きな経済力があるはずの日本の経済財政赤字幅はどのぐらいかご存知ですか。日本はお金ないでしょう，アメリカもないし。だから，国連機関に拠出しようにも減らしたい，お金がないからです。だから，世の中には環境問題とか人権問題とかテロとか，いっぱいあるけれども，もう国にはお金がないというのが本音でして，今，国際機関も一生懸命企業にCSRをアピールしているんですね。この7月にIDB（米州開発銀行）でCSRのセミナーをやって，アジア生産性機構や世界銀行でもやっていて，ありとあらゆる国際機関がCSRと，役所も環境省，厚生労働省，経済産業省も言っているという状況です。企業の力に頼りたいということでありまして，一方で企業を取り巻く社会状態はどんどん変わってきております。

4.3　CSRの展開とステークホルダー

そして，IT化が進展することによって，世界的な情報ネットワークができた。先ほど挙げましたアサヒビールのような市民のアクションが企業を変えるという事例がいっぱい出てきております。

もう1つは，日本企業の不祥事です。なぜ発覚するかといえば，最近はほとんどが内部告発ですね。外から企業を変えるだけじゃなくて，企業の中にいる人が「それはおかしいんじゃないか」と言って内部告発をするという人が増えてきている。これは社員の意識が変わってきているということもあると思うんですけれども，外からも「おかしい」ということに対して呼応し，中からも「おかしい」ということを言う人が出てきて，こういうことを考えていかないと，企業経営はもうこれからやっていけない。アサヒビールの事例で言ったん

ですが，日本企業を取り巻くステークホルダーが非常に変わっている。すべてのステークホルダーが随分変わってきています。

　今までは，ステークホルダーが企業から遠いところにいたから，多少文句を言っても，企業は別に気にしなくてよかったんです。例えば従業員というのは終身雇用なので，多少無理難題を言われてもみんなおとなしく働いていましたしサービス残業もやりました，土・日も働きました。それでも文句を言いません。ずっと会社にいた方が最終的には終身雇用で守られていたし，生涯の待遇がよかったからです。

　また株主も，今まで日本企業というのは，お互いに株を持ち合ったりしていて，持ち合うということは，お互いの経営に文句を言わないということですから，そうすると，株主総会は30分で終わる。株主総会とは何するところかというと，株主は企業の所有者なので，その所有者が経営者に経営を委託しているわけです。実質的にはそこの采配を任されていますが，最終的な決断というのは株主がやるわけです。その決定をするのが株主総会です。そこで，利益処分をどうするだとか，社長に幾ら報酬を払うかを決めるのは最終的に株主です。それで，赤字を出している企業の社長というのは，株主の立場から見ると，利益をあげるという株主の期待に応えていない。やるべき仕事をしていないわけですよね。そういう社長でも，今までは結構高額の退職金がもらえました。なぜなら，株主総会で誰も反対しないからです。今では，そんなことをやろうものなら，その議案に対して，ものすごい反対票が来るわけです。社長の退職金など，昔は，ほとんど会社提案に対して否決することはなかったんですが，最近は議決権行使のガイドラインができたりしたこととも関連するんですが，たとえば三期連続赤字なのに社長に高額の退職金を払うという案には反対する株主が増えています。

　それから消費者も，先ほど言いましたアサヒビールの事例とか，ほかにも日本ハムとか，すべて不祥事を起こしたことに対して非常に厳しくなっています。

　地域社会でもNGO活動がすごく増えていて，今，日本全体NPO法人は98

年にできて1万8,000あるそうです。2003年に9,800だったので，あっという間にものすごい勢いでできています。さらにNPOはこれから増えると予想されます。なぜかというと，団塊の世代のサラリーマンだった人たちが2007年に大量に会社を引退されるわけです。その人たちはエネルギーもあるし，年金もたくさんもらえるし，お金もあるということで，結構世の中に役に立ちたいと思っている人が多くて，そのNPO活動に入ってくるという人がたくさんいるでしょう。実際，環境とかを会社でやりながらNPO活動をやっている人も多いですし，環境カウンセラーにそういう人たちがどんどんなっていくということがあります。そうなってくると，今まで企業の論理で働いていた人が，外に行って，自分の得意分野で活動する。そうなってくると，その人たちは地域にどんどん行くわけですから，企業に対する監視の目はすごく厳しくなっていく。

　他方，従業員はどのぐらい意識が変わったか。会社に対する帰属意識の変化で，1995年と2000年に，5年前と比べて会社に対する帰属意識はどうなりましたかと聞いたところ，95年の段階でも，「元々ない」という人たちが18％ぐらいいたんですが，2000年になるともっと増えて23％ぐらい，「薄れた」という人も3割以上ですね。これを見ますと，会社に対する帰属意識のあるサラリーマンはすごく少ないんですね。これから皆さんが就職活動されて，企業の人事の担当者に会うと，熱く会社を語ったりする人たちも多いかと思うんですけれども，自分の仕事と会社とを分けてバランスをとって生きていこうという人が増えています。昔「滅私奉公型の社員」というのが多かったんですけれども，今は減っています。昔の滅私奉公型の社員は，今4割を切っているんですね。「会社のためには，自分を犠牲にするのは当たり前」。皆さんも働いてそういうふうにやりたいと思っていないと思いますし，私の周りにもそういう人はあまりいないんですけれども，そのように変わってきています。

　また，株主構成が変わっているということもあります。例えば銀行は，昔，株の20％ぐらい持っていたんですが，今は7％です。銀行も経営者を送り込んだりしますけれども，あまりうるさいことを言わない株主なんですね。それに

対してうるさいことを言うのは年金，これは議決権行使ガイドラインとかを厚生年金基金連合会がつくって，ちゃんと議決権行使をしろと，経営者が題出する議案は厳しくチェックするようになっています。あととっても厳しいのが外国人です。外国人投資家の中には，私は「大株主だから社長に会わせるというのが当然」というようなことを言う大手機関投資家もいます。こういう人たちが増えて企業の経営をウォッチするようになった。

5. CSR と経営の対応

そういう中で，経営者は CSR を何だろうと思っているかということですけれども，実は CSR というのは，先ほど幾つか事例を挙げたんですが，一番重要な CSR というのは，製品サービスなんですね。本業としてちゃんとした製品とサービスをつくる。幾ら社会に優しいとか環境に優しいとか言っても，ちょっと使ったら壊れる物ばっかりつくっている会社というのは，本当に世の中に役に立っているかというと，あまり役に立っていないわけで，やはりちゃんと信頼される製品・サービスをつくって，プラス人に対しての配慮とか環境への配慮ということであります。

これは普通の生活者に聞いても同じです。生活者が何を重要視しているかというと，やはり本業でちゃんとした信頼のできる物とサービスをつくってくださいということです。その後，省エネだとか社会倫理とか危機管理というような項目が来ています。

最後になってきましたけれども，それでは CSR の意味とは何だろうということですが，これは先ほどもいろいろステークホルダーの要請が変わり，ステークホルダーの要請で重視されるようになってきました。図 6-1 は何を意味しているかといいますと，図の真ん中の「製造・R&D・営業」，企業だったら，こういうふうな製造とか営業とか，これをやらないと，会社が潰れますから，みんな必死になってやるので，誰も何も言いません。これに対して，先ほど言っていた，例えば環境とか温暖化とか書いていますけれども，これも企業経営にとって傍流のテーマでした。これまでは，周辺にあってマイナーだから

適当でよかったのが，いろいろな外部からの力で急に中に入ってくる。

例えば消費者の対応によって，アサヒビールのペットボトルの事例のように重要な経営課題になってくるわけです。また，例えば土壌汚染に関しては「土壌汚染対策法」という法律が施行されています。土地を売買する際に土壌汚染があるかどうか見なければならない。今まで土壌が汚染されているかどうかというのは，一切法律がなかったんですけれども，この法律が1年半前にできてどういうことが起きたかというと，銀行はお金を貸すときに，土地を担保に取ります。工場なんかの土地を担保に取るんですけれども，工場は化学物質を使っていたりするために，その土地を監査することになった。監査して，汚染が見つかった場合，場合によっては担保評価をゼロにする。企業にとって担保評価がゼロだったら，お金を貸してくれないということですから，大変なこと

図6-1　CSRとステークホルダー

CSRとは？
ステークホルダーの要請で重要視されるようになったこと。
●企業のミッションそのもの。

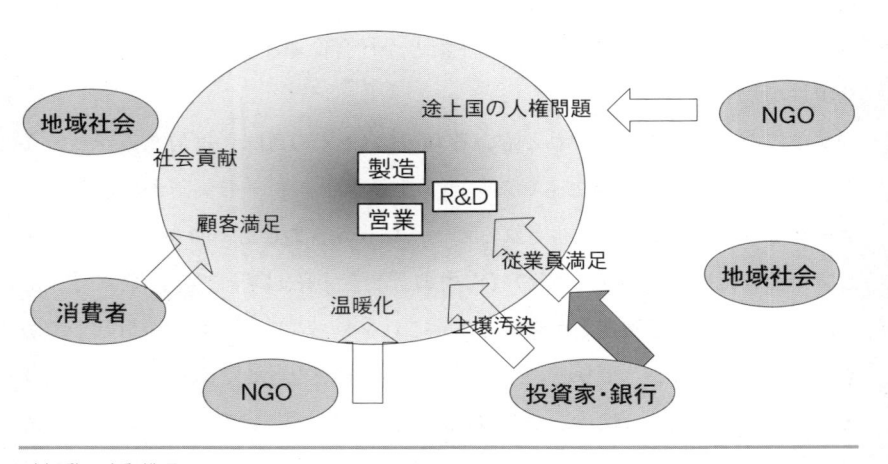

（出所）　大和総研

になってきたわけです。

　それから途上国の人権問題なども，例えばナイキの事例で言えば，途上国の人を下請け工場で重労働させていたことがアメリカで大問題になって，大不買運動に発展したということがあって，途上国の下請け工場での対策にエネルギーを使った。これも重要な経営の中心テーマになってくると思います。

　温暖化も最近「環境税」とか言われているので，重要なテーマになってくる可能性が多いわけですが，今までは企業経営の周辺にあったことですから，経営者としては「ちょっとよくわからないね」という分野で括っていたのが，急速に重要視されているのがCSRです。

　ですから，今後いろいろとステークホルダーとか規制ができて，いろいろな問題が起きて，全然違うことがCSRとして浮上してくる可能性もあります。

　ひとつおもしろいかなと，私がそのうち問題視されるんじゃないかと思っているのが肥満の問題です。これは半年ぐらい前にイギリスのエコノミスト誌を読んでいたら，オベスティ（obesity）という言葉に目が止まりました。太ったおじさんのお腹の写真がいきなり出てきて，「何これ」と思って読んだんです。オベスティとは，肥満ということです。アメリカやイギリスでは肥満人口が増えている。人口の2割とか3割いる。肥満が増えることは健康に悪いわけで，医療費が高騰しているというデータがあって，社会的にものすごいコストである。肥満になる理由は，お家で料理をしなくなってファーストフードを食べる。ファーストフードの戦略というのは，お得感でどんどんサイズが大きくなる。フライドポテトでもLとMで，Lだと200円，Mだと150円，50円アップで，量は1.5倍とかになると，みんなお得だと思ってLを取る。そういうのをたくさん食べるようになるし，かつ油っこいものを食べるようになった。それを小さいうちから食べているから食生活として結び付いてしまって，それ以外食べられなくなってしまう。それが体にものすごい影響をもたらしていく。さらに問題なのは中国で，肥満人口の割合が増えているそうです。日本人はまだスリムでいいんですけれども，急速に肥満が増えている。肥満になるということは，それだけ高蛋白，高カロリーのものを食べるわけですから，資源もいっ

ぱい使うわけです。穀物を食べていればいいのが牛肉を食べたいということになるわけで，それで企業は何ができるか。食生活の問題は難しいんですけれども，例えばお得感があるような，どんどん大きいものを食べるように誘導しているファーストフードを，ちょっとでも大きくなれば割安ですよみたいなことをやっているとか，パッケージを知らないうちに少しずつ大きくしているとか，何かできることはあるみたいなんですね。それから体に悪いものを大量に使っている。実際にイギリスでは，どのぐらい体に悪いものを使っているかで，食品会社を評価したりしている。英国のある大手の投資家は，5 社ぐらい大手の食品会社を，体に悪いもの，あまりよくないものの販売状況で，4 段階に評価しています。日本でも，社会問題として肥満などの問題がクローズアップされる可能性もあります。

6. CSR と企業利益

別の大学で同じように CSR の話をしたら，「企業は金儲けするためにあるんでしょう」というコメントが返ってきて，企業関係者よりも激しく言われたことがあります。学生さんがそんなことを言ってと思ったものですから，最後に申し上げたいことがあります。

利益と CSR，金儲けと CSR の関係ということですが，これも二者択一ではないんですね。ヨーロッパの資本主義の若干の歴史と日本の経営倫理とかを調べてみると，17世紀から19世紀にかけては，実はお金儲けをする前に，徳とか宗教的な倫理観があったんです。

今の近代資本主義というのは，16世紀にプロテスタントが生まれてからできたと言われています。プロテスタントというのは，それまでのキリスト教と違って，勤勉に働いて，お金儲けをしてもいいと言われていた。それまでカトリックの教えでは，金儲けというのはあまりよくないことだったんです。ただ，勤勉に働いて，お金儲けしていいんですが，稼いだお金は世の中に還元しなさい。還元したら，みんなから称賛されて，死んだときに神に祝福されて最後の審判で天国へ行ける。お金儲けのための金儲けではなくて，天国に行くた

めには勤勉に働いて金儲けをしなさいという理屈だったんですけれども，そのうち，いつの間にか「天国に行くために」が抜けて「金儲け」だけが目的になっているのが今の状況です。

　日本の経営倫理見てみると，江戸時代には，商人は儲けてもいいけれども，やはり商売相手のことを考える「人徳」みたいなものが前提にあったんです。それがなくなって，金儲けだけでよくなったというのが20世紀だったんです。

　それで現在のCSRというのは，いつの間にか落としてしまった「倫理」だとか「徳」という部分をもう1回経済の中に入れ込もうとしているということではないかなというふうに思っています。

　しかし，そういうことをしていると儲からないんじゃないかというんですけれども，利益というものには2種類あると思うんですね。1つは「ステークホルダーの利益を横取りする利益」で，もう1つは「豊かな社会創造に協力した結果の利益」である。例えば自動車のリコール事件がありましたよね。どうしてリコールを隠したか。あそこでリコールを発表したら，何十億円か何百億円か損が出るわけです。そのときはリコールコストといって「特別損失」を出して大赤字になる。そんなのいやです，黙っていればわからない。そのお金，何十億円か何百億円かはわからないんですけれども，リコールでお金をかけて「走る凶器」が世の中に出回っている車を回収して，世の中に返す。そして，社会のコストを削減させなければいけなかったのに，それをやらなかった。そのために死んだ人がいるし，事故が起きた。社会にそういうコストをおしつけたことになる。要するに，自分たちが儲けたいがために世の中の利益を横取りしたということでした。

　環境破壊もそうですね。不法伐採した木材を使って安く物をつくるというのも，本来だったならば，不法伐採じゃなかったら，もっと木材コストが高いのに，不法伐採しているからすごく安い。その安い物で家具とかつくって安く儲けるなんていうのも，本来だったら，払うべき利益を横取りしている利益。それから児童労働を使うというのをも横取りしている利益。こういう利益の上げ方がだめで，そうではなくて，世の中で喜ばれるものをつくって，みんなに喜

んでもらって，みんなに「つくってくれてありがとう」と言って利益をもらう。こういうふうに世の中にプラスの価値をつくる利益。そういう利益であれば，認められるけれども，横取りの利益はこれからどんどん認められなくなる。なぜかというと，横取りされたステークホルダーが黙っていないからです。今までは横取りされた利益，いろいろなのがありますね，サービス残業，本当は払わなくちゃいけないコストを従業員から取り上げているわけですけれども，それが最近では訴訟問題にもなっています。そうやって変わってきている。

　もう1つ利益というのは，長期利益と短期利益があって，今期，来期の業績に反映される数字は短期利益です。ですからリコールの費用というのは，今期，来期の数字に反映されるのです。けれども，それをしなかったからどうなったかというと，会社が存続できるかどうかということで，長期的にはものすごく大損しているわけです。短期的にはちょっとコスト節約できて良かったと思っていたかもしれないけれども，長期的に見たら，とんでもないことになった。ですから，今期，来期の利益なのか，長期的に会社が存続する利益ということを考えているのか，そういうことでも違ってくる。やはり長期的に存続する会社でなければ，今期，来期に儲けても，なくなってしまうというのはどうかなということです。

質問箱から

🙋 利益とCSRのところで質問したいのですが，この間，ベンチャー企業の社長さんの話を聞いたときに，とにかく金儲けが第一で金儲けさえすれば，その後にCSRとかコーポレート・ガバナンスがすべてついてくるという話をされていたのですが，今日出てきた事例は大企業が中心なところがあるんですけれども，そういうのを考えたときに，最初のスタート時点で，どちらを最初に考えた方がいいのかなということをずっと疑問に思っています。世の中に貢献するということが最初なのか，でもやっぱりお金は稼がなければいけない。どちらを最初に持った方がいいのかをお伺いしたいのですが．

🙆 CSRの話をいろいろな会社に話して思うのは，一人ひとりみんな顔が違うように会社も全然違うので，考え方も違いますね。雑誌などでみると理想の○○ベスト10などがありますが，理想の上司は誰とか，結婚したいタレントは誰とかいうと，答えはバラけるじゃないですか。それと同じようにCSRも人によって違うんです。何がいいか，会社が何をやってほしいかなというのも，とっても違うと思います。

ですから，社会貢献が先か，CSRが先か，儲けが先か，二者択一にすると非常に難しいですけれども，CSRの重要なことは会社のミッションだと思うんですよ。こういうものを使って，世の中の人をよくしたいという思いで会社をやっている人，その結果として金儲けがついてくる。

日本の戦後はそうでした。ソニーとかカシオとか，戦後にできて大きくなった会社は，やはり戦後の貧しい経済でも，日本も頑張れるんだといった思いでした。そういうふうに世の中に貢献したいというものすごい思いがあって，それが最終的に利益として返ってくるということが非常に重要だと思うんです。だから，本業が重要だというのは，この事業をやるときに考えたミッションがとても重要だと思うんです。

もう1つ重要なのはトップのコミットメントなんですね。大企業の場合には，やはり難しいところがありますが，中小企業だと，社長以下全員知っている。非常に理念の高い会社は，割と素晴らしい活動をしていて，中小ながらも利益を上げている。この間，あるところで聞いたのは，明太子の「ふくや」という会社がありますが，あそこは非常にCSRの発想がある会社で，直営店しか持たない。福岡の会社なので，いろいろなところに卸せばいいのにやらない。なぜかというと，お客さんの声が直に聞けないからだ。お客さんの声を直に聞くことによって，いいものがで

きるというコンセプトを持っていて，幾つか素晴らしい経営方針があります。また，ひとつおもしろかったのは，社員が地域のPTAの会長をやったり少年野球の監督をやるのを，「研修費」と言ってお金を出して事業時間内に行かせている。それはどういう意義があるかというと，企業というのは地域に育てられているものだし，それから企業の中にばかりいると，企業の論理に染まってしまう。それがPTAの会長とかで行ったら，地元の商店主とか，いろいろな人と交わる，それは社会勉強になってすなわち社員の研修になる。だから，そういうことには研修費を出して行かせている。そうすると，周りの評判もいいんです。あそこのPTA会長さんは社員なのに昼間，会社が理解を示して出してくれる。地域にも貢献できる。

　実際，今，大企業というのは，ステークホルダー・ミーティングというのを一生懸命やりたがっているわけです。外部のステークホルダーといかにお話を持つかというので，有識者をお集めになって「ご意見拝聴」みたいなことをよくやる。それはそれでいいんですけれども，そういうのって一過性じゃないですか。それよりもステークホルダーと関わるということで，社員が自ら自分の周りで例えばPTA会長をするみたいな形でやっていく。そういうことを経営として自然にやれる会社は逆にCSRとして素晴らしいと思います。

第7章 日本経済のマクロ動向と企業

高橋　進

はじめに

　今日は日本経済の話をさせていただきたいと思いますけれども，私は研究所で実体経済のことを勉強している人間なので，経済理論的なお話というよりは，今，実体経済がどうなっているのかということについて私たちがどんな判断をしているのか，そういうお話をさせていただきたいと思います。そして，経済を見るときに何を見るか。例えば企業を見るのか，個人を見るのか，例えば中国経済を見るのか，いろいろな見方がありますけれども，今日は企業のことに重点を置いて日本経済のことを見てみたいと思います。

　お手元にレジュメがあると思いますので，これに沿ってお話をさせていただきたいと思います。

　まず，景気全体のお話からさせていただきたいと思います。皆様，大学におられるので，社会に出ているわけではないですから，景気がよくなっているとか悪くなっているとかということについて，そんなに関心ないと思いますけれども，社会に出て，例えば企業経営者になれば，今景気がどっちを向いているのかというのは必ず関心があることですし，皆さんも社会に出れば，今の景気はよくなっているのか，悪くなっているのかということを常に頭の中に描きながら仕事をしなくちゃいけなくなってくると思います。

　そこで，今の景気がどうなのかというお話をさせていただきます。皆様も新聞を読んだり，いろいろなものを見ていれば，今の景気がよくなってきているというのは，おわかりいただけますよね。いろいろなところで景気がよくなってきているというふうに言われています。

　ただし，その一方で，日本というのは過去十数年にわたって，「失われた10年」と言われますけれども，経済がどんどん悪くなっていった。そういう中で

何回か景気がよくなりかけたけれども,また悪くなってしまうということを繰り返してきた。したがって,今回もちょっとよくなっているけれども,どうせまた悪くなるんじゃないか,そういう心配が尽きないわけです。したがって,まず最初の問題意識として,今確かに景気はよくなっているんだけれども,この景気回復は本物なのか,それともまたすぐに悪くなってしまうのか。皆さんが就職するころには,また悪くなってしまうとか,そういう話なのか,それとも日本はようやく長いトンネルを抜け出し始めたのか,その辺の話をさせていただきたいと思います。

1. 回復は本物か

　私は経済を考えるときには非常に単純に考えていまして,日本経済というのは大きな飛行機だと考えています。ジャンボジェット機だと思ってください。この飛行機が非常に高いところを飛んでいる。例えばよく巡航高度1万メートルと言われますけれども,こういう高さを飛んでいれば非常に景気はいい。しかしながら,飛行機がどんどんどんどん下がっていけば景気が悪くなる。あるいは下がり続ければ経済そのものがおかしくなってくる。ただ,景気というのは波を打ちますから,同じ高さで飛んでいるわけではなくて,少し高くなったり,低くなったりということを繰り返しながら飛んでいる,そういう経済のイメージを持ってください。

　そして,ちょっと歴史的に振り返ってみますと,今から十数年前に日本はバブルが崩壊しました。バブルというぐらいですから,飛行機はそのときは,多分1万メートルが巡航高度だとすると,2万メートルぐらいのところを飛んでいたのではないかという気がします。それで一挙にバブルが破裂して日本経済がおかしくなりました。そしてどんどん飛行機の高度が下がってきた。ただ,その間,一直線に下がってきたわけではなくて,たまにはちょっと景気がよくなりかけたりしました。でも,またすぐに悪くなってしまって,ずるずる悪くなっていった,そんなイメージではないかと思います。

　そして,今から3年ぐらい前に,いよいよ飛行機の高度が地上すれすれまで

下がってしまった。これ以上下がったら墜落してしまう，経済で言えば恐慌になるとか，デフレスパイラルになるとか，そんなことまで日本経済は心配するぐらい悪くなっていたと思います。

　ところが，3年ぐらい前から，ようやく墜落を免れて，飛行機はだんだん高度が上がってきた，そんな感じではないかと思います。まだ，非常に低いところを飛んでいて，ようやく高度が上がってきている段階なので，高度としては3,000メートルか4,000メートルぐらいです。一番居心地がいいのが1万メートルだとすると，飛行機は上を向いているのだけれども，まだまだ安心できない，そんな感じだと思います。

　そこで，もう1回バブルが崩壊した後を振り返ってみると，日本経済はどんどん高度が下がっていったわけですが，実は過去（今回を含めない）に2回ちょっとよくなりかけたことがありました。下がっていく中で，すっと持ち直したんですね。ところが，またストンと悪くなりました。今回は実は3回目なんですね。したがって，2度あることは3度あるか，それとも3度目の正直なのか，そこを判断しないといけないわけです。

　今回，私は2度あることは3度あるじゃなくて，3度目の正直なのかなと感じています。そこでそれはなぜなのかということですが，過去2回，景気が持ち上がった大きな理由は，政府が大変な景気対策を打ったからです。公共事業をものすごくやりました。そうすると，景気は確かに一時的によくなる。ところが，公共事業の勢いがだんだんなくなってくると，また景気が悪くなっていく。そして，前回の回復時には「IT革命」なんてことも言われました。公共事業にIT革命も一緒に加わったので，一見よくなるように思われましたが，また悪くなった。それでは今回はどうなのか。今回もやっぱり政府が景気対策を打ったから景気がよくなっていったのかと考えると，実は今回は違います。3年前から景気がよくなっているんですが，今回は景気対策はあまりとられてこなかった。

　例えば小泉内閣が成立して，景気対策のために公共事業はもうできませんと言って拡大しなかった。過去2回とまるっきり違うわけです。にもかかわら

ず,今回景気がよくなってきたという事実があります。じゃ,それはなぜなのか。それは,民間の力が出てきたことが理由だと思います。今回は民間が強くなってきて景気がよくなってきた,言い方を変えると民需主導の回復だということです。これが過去2回とは根本的に違うと思います。

すると,次に,なぜ今回は民需主導,民間がよくなったのかという疑問が当然湧いてきます。

1つは「企業リストラの進展」ということです。バブルが崩壊して企業の業績が悪くなって,企業はずっとリストラを続けてきました。ところが,なかなかよくならなかった。バブルが崩壊して,日本の企業は「3つの過剰」を抱えました。1つは過剰な借金を抱えてしまった。2つには人を抱えてしまった。3つには設備投資をやり過ぎてしまった。この3つの過剰をリストラで一生懸命解消しようとしてきた。それがこの十数年間だったと思います。

ところが,なかなか日本は企業の経営体質を変えるのが難しいとか,あるいは1社だけがリストラするのであれば,その会社はよくなるかもしれませんが,全部の会社がリストラするわけですから,そうすると,経済がさらに悪くなってしまう。そんなこともあって,リストラすれどもすれども,なかなか効果が上がってこなかったというのがこれまでだったと思います。

ところが,この2～3年,ようやくリストラの効果が上がってきました。そして,3つの過剰がかなり解消してきているというのが今の姿だと思います。例えば借金だけ取り上げてみると,最近,過剰債務を抱えて経営がおかしくなる,破綻するというような企業がだんだん減ってきました。やっぱり借金の面でのリストラが相当進んできたということだと思います。そういう意味では,今一番過剰債務を抱えて話題になっているのがダイエーですけれども,ダイエーは不良債権の処理の中で一番最後の大企業だ,という言い方をする人もいるぐらいでして,大企業について見れば,かなりの企業がもう借金過剰ではない,リストラが進んできたということだと思います。このことが,日本がよくなってきた一番の背景ではないかなと思います。

ただ,リストラは,身を縮めて贅肉をそぎ落とす作業ですから,それだけで

はなかなか元気が出てこないというのが実情でした。ところが，そこにもう1つ今度は神風が吹いた。それが，市場としての中国の台頭ということです。ご承知のように，中国が台頭するに従って，例えば日本経済が衰退してしまう，日本の産業が空洞化してしまうということを随分心配していましたけれども，最近，特にこの3年間は，日本の対中輸出がすさまじい勢いで伸びました。これまで一生懸命企業がリストラをして，企業の体質はよくなっていったわけですが，みんなでリストラをしていますからなかなか元気が出てこない。ところが，そこに中国向けの輸出がどんと出始めた。それで一挙に企業の売上が増えていく。そしてもう贅肉をそぎ落としていますから，どんどん体力が回復し，収益が上がっていく，そういうプロセスが始まったのではないかというふうに思います。

　日本はかつて景気がよくなるときには，大抵輸出が伸びていました。それも，今まではアメリカ向けに輸出が伸びて景気が回復するというパターンでした。ところが，今回はアメリカ向けにも輸出が伸びていますけれども，むしろそれ以上に，中国に輸出が伸びるようになってきた。そういう意味で，日本の輸出相手国第1位は今でもまだアメリカですが，第2の柱として中国が育ってきた。そして今や中国は経済発展軌道に乗りつつあるわけです。たまたま今，中国経済がいいから日本の輸出が伸びているのではなくて，多分これからも日本の中国向け輸出というのは伸びていくと思われます。

　そう考えていくと，日本経済は，バブルが崩壊してからずっと悪かったわけですけれども，この2～3年企業を取り巻く環境がかなり変わってきた。繰り返しになりますが，1つは企業自身のリストラが進んできたということ，2つ目に中国というマーケットが出てきて，そのおかげもあって企業に非常に元気が戻ってきた。そして，企業が今もうかるようになってきたので，どんどん前向きの投資をするようになってきた，こういうパターンになってきたのではないかと思います。

　最初に経済は飛行機だと言いましたけれども，実は飛行機を飛ばすためにはエンジンが必要なわけです。日本経済という飛行機にどういうエンジンが付い

ているか。これは別に日本だけに限ったことではありませんが，大きなエンジンを見ていくと，胴体を挟んで，翼に「個人消費」というエンジンと反対側に「設備投資」というエンジンが付いている。これが経済を動かす基本的なエンジンです。ただ，日本の場合は，さらにその外側に「輸出」というエンジンが付いている。その反対側には「公共事業」というエンジンが付いている。この4つのエンジンを動かして，あるいはどう動くかによって，飛行機（経済）が上がって行ったり下がって行ったりしていると単純に考えてもいいと思います。

　今回景気がよくなったパターンを見てみると，この飛行機に付いているエンジンのうち，かつては「公共事業」というエンジンを動かしてきたけれども，もうこれがほとんど使えなくなってしまった，このエンジンはほとんど止まっている。ところが，反対側に付いている「輸出」というエンジンが3年前からうまいこと動き始めた。飛行機というのは，エンジンが1つでもちゃんと動けば高度は上がらないけれども飛べるわけです。「輸出」というエンジンが動き始めたので，飛行機はもうこれ以上下がらなくなってきた。そうしたところに今度は輸出が伸びているので企業の収益がよくなって，企業の「設備投資」というエンジンがかなりの勢いで動き出した。これで今2つ動いているわけです。そして，企業が元気が出てくると，今まではリストラしていましたけれども，少しは雇用を増やそうとか，賃金を上げようとかいう話になってくるので，勤労者・サラリーマンの賃金とか雇用情勢がちょっと改善する。そうすると，今度は胴体の反対側に付いている「個人消費」というエンジンも少し動くようになってきた。そんな感じだと思います。そうすると，「公共事業」というエンジンは，はなから止まっていますが，3つのエンジンが動くようになってきたので，飛行機は，もうこれ以上高度が下がるということはなく，だんだん上がり出したのだと思います。

　そして，経済を考えるときには必ず先行きの予測をするわけですけれども，予測をするときには，飛行機に付いているエンジンそれぞれがこれから先どう動いていくだろうかということを考えれば，この飛行機のエンジンの勢いがわかりますから，飛行機がさらに上へ上がっていくのか，下がっていくのかが見

えてくる。これが今，日本の現状に対するマクロ的なお話です。

　ただ，今回はそうやって経済がよくなってきたというマクロのお話だけではなくて，同時に実はミクロから見たときに，日本が変わり出したというお話を一緒にしたいと思います。

　それが，「モノづくりの復活」ということです。モノづくり，すなわち製造業の話です。日本の製造業が最近よくなってきていると思います。経済全体がよくなっているけれども，実は製造業がよくなってきていることが経済を支えていると考えられます。そこで，モノづくりのお話をしますけれども，今からする話は，私のオリジナルな話ではなくて，東大の藤本隆宏教授が多分最初におっしゃったことだと思います。実はモノのつくり方には，2つのやり方がある。すなわち，モノづくりの技術体系には，組み合わせ型と，すり合わせ型がある。

　組み合わせ型の典型的な商品はパソコンです。パソコンというのは，ハイテクの塊，最先端の機械ではあります。しかしながら，皆さんパソコンの中を開けたことがありますか。もしパソコンを開けると，パソコンの中には，たくさん部品はあるわけですけれども，しかし，主要な部品はせいぜい十数個しかありません。例えば皆さんよく知っていると思いますが，インテルがつくっているCPU，MPU，それ以外にメモリーとかハードディスクとか，マザーボード，こういうせいぜい十数個の部品を，プラモデルを組み立てるようにルールに従って決められた場所にはめ込んでいけば，それでパソコンができます。そして，その一つ一つの部品は，例えばインテルだとか，いろいろな会社が，中国，台湾とか，世界中いろいろなところでつくっている。そしてそれはもう規格化されています。だれでも買えます，僕らだって秋葉原に行って買ってきて部品を揃えれば，それだけでパソコンをつくることができます。マニュアルを読んでどこにどれをはめればいいかがわかればつくれるわけです。これが組み合わせ型というモノづくりでして，要は部品が既にモジュール化されて売っている，世界で通用している。それをうまく組み立てれば製品ができていく，こういうモノづくりです。その典型がパソコンです。

こういうモノづくりが，どこの国がうまいかというと，実はアメリカと中国でして，アメリカは元々パソコンをつくるための設計をするのが非常にうまい。それから中国は，部品をつくるのもうまいんですが，安い労働力で組み立てていくということが非常にうまいということです。残念ながら日本は人件費が非常に高いこと，それからこういう設計があまり得意じゃなかったということもあって，日本のメーカーは競争力があまりありません。

　ところが，一方ですり合わせ型という技術体系があります。これは何かというと，こっちも部品を組み立て，製品をつくることに変わりはありませんけれども，部品そのものはモジュール化されていません。世界で売っているわけではありません。その企業が自分の製品用の部品を自分の傘下の工場でつくって，それを集めてきて自分で全部組み立てていくというプロセスです。その典型的なものが自動車です。自動車というのはバラしてみたら，大体３万点ぐらいの部品でできていますけれども，これを自分の会社の系列あるいは自分の下請会社で部品から組み立てさせて，最後ボディの形にするわけです。パソコンのようにモジュール化されていません。こういうモノづくりの得意なのが，ドイツと日本だと言われています。例えば車の最高峰，ベンツ，BMW，そして，今の日本の最高級車は，既にベンツを抜いたと言われていますけれども，それらは一つ一つの部品を非常に高度に最終製品に組み上げていくという生産技術が優れているからで，これをすり合わせと言います。

　例えば同じ部品を中国に持っていって，中国のメーカーにつくらせたら，ベンツやトヨタの最高級車がつくれるか。形はつくれるかもしれません。でも，きっと同じ性能のモノはつくれない。なぜかというと，部品に秘密があるのではなくて，部品を組み立てていくプロセスに秘密があるからです。

　実は先月，ちょっとトヨタの工場を見学させてもらいました。トヨタと言うと，カンバン方式とか改善という言葉がよく言われます。行く前にひとつ疑問だったのは，改善・改善と言うけれども，改善なんていずれ枯れちゃうんじゃないか。今は工夫できたとしても，いずれそんなネタは尽きちゃうんじゃないか。そうしたら，ほかの企業に追いつかれるんじゃないか，あるいは工場見学

をして，どこか中国の企業の自動車メーカーのプロが来て，トヨタの工場を見たら技術を盗まれるんじゃないか，そんな心配をするぐらい，トヨタはあっけらかんとモノづくりを見せてくれます。でも，見て驚きました。絶対に真似できないことがある。それは一人ひとり部品を組み立てている人たちが，どうしたらこの部品をつくるプロセスをさらに改善できるか，それからどうしたら不良品を出さないようにできるかということを日夜休みなく考えながらモノをつくっている。そうして不良品をつくらないためには，一見機械をどんどん導入して機械化すればいいというふうに考えがちですけれども，そうではない。機械でつくらせても必ず不良品が生まれるし，性能にバラツキが出ます。

　ところが，機械は最低限にしておいて，例えばモノを持ち上げるときには重たいから機械にやらせる。けれども，その部品をそこにはめ込むときには，非常に熟練の技術者がちゃんとやって確かめるとか，そういう意味ではトヨタの最高級車というのは，ハンドメイドと言ってもいいぐらいのつくり方をしています。それも熟練の技術者がそれをやっている。かつその熟練の技術者が，どうしたら，よりいいモノをつくれるかということを常に頭の中で考えながら作業をしている。これは中国に真似できるはずがないなというふうに思いました。そういうモノづくりが生きている。それで日本はそういう分野が得意なんだということがわかってきたので，最近，片や中国にいろいろなところで攻め込まれて空洞化していますけれども，一方で中国に絶対負けないモノづくりがあるんだという自信を取り戻しつつあるということだと思います。

　そして，最近デジタル景気と言われます。新三種の神器——デジカメ，薄型テレビ，DVDレコーダ——，まだ持っている人は少ないと思いますけれども，こういうものが日本でつくられて売られている。このデジタル部門がよくなって，デジタル家電が売れるようになったので，景気がよくなったと言われますが，なぜデジタル家電が日本で非常につくられるようになったのでしょうか。デジタル家電というのはハイテク機器で，何となくパソコンに似ているように思われますよね。でも，デジタル家電は，組み合わせ型か，すり合わせ型，どっちに近いかと言えば，はるかにすり合わせ型に近いんですね。パソコ

ンのように大きな部品がポンポンとモジュール化されたモノが入っているわけではなくて，実は部品の数こそ少ないけれども，メーカーが一から自分で部品をつくって，それを高度にすり合わせ，組み立てていって1つの製品をつくっています。したがって，もしデジタル機器を壊してみたら，すさまじい数の部品でつくられているというのがわかると思います。それを非常に高度に組み合わせているというところが実はデジタル家電でして，日本はすり合わせ型というところで優位性を持っていて，ここを磨いていけば，自動車だとかデジタル家電だとか，そういう分野では中国に絶対負けない，あるいはリードしていけるということがわかってきた。したがって，日本のメーカーが自信を取り戻してきて，最近それがようやく新製品の開発という形で花が咲いてきたということだと思います。

　ですから，例えばトヨタは，またまた最高益を計上し，どんどんよくなっていますね。自動車産業というのは，成熟産業のように思うけれども，トヨタは世界でどんどんシェアを高めている。

　一方で，家電業界を見ると，松下とかサンヨーだとかシャープは一時すごく悪くなりました。ところが，ここに来て回復してきた。最初はリストラしたからよくなった。でも，最近は，彼らがどんどん新しいマーケットを開発して新製品を出している，それで売上が伸びるようになってきた。それで日本のモノづくりが復活しつつあるということではないかと思います。これが経済をミクロから見たときの動きです。

　繰り返しになりますが，一方でどんどん空洞化している産業もあります。ですから，日本の産業全体がよくなっているわけではないけれども，一部の産業あるいは日本がこれから有望と思われるところで自信が戻ってきたというところが非常に大きいと思います。

　以上，マクロから見た経済とミクロから見た経済ということで申し上げました。日本経済は，この2～3年で随分変わってきた。したがって，今までのように公共事業が出たからよくなったとか，金利を下げたからよくなったということではなくて，日本経済は根っこから変わり始めたのでないかという印象を

持っています。本当に変わってきたのかは，まだまだいろいろ検証してみないとわかりませんが，仮説としては，日本経済はいよいよ回復が始まったんじゃないか，本物じゃないかなというふうに思います。後で間違えているということになるかもしれませんが，経済の回復は本物であると言い切ってしまいたいと思います。

2. 今回の景気回復の特徴

さて，次に，日本経済の回復は本物だから，どんどんよくなっていくのか，飛行機はようやく高度3,000メートルのところまで来た，これから5,000メートル，6,000メートル，1万メートルとよくなっていくのか。1万メートルまで飛行機が上がっていけば，それは本格回復ということだと思います。本物と本格，何が違うのかと言われそうですけれども，本物というのはもう下に下がらないぞといって上がり出した。本格というのは，ほとんどの人が景気がよくなっていると感じるような状態じゃないかなと思います。飛行機の高度が高ければ，だれでも景気がいいと感じるわけですが，そうなっていくのかどうかというところが次のポイントだと思います。

　私は日本の回復は本物だけれども，本格には簡単には行かないのではないかという印象を持っています。例えば今回の景気回復の特徴に「格差」というのがあります。今，製造業がよくなっていると言いましたけれども，では，非製造業はどうなのか。モノづくりはいいけれども，非製造業は必ずしもよくなっていない。例えば製造業は輸出ができます。輸出ができるから，海外でマーケットを開拓して売上が伸びていく。でも，非製造業はどうですか。非製造業というのは基本的に国内で商売しています。国内はまだデフレが終わっていない。そうすると，非製造業はなかなか売上が伸びていかない。それからリストラもかなり遅れていると言われています。ですから，今，日本経済を見ると，製造業はすごくよくなってきて投資も増えているけれども，非製造業はなかなか回復していかない，こういうパターンになっています。経済が本当によくなるためには，非製造業までよくならなくてはいけないということだと思いま

す。

　それから企業が3つの過剰を抱えて，これがなくなったという話をしました。これもよく見てみると，大企業はすごくよくなりました。ところが，中小企業の改善が遅れています。なぜなのか。いろいろ理由はあると思いますけれども，中小企業の方が体力が弱かった，リストラする力が弱かった，あるいは元々中小企業というのは大企業と取引をすることで生きてきた。ところが，その大企業がどんどん海外に出てしまって，中小企業の取引先がなくなってしまったとか，いろいろな理由があります。結果的に今何が起きているかというと，中小企業の改善が非常に遅れている，まだまだ借金体質の企業が非常に多い。中小企業が本当によくならなければ，日本経済がよくなったとは言えないでしょう。

　まだあります。最近日本全体を見ていると，よくなっているパターンが2つあります。1つは首都圏ですが，ここは元々日本企業の本社も集中していますし，サービス企業のウエイトの大きいところでよくなっている。最近，もう1つよくなっているパターンがあります。それは，モノづくりをしている地域で，典型が愛知県です。トヨタがあるところです。あるいは大阪も悪い悪いと言われてきたけれども，最近松下など関西系の家電メーカーが頑張っているので，そこそこよくなってきました。それから中国地方もエレクトロニクス産業が最近随分発達しています。それから九州北部，ここもかなり産業の立地が始まっています。モノづくりをしている地域がよくなってきました。

　ところが，その一方で，例えば北海道，四国，南九州や日本海側の一部だとか，そういったところは，元々製造業の基盤が弱いので，公共事業で生きてきたわけですけれども，最近公共事業もどんどん減っているということで非常に経済が沈滞したままです。下手をすると，東京やモノづくり地帯がどんどんよくなっていく中で，そういったところは，今までよりさらに地盤沈下していく可能性もある。そうすると，都市と地方との格差が今まで以上に広がっていく危険性もある。これでは日本経済が本当によくなったとは言えないわけです。

　それからもう1つの格差が，企業と個人です。例えば企業がリストラをして

よくなったと言いました．でも，人件費を相当削減したわけです．したがって，勤労者は，過去ずっと賃金が抑えられ，雇用情勢も悪かった．したがって，企業部門はよくなったけれども，個人部門はよくなっていない，こういうパターンがあります．本当に経済がよくなるためには，経済の一番大きなエンジンは個人消費ですから，ここがよくならないといけないんですけれども，リストラで個人が痛めつけられているという構図だと，なかなか個人消費はよくならないということだと思います．

　そういうふうに日本経済を見ていくと，製造業，大企業を中心によくなってきた，都市部を中心によくなってきた．しかしながら，一方でまだまだよくなっていないところがある．政府は製造業，大企業を中心にどんどんよくなっていけば，今よくなっていないところも，だんだんよくなっていく，景気回復の恩恵がだんだん及んでいくと言っていますけれども，本当にそんなに簡単なのかという気がします．

　1つの例を考えてみたいのですが，企業はよくなってきました．それでこれからサラリーマンの賃金・雇用が増えて，個人消費がよくなってくれば，日本経済もしめたもので，本格回復と言ってもいいと思いますが，企業がよくなれば，個人もよくなると言っていいのかどうか．常識的には企業が儲かるようになれば，時間外が増えたり，ボーナスが増えたり，ベースの賃金が上がったりして，個人がよくなると考えたいところです．ところが，どうも必ずしもそうでもないという気がします．

　個人が簡単によくならない理由は，単純化すると2つあると思います．1つは雇用のミスマッチです．企業の行動が積極化し少し雇用を増やし始めました．でも，日本経済全体を見たときに，人口もこれからだんだん減っていく，必ずしも日本のマーケットがどんどん大きくなっていくわけではない，あるいは隣の中国と戦わなければいけない．そういうことが控えていますから，企業は必ずしも雇用を増やすことにそう積極的ではない．増やす場合も，できれば即戦力でやりたいという考えが強い．したがって，企業の状況がよくなってきても，雇用が増えるとしてもスキルを持っている人や戦力になる人たちをどう

145

しても採用しがちになる。

　ところが，一方で，今，労働市場で余っているのは，新卒だとかスキルのない人たち，フリーターと呼ばれる人たち。景気がよくなっていくと，企業の雇用は増えていく。でも，所詮増えるのは，熟練の人たちで，スキルのない人たちに対するニーズはなかなか増えていかない。フリーターにしても，本当なら働きたいと思っているけれども，なかなか職がないという状況が多分これからも続くのではないかというふうに思います。それを雇用のミスマッチと言うわけですけれども，今，失業率が4.6％ぐらいにようやく下がってきました。でも，私どもの研究所の試算ですと，景気がよくなっても失業率はせいぜい４％ぐらいまでしか下がらないのではないかと思います。残りの下がらない部分が，実はミスマッチではないか，それくらいミスマッチが大きくなっていると思います。

　かつて日本は景気がいいときには１％を下回るような失業率でした。ですから，今までどおりなら，景気がよくなれば，失業率はどんどん下がっていって雇用が増えていくと期待できますが，どうもこれから先はそう簡単ではないという感じがします。景気がよくなっても４％の失業率は残っていたのでは，なかなか個人消費に元気が出てきません。

　それから，人件費の変動費化についてですが，これも個人の所得がなかなか増えていかない理由になると思います。具体的に何を意味しているかというと，企業は人件費のリストラを進めていく中で，２つのことをしています。１つは正規の社員を減らして，非正規の社員を増やす。言い方を換えれば，パート，アルバイトをどんどん増やしているということです。企業にとってみれば，景気がよくなったり，悪くなったりすることに応じて，パート，アルバイトの数を増やしたり，減らしたりする，非常に柔軟に動けるわけです。これは企業にとってはいいかもしれない。しかしながら，個人にとって，正規の社員が減って，非正規の社員が増えるということは，サラリーマン全体で考えてみれば，給料の手取りとしては減ってしまうことになります。したがって，これから景気がよくなっていっても，企業がパート，アルバイトを活用するという

ことが変わらない限りは，なかなか賃金水準が戻っていかないということがあります。

　もう1つは，最近企業が「成果主義賃金」を取り入れていることです。業績に応じて払いますよということです。一見いいことですが，企業は「成果主義賃金」を入れるときに何をしているかというと，給料を基本給の部分とボーナスの部分に分けて，基本給の部分はうんと下げて，ボーナスの部分を非常に大きくするということをやっています。そうすると，景気がよくなってきて企業が儲かるようになっていくと，そのときにはボーナスが膨らんで個人の手取りは増えますが，企業の業績が悪くなってきた途端に，ボーナスが縮んできて給料が減ってしまう。今まで以上にサラリーマンの賃金が企業の業績だとか景気の動向に応じて振れるようになっているということだと思います。そうすると，ある一定の賃金が期待できるのであれば，あるいは増えていくということが期待できるのであれば，個人は消費を拡大していけます。けれども，今期は増えても来期は大幅に減ってしまう，そんなことを考えれば消費を拡大することができない。企業の人の使い方が変わってきて，そのことが実は個人消費にいろいろな影響を与え始めています。今景気がよくなったからといって，簡単に賃金や雇用が増えて，個人消費がよくなっていくという感じにはならなくなってきています。

　ここで，サラリーマンの賃金，雇用が今まで悪かったので，実は個人消費はもっと悪くなっていたはずです。ところが，意外と日本の個人消費はそんなに悪くなりませんでした。なぜなのかというと，実はシニアの人たちが消費を結構支えてくれていました。

　なぜなのか。よく個人の金融資産が1,400兆円あると言われますね。だれがそれを持っているかということで，年齢別に金融資産の保有を調べていくと，何と60歳以上の人が日本の金融資産の半分以上を持っています。皆さんのところにも，私のところにもない。それは60歳以上のところにみんな集中しちゃっているからです。なぜそうなのかというと，過去の高度経済成長の時代にシニアの人たちが働いて収入を得てお金をためてきたからです。

ところが，40代〜50代の人たちは，バブルの崩壊前後で働いているために資産が蓄積できていないとか，むしろ減っているということになっている。いずれにしてもシニアに結構金融資産がある。そして，シニアの人たちは金融資産を現金，預貯金で持っている。そうすると，デフレになってもこれは減らない，物価だけ下がっている。そうすると，シニアの人たちの実質購買力はむしろ高まっていく。それが消費に向かっているのです。

　ところが，現役のサラリーマンは，デフレになって物価が下がっても，賃金も一緒に下がってしまうので，元気が出てこない。こんな構図ですが，いずれにしても現役を中心に賃金，雇用情勢がこれから先もそんなに簡単にはよくなっていかないと思います。したがって，景気が本当によくなっていくかというと，そんなに簡単な話ではない。飛行機のコースで行けば，少しずつは上がっていくんだろうけれども，どんどん上がっていくということは言い切れないと思います。以上が私の日本経済に対する基本的な見方です。

3．日本経済の展望——ミニ調整？

　さて，今度は，もう少しこれから先どうなっていくかについてお話ししたいと思います。

　最初に，私は景気回復は本物だと言いました。ですから，日本経済という飛行機はこれからも高度が上がっていくかと思います。過去1年ぐらいは，日本の飛行機はものすごい勢いで高度が上がっていました。1,000メートルぐらいから一挙に3,000メートルぐらいまで上がってきた。ところが，これから先を見てみると，ちょっと勢いが落ちてくると思います。幾つか理由があります。これには3つ理由が挙げられます。

　1つは，これからも輸出が伸びるかどうかということを見ていくと，アメリカと中国経済は，これから先，両方とも少しスローダウンすると見られます。特に中国は成長スピードが速過ぎてバブルになりかけたり，インフレになりかけたりということもあって，今，引き締めをしています。10％近い成長率が少しずつ下がってきました。したがって，日本の輸出の勢いということで見る

と，ちょっと落ちてくるのではないかと思います。

　本当はこの話のついでに中国経済の話もしたいのですが，今日は時間の制約もあるので，中国経済の話はしません。結論だけ言うと，私は，中国経済は短期的には政府がきちんとコントロールするからうまくいくと思うんですが，4～5年以上先を考えると問題があると思います。経済発展しているけれども，20年前から抱えている問題が，ほとんど何も解決していない。どこかで1回行き詰まるのではと，そのことを心配しています。

　それから「シリコンサイクルの行方」と書いてありますが，先ほどデジタル家電が日本で売れていると言いました。そして，このマーケットがどんどん大きくなっていて，それで経済がよくなっているわけですが，つぶさに見ていくと，最近ちょっと様子が変わってきました。例えばデジカメの売上が少し鈍化してきています。デジカメの世帯普及率が5割を超えたと言われています。皆さんもほとんど持っているんじゃないかと思いますが，さすがに売上の伸びが鈍くなってきた。それから携帯電話，これも皆さんお持ちだと思いますが，携帯電話というのは，大体3年から4年でサイクルを打っています。今は下降局面に入っています。デジタル家電はガンガン売れているように見えますが，実は細かいサイクルを描いていて，過去にも1回ものすごく悪くなった時があり，その時は，パソコンの売れ行きが大幅に鈍化しました。今回もデジタル景気にもやや陰りが出てくると思います。

　もう1つは，原油高です。皆さんはほとんど知らないと思いますが，日本は過去2回，石油価格が大幅に上がって景気が悪くなったことがあります。今回も原油価格が上がっていますね。でも，日本経済はまだそんなに悪くなっていません。ただ，原油価格が上がり続けると，じわじわと経済に影響が出てくると思います。

　例えば原油価格が上がっていますので，企業の仕入れのコストは上がります。しかし，景気がよくなって企業の売上がどんどん伸びました。だから，仕入コストは上がっても，一方で売上も伸びているからそんなに影響が出ていない。もしこれから輸出がスローダウンすれば，企業の売上の伸びはあんまり

149

出なくなります。それなのにコストが上がっていくと，収益に影響が出ていきますから，原油価格の上昇の影響というのが，今まではそれほどではないけれども，これからじわじわと影響が出てくると思います。

このように経済がスローダウンする要因を数えていくと，幾つも出てくる。したがって，日本経済という飛行機は，今まですごい勢いで上がってきたけれども，これから1年ぐらいは，ちょっと動きが鈍くなってくる，あんまり高度が上がらなくなるのではないかと思います。

そして，今までだったら，そのままストンと悪くなりました。ところが，今回はどうか。短期的にはスローダウンするんですけれども，そこを過ぎると，またよくなってくる，また飛行機は上がっていける，これが今までと抜本的に違う点ではないかと思います。

それはなぜかというと，話が元に戻りますが，企業のリストラが進んで企業の体質がよくなってきたこと，それから中国に引き続き輸出が伸びていく。日本経済は短期的に見ると，ちょっとスローダウンするけれども，またその後はよくなっていけるというわけです。

さて，日本経済を，もう1回整理してみたいと思いますけれども，バブルが崩壊して，日本経済がどんどん悪くなっていった。その間にも何回かよくなるチャンスはあったけれども，根本的にはよくならなかった。ところが，ようやくここに来て大底を打って，持ち上がりかけている。その意味でバブル崩壊後の長期の停滞から日本経済がようやく脱しつつあると思います。そして，その理由はと聞かれたら，1つは企業の血の出るようなリストラの成果がようやく上がり始めたこと。2つ目に，中国というマーケットが隣にできて，日本の企業の輸出が伸びるようになったこと。3つ目に，モノづくりの自信が戻ってきたということではないかと思います。ですから，日本は製造業を中心にこれからよくなっていくと考えていいのではないかと思います。

4. 残された課題

さて，そうなると，日本経済は基本的にもう心配ないのか，一応飛行機が上

がっていくので，放っておいてもいいのかというと，そうではないと思います。今，民間の力が戻ってきましたけれども，中国経済やアメリカ経済が思っているより悪くなったらどうなるのか，石油価格がもっと上がったらどうなるのか，いろいろな心配ごとがあります。したがって，日本経済を本当によくするためには，まだまだやることがたくさんあります。

　そこで，最後に，これからやらなくてはいけないことを幾つか申し上げたいと思います。

　まず1番目は，中国についてです。中国向けの輸出が伸びて，そして日本がよくなっていく，これはいいことですけれども，長期的には中国経済は心配です。そして，中国にも景気の波があります。したがって，日本としては，中国だけに依存するわけにはいかない。中国以外のアジアの国，例えばタイ経済もすごくよくなっています。中国だけに依存しないという意味で，日本はほかのアジアのマーケットをもう1回開拓していく，あるいはヨーロッパを開拓していくことが必要だろうと思います。

　ではどうやって中国以外のアジアとの関係を深めていくかということを考えていくと，出てくるのがFTA（自由貿易協定）です。日本とアジアの国が相対で貿易や投資の自由化を進めていく。そうして両国の経済関係をより緊密にしていくことで，日本とアジアの各国が共存共栄の関係をつくっていく。そうすれば，日本の繁栄もそこで広がっていくわけですね。こういう努力をしなくてはいけない。

　それから2番目に「本社レベルの改革」があります。先ほど，日本はすり合わせ型のモノづくりで，これが非常に強いと言いました。でも，実はそれだけでは，本当によくなるとは言い切れません。さらに必要なことがあります。

　1つは「キーデバイス」です。パソコンを知っている人ならおわかりと思いますが，ほとんどのパソコンに使われているものがインテルのCPUです。インテルのCPUなくしてパソコンはつくれない，あるいはいい性能のものはできない。この部品，この製品なくしてつくれないというのが「キーデバイス」です。それをつくっている企業というのはすごく強いわけです。

では，日本のメーカーの中でこういう「キーデバイス」を持っている大企業がどれだけあるかというと，ほとんどないと思います。例えば，シャープが液晶で頑張っていますが，これから先も液晶でリードしていけるかどうかわかりません。どんどんアジアの国が追いついてきています。シャープの液晶でなければモノがつくれないんだというところまで至ってないということです。これは研究開発の問題だと思いますが，それがまだ日本はできていないというのが1つの課題です。

　2つ目は「ブランド」ということです。「ブランド」というと，例えば女性は「ルイヴィトン」だとか「エルメス」とかを思い浮かべると思いますけれども，「ブランド品」というのは何がすごいのか。安売りしない，差別化されているということです。

　ところが，日本のモノづくりがブランド化されているでしょうか。日本の家電メーカーの製品で，1番ブランド力のある企業はどこだと思いますか。僕らが育ったときには「ソニー」という会社は日本の超一流ブランド，世界のブランドでした。「ソニー」ほどではないにしても，「パナソニック」とかは日本では冠たるブランド企業だと思っていました。

　ところが，今，世界で日本のブランドが通用しているかと考えてみると，必ずしもそうではありません。例えばこの前のブランド調査では「ソニー」は，世界の中で20番目でした。

　それから，アメリカで調査をしてみたら，何と「パナソニック」よりも，韓国の「サムスン」の方がアメリカの消費者は知っている。なぜなのか。「サムスン」は携帯電話でもってアメリカのマーケットにどんと入っていって「サムスン」という名前を売って，次に「サムスン」の名前でもって，家電製品を売るようになってきた。ということは，アメリカの消費者にとっては，家電といったら「サムスン」で「パナソニック」ではない。知名度があるからこそ，高い値段でモノが売れるわけです。ところが，それがなければ，高い値段で売れない。それではいいモノをつくったっても儲かりません。現に日本の家電メーカーは収益がよくなってきていると言うけれども，実は世界の中でマイク

ロソフト，IBM やサムスンとか，そういうブランド力を確立したメーカーに比べたら，はるかに収益率は低い。

　ブランド力を確立した日本の唯一のメーカーは，トヨタじゃないかと思います。家電メーカーのブランド力は，これからつくり直さなければいけないが，自動車メーカー，特にトヨタのブランド力はどんどん上がっている。そして，ご承知のようにトヨタは世界ナンバー 2 になった，フォードを抜いたと言われています。そして数年後には GM を抜くとも言われています。それはトヨタというブランド力が世界で通用して，世界で売上が増えているからです。もちろんそれを支えているのは，モノづくりの技術ですけれども，それだけではなくて，トヨタというブランド力が高まっているからです。トヨタはレクサスという車を来年から日本で売ると言っていますけれども，ベンツ，BMW よりも優れている車だと自負しています。そして，日本でベンツの代わりにレクサスを売りたいと，これも一種のブランド力です。トヨタがなぜそこまで強気なのか。アメリカの高級住宅地に行くと，そこに車が並んでいます。かつてはポルシェがあり，その横に必ずベンツが並んでいた，あるいは BMW が並んでいた。ところが，最近は，ポルシェはある。でも，必ずしもベンツじゃない。その代わりにそこにレクサスが置いている。すなわちアメリカの超金持ちにとって，レクサスという車はもうトヨタじゃない，レクサス自身がブランドで，そしてベンツに代わり得るぐらいのブランド力を感じさせるということだと思います。そういうふうになれば企業は高い値段でモノを売れるわけですから，販路も広がっていくし，どんどん儲かるようになる。このブランドということが非常に重要なわけですが，残念ながらまだ日本の家電メーカーのブランド力は，かつてのような輝きを取り戻していない。これをどうつくり直していくのか。マーケティングが課題だと思います。

　3 番目の課題は，雇用問題です。企業と雇用の関係ですが，日本は製造業がよくなっていったとしても，あまり雇用は増えないと思われます。日本の労働コストは高い。雇用を日本でどんどん膨らませていたのでは，日本の製造業は競争力がないわけですから，雇用の拡大は極力抑制して，生産性を引き上げて

153

勝負していくという戦略を取ります。したがって，ミスマッチが残っていく中で日本の雇用情勢はなかなか改善しない。ではどうすればいいのか。非製造業を育てていくことが必要だと思います。

　もう1つ雇用について深刻なのは，ミスマッチであぶれている人たちのことです。最近流行っている言葉に「NEET」という言葉があります。皆さん聞いたことがありますか。「Not in Education, Employment or Training」，職業訓練も教育も受けていない，無業者のことです。私はもう1つそこに「no Energy」とEを加えたいと思います。働く気力もない。こういう人たちが増えている。そういう人たちに加えてフリーターがいる。フリーターの中にはいずれ正社員になりたいと思っている人もいるけれども，そうじゃなくて，ずっと今の立場に安住している人たちもいる。彼らは20代の半ばです。今はいいですよ。でも，10年間もそういう状態が続いたら，どうなりますか。日本というのは会社に入ってその会社の中で職業訓練を受けて一人前の労働者になっていくというパターンです。

　ところが，フリーターを続けて会社に入らなければ，その人は労働者としてスキルアップするチャンスがありません。そのまま10年経って30代半ばになってスキルのない労働者が日本中にたまってしまったらどうなるか，日本の労働の質は落ちていく。そして，その人たちの所得も低いわけですから経済の質も落ちていくでしょう。そんなことになったら大変です。したがって，日本の職業訓練や教育まで含めてどうやって立て直すかということが，これから非常に重要な問題になっていくと思います。恐らく雇用の問題を解決するためには小学生，中学生の頃から社会との関わりを持つ，といったところから教育をやり直さないと多分だめだと思います。雇用をどこで確保していくかということと，労働の質をどう上げていくかということが，もう1つ日本にとって大きな課題になっています。これは製造業がよくなったとしても解決しない問題，社会全体として取り組まなくてはいけない問題だと思います。

　それから最後が，格差の問題です。特に，中小企業と非製造業です。大企業のリストラは随分進みましたが，中小企業は売上が伸びない。借金体質から脱

却できないという中で力が落ちてきている。新分野を開拓する力，雇用を吸収する力も落ちてしまっています。ここをどうしていくかというところがまだ見えてこない。

　今の政府の政策を進めていくと，元気な企業はどんどん元気になるかもしれない。そういう意味で勝ち負けがはっきりしてくるかもしれない。しかし，弱い企業，弱者，敗者，こういう人たちが復活できるのかどうか，そういう道はあるのかというのが今の小泉改革の中では見えてきません。

　もう1つは，非製造業です。製造業は元気になってきましたけれども，非製造業が元気ではない。国内で商売をしている人たちは，デフレで売上が伸びない。そして，これから人口が減っていく中で，なかなかマーケットが広がっていかない。その中でどうやって，非製造業が生きていくのかというのが非常に難しいところだと思います。

　ただ，一方で，私たちの21世紀の生活を考えてみてください。物質的にはかなり豊かになってきました。物は随分あります。しかし，これから先，私たちが本当に幸せになるためには何が必要か。皆さんまだ学生だから，ほとんど感じないでしょうけれども，例えば私ぐらいの年になると，何が欲しいかといったときに，もちろん物もありますが，物だけじゃなくてサービスですね。例えばもっと質のいい医療だとか，もっと楽しめる旅行だとか，そういう物以外のところのサービスをもっと受けたい。そして，日本が高齢化社会になっていくと，物以外のニーズというのがどんどん大きくなっていくと思われます。

　ところが，日本の企業というのは非製造業のところで，サービスを提供していくというところがなかなか開拓できていないというのが実情だと思います。日本は高齢化社会になっていく。皆さんにとってはおもしろくないかもしれない。でも，高齢化社会になると何が必要か。まず優しい医療が必要だと思います。高齢者が病気になった。若い人だったら体にメスを入れて手術をしてもいい。でも，高齢者の体にメスを入れて手術をしてしまえば，リハビリに時間がかかってしまう，生きられないかもしれない。であれば，体にメスを入れないで悪いところを治す，そういう優しい医療がこれから必要になる。内視鏡手術

がその典型だと思いますけれども，内視鏡手術は，内視鏡という非常に小さなカメラの付いた機械をつくる日本のモノづくりの技術——日本は内視鏡で圧倒的シェアを持っています——この内視鏡をつくる技術と，この内視鏡を使いこなしてうまく手術するというお医者さんのスキル，この2つがあって，優しい内視鏡治療ができる。それがないと，何が起きるか。この前，そのスキルがないのに人間を練習台にして，結果的に殺した人がいました。これはハードだけではなくて，ソフトも必要だということの典型例だと思います。ハードとソフトを組み合わせることで，新たなマーケットを開拓したり，優しい医療ができる。内視鏡だけではありません。モノづくりの技術を使って，身体の特定の部分だけに集中的に放射線を当てるとか，そういう技術も生まれています。

そうやって高齢化社会に必要なサービスや，出てくるニーズに応えていけば，非製造業だってまだまだ大きくなっていく。でも，それがわかっているのに，なぜ大きくならないかというと，医療産業にはいろいろな規制があったり，参入障壁が高いということがある。そうすると，日本を本当によくしていくためには，規制をどんどん外していって，医療・教育・看護・介護，いろいろなところで非製造業を膨らませていく。そうすると，21世紀の私たちのニーズにも応えてくれるし，新たなマーケットがそこにでき上がってきます。したがって，モノづくりを中心に日本がよくなってきたということは，すごく勇気づけられることで，いいことなのですが，その間に，今度は次のステージとして非製造業を育てていく。そこで企業が元気になっていくという経済をつくり出すことが非常に重要なのではないかと思います。

世の中を見ていると，最近経済学部の人気が落ちているようですが，私に言わせていただくと，経済を知らない人が世の中に出てちゃんと務まるはずがないと思います。法律の知識だけでは世の中をうまく生きていけない。経済の知識があって，初めて世の中が見えるようになってきて，賢く生きられるように思います。皆様は経済の理論を中心に勉強しているわけですけれども，今，勉強したことは，社会に出て実物経済を知ると，ああ，あそこで習ったことはこういうことだったのかとわかるようになると思います。その意味で，今一生懸

命勉強して，そして社会に出ていけば，必ず経済学を応用するチャンスがあると思います。そして，それを応用して自ら経営者になるとか，社会を変えるとか，様々なかたちで社会に貢献していただきたいと思います。

質問箱から

問 先日アメリカ大統領選挙でブッシュさんが当選なさいましたけれども，それによる日本経済への影響，双子の赤字などの問題などがありますが，そういったことの影響はどういうものがあるとお考えでしょうか。

答 ブッシュ政権が続いている中で，ご承知のようにアメリカは今「双子の赤字」が非常に大きくなってきた。ただ「双子の赤字」は，双子なんですが，根っこは財政にあると思います。財政が非常に拡張政策をとる。そうすると，国内の需要が増える，需要が増えるから輸入が増えていく，そして貿易収支の赤字が大きくなるというパターンではないかと思います。

これからこの「双子の赤字」をどうやって縮めていこうかということを考えると，ブッシュとしては放漫財政になっているのを緊縮ぎみにしていくのが基本だと思います。ただ，余りにも「双子の赤字」が大きいので，そんな簡単に財政をキュッと縮めていけないでしょうね。そうすると，「双子の赤字」がしばらく続いていくと思います。そうすると何が起きるか。多分，ドルに対する信認が落ちていく。円相場が暴騰して，ドルが落ちていくということがつい1年半ぐらい前にもありました。似たようなことが，これから起きる可能性があるというふうに思います。

ただ，「双子の赤字」を縮めるためには，ドルがうんと安くならなくてはいけない，あるいはドルをかつてのプラザ合意みたいに安くすべきだという議論がありますけれども，私はそれには賛成できません。アメリカの例えば国際収支の赤字がなぜできているのかということを分析してみると，2つの要因に分けられると思います。

1つは，アメリカの成長率が，ほかの国に比べて高いので輸入が増えてしまって膨らんでいる。もう1つは，ドルが高過ぎる，実力以上に高いので，赤字が出る部分と両方あると思うんですね。これを両方に分けて分析していくと，実はアメリカの成長率がほかの国に比べて高いから，アメリカの輸入が増えて赤字になっているという部分がすごく大きい。ドルが高過ぎるから赤字になっている部分は，そんなに大きくないと思います。したがって，基本的には財政を緊縮ぎみにしてアメリカの成長率を少し落としていく。そして一方で，格差を縮めるためにはヨーロッパや日本がもっと頑張って成長率を上げる。そうすると，成長率格差が縮んでいく。そうすれば，アメリカの「双子の赤字」は，自動的に縮んでいくということだと思います。

したがって，そういう意味からも，1つは，アメリカの財政赤字を縮めていく。それから2つ目に，日本やヨーロッパが，成長率を上げていくことが必要だと思います。しかしながら，そのどっちもそんなに簡単ではない。したがって，結論的にはドルがこれから先，少しずつ弱くなっていくということが起きると思います。日本としてはそういう中で円が少しずつ高くなるわけですから，そういつまでも輸出依存ではいけないわけですから，日本の内需をどう拡大していくかを改めて考えていかなければならないと思います。

　そして，実はアメリカに頼っているのは，日本だけではなく，中国，アジアの国々もそうなんです。したがって，アメリカの機関車としての役割が落ちてきたときには，アジアが自分たちで機関車になる，自分たちで経済を自立させていく，アジアの経済を自分たちで大きくしていくんだという政策を，日本と中国あるいはアジアの国々がとっていかなくてはいけないと思います。そういう意味でも例えばFTAをやるとか，それから互いの通貨を，今までは全部ドルにペッグしていたわけですけれども，ドルペッグを外して，自分たちで調節してみるとか，アジア経済を自立させていく政策が必要だと思います。

第8章　日本経済と金融政策

須田　美矢子

はじめに

　日本銀行政策委員会審議委員の須田美矢子です。簡単に自己紹介させていただきます。図8-1をご覧ください。ここに「政策委員会」とありますが，私はここに属しています。まずは「政策委員会」について簡単に説明してからお話に入りたいと思います。

　「政策委員会」というのは，日本銀行の最高意思決定機関です。政策委員会が金融政策について決定しているということはかなり多くの方がご存知ですが，日本銀行の最高意思決定機関ですので，金融政策だけではなく，人事，予算，電算システム投資の問題とか，金融システムの信用秩序の維持，いわゆるプルーデンスの分野についても含めて，日本銀行の重要な施策を全て決定しております。政策委員会のメンバーは，総裁と2人の副総裁，6人の審議委員であり，その審議委員の1人が私です。政策委員会のメンバー(政策委員)は，国会の両院の同意を得て，内閣により任命されます。私も総理大臣から辞令をいただきました。

図8-1　政策委員会の仕組み

政 策 委 員 会
○日本銀行の最高意思決定機関
○総裁，2人の副総裁，6人の審議委員
　　総　　裁　　福井俊彦
　　副 総 裁　　武藤敏郎，岩田一政
　　審議委員　　植田和男，田谷禎三，須田美矢子，中原眞，春英彦，福間年勝
○メンバーは国会の同意を得て内閣により任命
○金融政策決定会合
　　金融政策の運営に関する事項を決定

次に，会議としての政策委員会ですが，金融政策を決定する「金融政策決定会合」とそれ以外の事項を決定する「通常会合」があります。金融政策決定会合というのは，原則月2回行っており，政策委員の多数決で政策を決定しております。もちろん，総裁，副総裁，審議委員の全員が平等で，一人一票を投じます。通常会合は先程申し上げたように，予算・決算とか，プルーデンス分野の施策について議論・決定しており，週に2回実施しております。本日も，午前中に通常会合があり出席してまいりました。

私ども審議委員は，金融政策だけに携わっていると思われがちで，非常勤であり，たまに日本銀行に顔を出すだけと思っている方が多いのですが，実は常勤の役員です。通常の株式会社であれば取締役に相当すると思っていただいて結構です。

さて，本題に入らせていただきます。本日は「日本経済と金融政策」というタイトルでお話をさせていただきます。日本経済がどうなっているかということについては，前回の講義で日本総合研究所の高橋理事が立派な講義をなさったとお聞きしましたので，私は「金融政策」に焦点を当ててお話ししたいと思います。

1. 日本経済と金融政策

私は，本日お話しするに当たって何を取り上げようかと迷いましたが，2つのことを取り上げることにしました。1つは，皆さんは「金融政策」といっても，何だかよくわからない，というのが正直なところではないかと思います。実は，私も日本銀行に来るまで「金融政策」といっても具体的なところはよくわかりませんでした。したがいまして，どちらかというと技術論に近いような話，「金融政策」で具体的に何をやっているのか，ということを講義することにしました。具体的な話の方が，日本銀行を少しでも身近に感じていただけるのではないかと思ったからです。例えば，新聞で日本銀行についての記事を読んだときに，「あっこういう話は聞いたことがある」というふうに思ってもらえるのではないかと考えました。

2つ目ですが、そうした話をした後に、政策担当者らしい話をすることにしました。多少抽象的な話になりますが、これから先の金融政策を考える上で、私が頭に入れておきたいと思っている点、私の考え方についてかいつまんでお話することにしました。

1.1 中央銀行，民間金融機関，企業・家計の関係

まず、中央銀行（日銀）と民間金融機関、それから企業・家計——企業・家計というのは、要するに自分たち国民——がどのような関係にあるかということを少し理解していただいた上で金融政策の具体的なお話をしたいと思います。早速ですが、図8-2をご覧ください。

図8-2は、日本銀行（中央銀行は1つ）、それから民間の金融機関を全て合計したもの、企業・家計を全て合計したもののバランスシートと考えてください。海外の部分は除き、マクロの意味で3つのプレーヤーがいると、1国全体を単純化して示しています。各々のバランスシートの項目は、全てではなく今

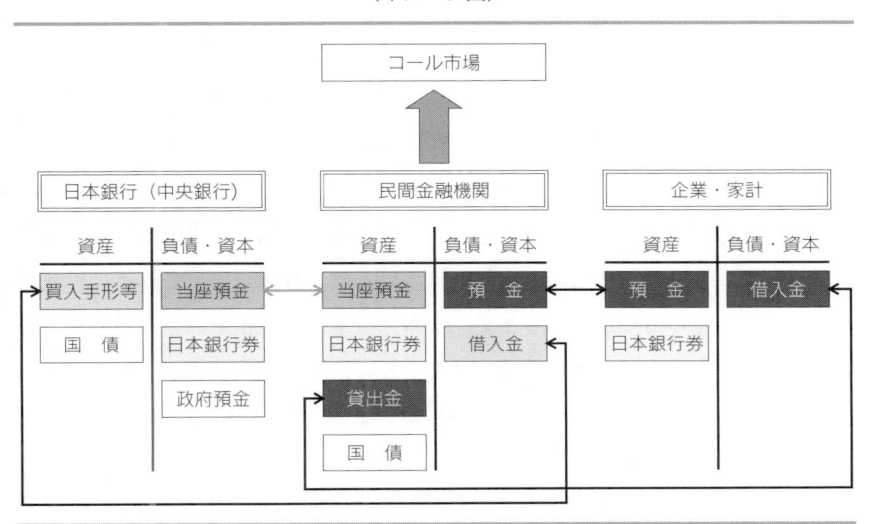

図8-2　中央銀行，民間金融機関，企業・家計の関係
（イメージ図）

回のお話で必要なものを掲載しております。企業と家計のバランスシートを見ると銀行預金と日本銀行券(現金)があります。皆さんも資産は預金と現金というのはわかりやすいと思います。さて，企業や家計が持っている預金は，民間金融機関にしてみれば，同じ額だけの負債になります。民間金融機関の負債に計上されている「預金」と企業・家計の資産に計上されている「預金」を矢印で結んであるのは，同じ額だという意味です。項目の名前は同じ「預金」で，同じ額なのですが，企業・家計にとっては資産となりますが，金融機関にとっては負債となる点がややこしいです。

　また，日本銀行から見たときには，日本銀行券というのは，資産ではなくて負債になります。民間金融機関にある資産としての日本銀行券と，企業・家計が持っている資産としての日本銀行券を合計したものが，日本銀行の負債に計上されている日本銀行券になります。

　それから民間金融機関は，持っている資産の一部を準備預金として中央銀行・すなわち日本銀行に預けています。先程と同様に，預金というのは，預ける方にとっては資産ですが，預けられる方にとっては負債です。したがって，民間金融機関では準備預金は預金ですので資産となっている一方，それを受け入れた日本銀行にとっては負債になります。これらは同額ですので，矢印で結ばれています。

　この準備預金は，日銀の当座預金のことです。これから先のお話の中で「日銀当座預金」という言葉が出てきますが，それはここの「準備預金」と同じことです。

　民間金融機関は，日本銀行への預金，銀行券のほかに，貸出や国債という資産を持っております。また，日本銀行については，日銀当座預金以外に，政府から受け入れている預金もあります。なお，日本銀行に預金口座を持ちたいといっても，だれでも持てるわけはありません。日本銀行が審査をした上でそれをパスした金融機関が日本銀行に預金口座を開設することができます。政府も預金口座を持っています。もっとも，個人が日本銀行に預金口座を持ちたいと思っても，開設することはできません。

1.2 準備預金残高を変化させるルート

さて，ここで注目したいのは，中央銀行の準備預金残高ないしは民間金融機関の準備預金残高——どちらを見ても同じですが——です。この準備預金残高が，一体どういうルートで変化するのかということについて見ておきますと，3つのルートがあります。1つは，政府と民間が取引をすると準備預金残高は変化します。政府と民間が取引をするということは何かというと，税金を支払うとか，年金を受け取るとか，そういうことを考えてください。例えば，政府に税金を払うとした場合，最終的にどこで決済が行われるかというと，日本銀行のバランスシートの中で，準備預金から政府預金に預金が振り替わることによって決済されます。逆に年金を受け取る場合ですと，政府預金から準備預金，つまり政府から銀行が持っている預金口座の方に預金が振り替わるという形になります。つまり，政府と民間が取引すれば，最終的な決済において，政府の預金と民間金融機関が預けている準備預金の間の振替が行われ，その残高が変化します。これが準備預金残高が変化する1つ目のルートです。

2つ目のルートは，民間金融機関が日本銀行から現金を引き出すことで準備預金が変化します。11月1日から新しい日本銀行券が発行されました。当日は，あらゆるところの金融機関が日本銀行券（＝現金）を日本銀行から引き出しました。その規模は1日で約2兆円にものぼりました。民間金融機関が日本銀行券を引き出したらどうなるかというと，当然，日本銀行の負債としての日本銀行券が増えます。また，民間金融機関や企業・家計が持つ日本銀行券が増えます。皆さんが銀行に行ってATMなどを利用して現金を引き出した場合，その分預金残高が減りますが，これと同じことが民間金融機関と日本銀行の間で起こります。つまり，民間金融機関が日本銀行から現金を引き出したのであれば，その分，民間金融機関が日本銀行に預けている準備預金の残高が減ります。一方で，要らないお札を日本銀行に戻すこともありますので，その場合は反対に，民間金融機関のバランスシートに計上されている日本銀行券が減り，準備預金が増えることになります。

もう1つ，準備預金が変化する方法があります。それが「金融政策」による

ものです。

1.3 金融政策の手段

中学・高校の教科書において「金融政策」の手段といえば，おそらく「公定歩合操作」，「預金準備率操作」と「オペレーション（公開市場操作）」の3つが挙げられていることが多いと思います。では，実際に私ども日本銀行は金融政策として何を行っているかと言いますと，まずは公定歩合操作ですが，公定歩合は，私が審議委員になった2001年4月1日以降で見ると，その年の9月に1度引き下げましたが，それ以降は変えていません。預金準備率操作はどうでしょうか。民間金融機関が日本銀行に預けなければならない預金準備の割合，預金準備率というのがあるのですが，それを上下させるのが預金準備率の操作です。預金準備率操作は，91年10月16日を最後に1度も動かしていません。したがって，現在，金融政策の主な手段は，3番目のオペレーション（公開市場操作）ということになります。

では，オペレーションとは何かというと，日本銀行が民間金融機関との間で国債や手形などを売買するということです。「資金供給オペ」には，金融機関に資金を供給する（準備預金を増やす）ために，日本銀行がどういうものを買うのか，「資金吸収オペ」には，金融機関から資金を吸収するために，日本銀行がどういうものを売るのかが具体的に書いてあります。時間の都合もありますのでここでは詳細についての説明は割愛しますが，ご関心があれば日本銀行のホームページ等をご覧ください。さて，国債や手形を売買するということで，準備預金が変化するということですが，もう1度，図8-2のバランスシートの図を見てください。まず，日本銀行が国債を買いたいと考え，国債買い入れオペの実施を市場にアナウンスします。それに対して民間金融機関が「よしそれに応じましょう」となるとします。さて，日本銀行が，民間金融機関が保有している国債を買うとなれば，日本銀行のバランスシート上の国債残高が増え，民間金融期間が保有している国債残高が減ります。同時に，当然，その代金を決済しなければなりません。日本銀行は民間金融機関から国債を買ったわ

けですから，その代金は民間金融機関の準備預金に振り込むという形で支払われます。したがって，日本銀行が国債や手形の買い入れオペを実施しますと，買った分，国債や手形といった資産が増える一方，その支払い代金の分，準備預金が増えます。日本銀行のバランスシートの変化で見ると，資産と準備預金という負債の両方が増えます。売却オペを実施した場合は，逆に資産と準備預金が減ることになります。

　このようにマクロで見たときに，日銀にある当座預金残高が変化するルートというのは，基本的には，今申し上げた3つのルートがあります。

　なお，少し付け加えますと，日本銀行が民間金融機関に資金を貸し出す制度もあり，これによっても準備預金残高が変化します。金融機関は日本銀行に多額の担保を差し入れているのですが，私が審議委員になる2ヵ月前の2001年2月に，日本銀行は，金融機関がお金を借りたい場合に，日本銀行に差し入れている担保の範囲内で，自動的に公定歩合で資金が借りられる制度をつくりました。この仕組みを「補完貸付制度」，いわゆる「ロンバート型貸付」と言います。この制度を用いて日本銀行から金融機関に貸出を実施した場合，日本銀行では貸出という資産が増える一方，その資金を民間金融機関の預金口座に振り込みますので，準備預金残高が増えます。ただ，この制度はほとんど使われておりません。もう少し使われるかと思っていたのですが，日本銀行から公定歩合で──今は市場の金利よりもかなり高い0.1％ですが──資金を借りたと人々に知られたら，「この銀行は危ないのではないか」という風評リスクに晒されると銀行が思うらしく，この「補完貸付制度」は今のところはなかなか利用されないようです。

　以上，申し上げたように準備預金残高を変化させる方法は幾つかあるのですが，説明をお聞きになっておわかりになると思いますけれど，日本銀行がコントロールできるのは，金融政策，つまり現状では「オペ」しかありません。日本銀行券について見れば，国民が新券が欲しいと思えば，民間金融機関に行って自分の預金を新券で引き出すことになるのですが，民間金融機関はそのための新券を日本銀行にある準備預金を取り崩して引き出します。つまり，日本銀

行券というのは基本的に日銀が供給しているのですが，その供給額を決めているのは実は皆さんなのです。皆さんが日本銀行券を要らないといえば，銀行も日本銀行券を日本銀行に取りに来る必要がないため，日本銀行券は日本銀行の金庫に溜まったままになります。

　それから税金とか年金というのは財政の問題ですので，それに伴う準備預金の変化は，日本銀行がコントロールできるわけではありません。したがって，準備預金残高全体を日本銀行がコントロールする場合は，例えば，税金の納付がどの程度になるのかとか，日本銀行券がどの程度引き出されるのかということを予想しながら，金融政策のオペレーションを行うことが必要になります。

　もっとも，日本銀行が資産——国債でも，手形でも，資産担保証券でもオペレーションの対象になっているものならどれも同じですが——の売買オペを行えば，必ず思ったとおりに準備預金をコントロールできるかと言いますと，そうではありません。日銀が何か資産を買いたい場合，「売っても良いですよ」という人が手を挙げてくれなければ，計画したようには準備預金を変化させることはできません。つまり，オペは強制的に実施するわけではないのです。最近，マスコミでもしばしば報じられるのですが，オペで札割れが起こっています。例えば，3,000億円ほど準備預金を増やしたいから，だれか国債を売ってくれませんか，とアナウンスしても，3,000億円分の国債が集まらないということが起こっています。この場合，日本銀行としては準備預金をコントロールしようとしてもできないということになります。実は，学者の方々と議論していても，なかなかこのことをわかってもらえないのです。金融政策といっても，市場で資産を売買することで行っていますので，相手が応じてくれないと，実現しないという側面があるということを是非理解してください。

　こうしたこともあり，日本銀行では，現在の金融政策の枠組みである量的緩和政策に移行する際，本当に準備預金残高をどんどん増やせるかどうかわからないと考えていました。それはこれまでは杞憂に終わっていますが，今申し上げたように「準備預金を増やしたいよ」と言っても，計画どおりいかない可能性があるということです。これから先，そういうことが起こる可能性もあると

私は思っております。

2. コール市場

今までの話は，マクロで見た，1国全体で見た準備預金残高を変化させる方法ですが，ミクロで見れば，もう1つ方法があります。ミクロというのは，この場合，個々の民間金融機関のことです。図8-2中ほどの上の方に「コール市場」と書いてあります。民間金融機関の立場からすれば，準備預金をもっと増やしたいと思った場合，先般より申し上げている日本銀行のオペを利用する方法もあるのですが，もう1つの方法は，その「コール市場」で他の民間金融機関から資金を借り，それを準備預金に入れるという方法があります。ただ，コール市場で民間金融機関同士が資金の貸し借りを行っても，日本銀行にある準備預金の持主が変わるだけですから，マクロで見た場合，準備預金残高は変化しません。そこがミクロとマクロとの違いです。なかなか理解しづらいかもしれないですが，金融政策の話を考えるときには，結構重要な事柄です。

3. 所要準備額と金利

本日はこれまで準備預金を中心に話を進めてきましたが，なぜかと言いますと，金融政策では，つまり，金融市場の調節に際しては，マクロの準備預金残高を注視する必要があるからです。そのことをこれから説明します。

これまではバランスシートを用いて話を進めてきましたが，視点を変えて，準備預金に対する需要の動機について考えてみましょう。準備預金は当座預金ですので金利は付きません。それでは金融機関はなぜ準備預金を持つのでしょうか。それは1つには，政府や他の銀行との決済のために準備預金を利用しますので，そのために必要な準備預金を持っていましょうということがあります。例えば，皆さんが公共料金やクレジットカード代金の引き落としを銀行にある預金口座で行う場合に，ある程度預金残高を持っていようとしますが，それと同じようなことです。また，いつどこで，預金者が預金口座から現金を引き出すかわかりませんから，いつでも応じられるように，銀行はそれに備えて

準備預金を持っているということもあります。もっとも，一番大きな理由は，準備預金制度があるからです。準備預金制度とは，金融機関が受け入れている預金などの債務——金融債や外貨預金も含まれます——の一定比率（準備率）以上の金額を日本銀行に預けなければならないという制度です。この比率を変化させるのも金融政策のひとつの手段であることは前に説明したとおりです。金融機関が日本銀行に預けなければならない最低金額を一般に所要準備額と言います。金融機関にとっては，通常では，準備預金制度のもとで法的にどうしても預けなくてはいけない額の方が，決済や現金引き出しのために自発的に日本銀行に預金しておこうとする額よりも大きいのです。現在のようなゼロ金利という異常な状態でなく，市場取引に金利が付いているならば，各金融機関は準備預金に預ける金額を所要準備額という必要最低限に抑えようとします。仮にある金融機関が所要準備額よりも多く準備預金を保有していれば，所要準備額を超える部分を取り崩して，その資金をコール市場で運用し，逆に所要準備よりも準備預金が少なければコール市場で資金を調達し，それを準備預金に預け入れます。これに対して日本銀行は，金融市場調節で準備預金額全体をマクロで見た所要準備と一致させるようにうまい具合に調節すれば良いということになります。そうすれば，コール市場での貸し借りによる調節を経て，個別金融機関は，各々の所要準備を準備預金に積むことができることになります。

　これに対して，日本銀行が所要準備を超える資金を供給してしまえば，マクロで見て資金は余ってしまうわけであり，コール市場で取引されるレートは低下することになります。逆に所要準備よりも少ない資金しか供給しなかった場合，多くの金融機関がコール市場で資金を調達しようと殺到しますが，全員が必要な資金を調達できないわけですから，金利がはね上がるということになります。つまり，日本銀行がコール市場の動向を見極め，タイミングを見計らって資金を供給・吸収することにより，コールレートに影響を与えることができるということです。

4. 量的緩和政策

　さて，そこで現在の金融政策なのですが，2001年3月19日からは「量的緩和政策」と言われている政策を行っています。この政策のもとでは，これまでお話ししてきた準備預金の残高そのものを操作目標にしています。したがいまして，現在，私どもは金融政策決定会合において，執行部に対して，準備預金残高（日本銀行の当座預金残高）が何兆円になるように金融調節すること，というディレクティブを決めています。このディレクティブも，量的緩和政策移行当初の2001年3月は，5兆円でしたが，今では30兆円〜35兆円に増加しています。まさかこんな額まで増やすことになろうとは，だれも思っていなかったというのが正直なところだと思います。

　マネタリストの人々は，量的緩和政策に移行する前，「ベースマネーを増やせ」と主張していたのですが，その立場にたつ多くの人々が想定していた資金供給額，またそれに伴うベースマネーの増加率は，こんなに大きいものではありませんでした。当時は，もっと少ない額を念頭において日本銀行にもっと資金供給を行えと主張していたのですが，ここまで準備預金残高を増やしたにもかかわらず，物価がなかなか上がらないため，最近では，「ベースマネーを増やせば，物価は上がる」という非常に単純なマネタリストの議論は，海外ではほとんど聞かれなくなりました。

　現在は，今申し上げましたとおり準備預金残高が操作目標になっていますが，量的緩和政策に移行する前の通常の状態では，コール市場の無担保・オーバーナイト物のレートを政策の操作目標にしていました。先程申し上げましたように，準備預金を所要準備の近くでうまく操作（＝金融調節）することによって，コールレートをコントロールすることができます。多くの国の金融政策は，金利を操作目標にしています。以前のわが国の場合は，例えば，「無担保コールレート（オーバーナイト物）を，平均的に見て0.25％前後で推移するよう促す」というような金融市場調整方針を決定会合で決めていました。先程申し上げたとおり，所要準備額の近辺で資金供給額を少しコントロールすれ

ば，金利は変化しますので，結果的には，ほぼ所要準備額に見合う資金を供給することによって，コールレートをコントロールできました。以前は，このように準備預金残高を変化させることによって，コール市場の金利をなるべく一定に保とうという金融政策を行っていました。なお，わが国の景気の悪化を受け，99年の2月にゼロ金利政策に移行したのですが，その際，どのようにすればコール市場の金利がゼロになるかなと試行錯誤した結果，4兆円程度であった所要準備額に対して，1兆円程度の余剰となる5兆円程度になるように資金供給量を増やしたら金利がゼロになりました。所要準備額より多く資金を供給した結果，保有する必要がない資金を各金融機関が市場で運用しようとした一方，資金の取り手がいないため，金利がどんどん下がり，余剰額を1兆円程度にしたら金利がゼロになったということです。

その後，わが国の景気について先行きデフレ懸念が払拭できると判断し，2000年8月にゼロ金利政策を解除したのですが，再び景気が後退したため，2001年3月に「量的緩和政策」に移行しました。その際，ゼロ金利時代の経験がありましたので，所要準備額の4兆円程度に対して，準備預金残高を5兆円程度にすれば，金利はゼロに戻ると考えました。したがいまして，準備預金残高という「量」をターゲットにする際の最初の目標額は，所要準備額の4兆円プラス1兆円の5兆円程度としました。

ただ，当座預金残高目標を厳密に守ると，金利が変動し，金利がかなり高くなる可能性が考えられました。この時期は，金融システム不安が大きかったものですから，各金融機関が，突然の現金の引き出しや市場で資金が調達できなくなった場合のことを恐れて，厚めに準備預金を保有しようとすると，準備預金残高を所要準備額よりも多い5兆円にしておいても，資金需要がそれよりも多くなる可能性が考えられました。

ただし，オーバーナイト金利が大きく跳ね上がる可能性は排除できました。先程紹介したロンバート型貸付は，当時は公定歩合が0.25％でしたので，担保さえあれば0.25％で日本銀行が直接金融機関に幾らでも貸しますよという制度ですので，公定歩合がオーバーナイト金利の上限になるからです。つまり，短

第8章 日本経済と金融政策

期金融市場で金利が上昇して，オーバーナイト金利が0.25%を超えた場合，金融機関は市場からではなく，日本銀行から0.25%で直接資金を調達することができるため，市場の金利は上昇しても0.25%までしか上がらないということになります。

もっとも，量的緩和政策に移行した時の短期金融市場のオーバーナイト金利は0.15%でしたので，0.15%よりも市場の金利が上昇するのは好ましくないという考えもありました。そこで，私どものディレクティブに「なお書き」というのを付けました。具体的には「なお，資金需要が急激に増大するなど金融市場が不安定化するおそれがある場合には，目標にかかわらず，一層潤沢な資金供給を行う」という文言です。この結果，何が起こったかというと，本当の意味での「量」のコントロールではなく，金利が上昇しそうな時期には，「なおがき」で資金供給「量」を一時的に増やして，金利の変動を避けるようにしました。図8-3を見ていただきたいのですが，今や短期金融市場における無担保のオーバーナイト物の金利は0.001%となっておりますし，場合によっては金利がマイナスにもなります。量的緩和政策への移行に際しては，「量」をター

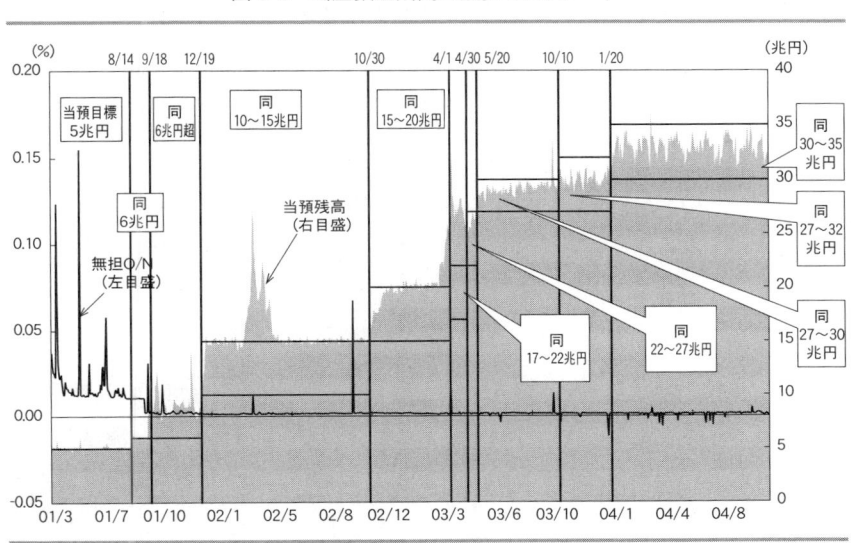

図8-3 当座預金残高と無担O/Nレート

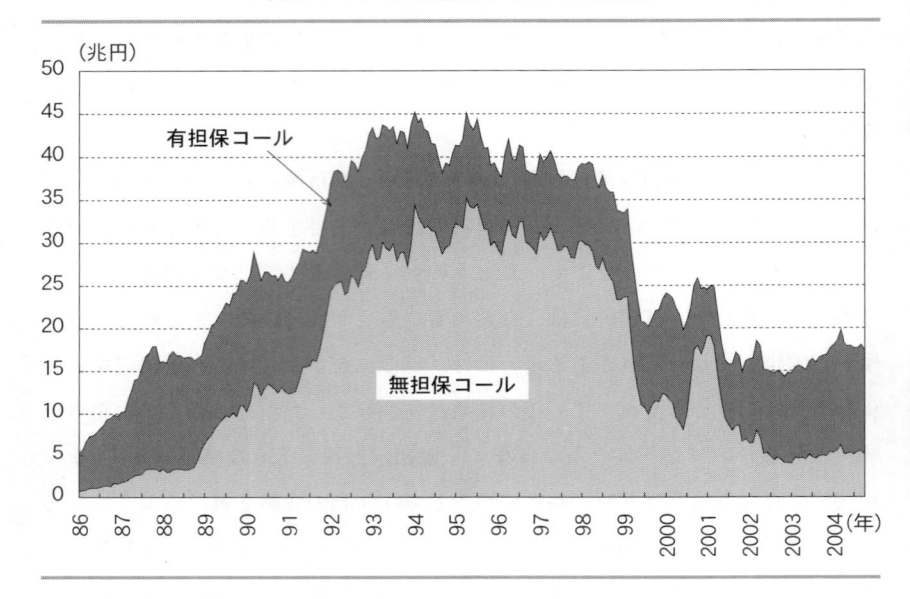

図 8-4　コール市場残高（月中平均残高）

（兆円）／有担保コール／無担保コール

ゲットにするのであるため，金利は多少動いても良い，つまり，市場メカニズムをできるだけ損なわないように配慮しつつ，「ゼロ金利政策」の有する金融緩和効果を実現することを狙った政策であると考えていたのですが，結果を見るとそうはならずに，ゼロ金利となり，そのゼロ金利を維持すべく，どんどんターゲットを引き上げていったということになります。

　量的緩和政策に移行して，どのような経済効果があったかという点については，短期金利の一層の低下のほかに流動性不安を防ぐことができたことなどがありますが，本日はその話をする時間がありませんので，量的緩和政策のファクトとして，何が起こったのかということを 2 点だけ紹介しておきたいと思います。

　まず，その 1 つ目ですが，図 8-4 をご覧下さい。これはコール市場の残高です。先ほど述べましたように，通常，金融機関が日々の資金運用・調達を行う場合，日本銀行のオペに応ずるか，あるいはコール市場で資金を運用・調達すれば良いのですが，金利がゼロに近づくことによって，コール資金で資金を運

用しようとしても，貸出先等と連絡・調整する電話代もカバーできなくなる，むしろ運用による利息収入よりも，コストの方が大きくなるといった事態になってしまいました。そうなるとコール市場の出来高はどんどん減少します。無担保コール取引について残高ベースで見ると，97～98年頃は30兆円程度ありましたが，現在は5兆円程度まで減少してしまいました。その一方で，以前は4兆円とか5兆円だった準備預金が，今や30兆円を超えています。一体，何が起こったのでしょうか。要するに運用利益が上がらないからだれもコール市場に資金を出さなくなる。そうすると，資金を調達したい金融機関がコール市場から資金を調達することができませんから，金融機関が資金調達を日本銀行に頼るようになってしまった。つまり，日本銀行がゼロ金利政策を行うことによって，コール市場が機能しなくなってしまったのです。

　もう1つのファクトは，図8-5をご覧下さい。これは，99年9月から5年間の日本銀行のバランスシートがどれだけ大きくなったかということを示しています。99年と04年の間に一部会計方法が変わっているので，99年については試算ですが，この5年間で資産が50兆円強増加しています。増加部分の内訳を見ると，「買入手形」と「国債」がほぼ半々です。このうち「国債」を見ると，増加分の8割は長期国債です。先程言いましたように，当座預金残高を増やそうと考えても，金融機関が日本銀行に「資産を売ってあげるよ」と言ってくれないと増やせないわけですから，ディレクティブを守るべく円滑に資金供給するには，金融機関が大量に保有し，かつ当座預金との代替性が低い長期国債を利用するのが確実です。したがって，主としてディレクティブの「量」を増やすときに長期国債の買い切りオペを増やしました。量的緩和政策に移行したときには，毎月4,000億円を買っていましたが，現在は毎月1兆2,000億円を買っています。また，短期国債の買い切りオペも積極的に行ってきたので，その結果として，日本銀行のバランスシート上でも国債が増えてしまいました。量的緩和政策を行う中で，私どもは決して財政のファイナンスを助けようとして国債の購入量を増やしていったわけではありませんが，「結果的に量的緩和政策は財政のファイナンス手段」と評価する人がいます。それに対しては，これだ

図 8-5　日本銀行のバランスシート（試算）

(単位：億円)

	1999/9月末 (資産)(A)	2004/9月末 (B)	比　較 (B)-(A)		1999/9月末 (資産)(A)	2004/9月末 (B)	比　較 (B)-(A)
金地金	4,328	4,412	+84	発行銀行券	513,885	714,726	+200,841
現　金	2,840	2,815	▲25	預　金	63,980	354,884	+290,904
買入手形	17,601	290,053	+272,452	政府預金	35,251	44,817	+9,566
国　債	679,201	941,494	+262,293	売現先勘定	209,065	222,726	+13,661
うち短期国債	247,847	301,987	+54,140	売出手形	—	—	—
長期国債	431,354	639,507	+208,153	その他負債	4,661	1,688	▲2,973
国債買現先	30,068	50,307	+20,239	退職給与引当金	115	1,295	+1,180
CP買現先	38,791	27,396	▲11,395	債権取引損失引当金	24,045	22,433	▲1,612
資産担保証券	—	1,127	+1,127	外国為替等取引損失引当金	2,910	5,496	+2,586
金銭の信託				負債の部合計	853,916	1,368,067	+514,151
(信託財産株式)	—	20,288	+20,288				
貸出金	37,454	1,411	▲36,043	資本金	1	1	0
外国為替	34,657	45,789	+11,132	法定準備金	22,081	25,022	+2,941
代理店勘定	11,592	1,525	▲10,067	特別準備金	0	0	0
その他資産	22,657	6,733	▲15,924	当期剰余金	3,069	1,472	▲1,597
動産不動産	2,043	2,338	+295				
貸倒引当金	▲2,166	▲1,129	+1,037	資本の部合計	25,151	26,496	+1,345
資産の部合計	879,068	1,394,564	+515,496	負債及び資本の部合計	879,068	1,394,564	+515,496

(注)　99/9月末のバランスシートについては，01/4月の掲載項目の見直しを反映させたもの。具体的には以下のとおり。
・99/9月末時点の「国債の売現先オペ」残高（20,906兆円く当時は「国債」から減額）については，資産項目の「国債」に加え，負債項目の「売現先勘定」にも計上。
・99/9月末時点では，「国債借入オペ」関連で，資産項目の「保管国債」，負債項目の「借入国債」に同額（16,036億円）が計上されていたが，両建てとなっているこの部分を差し引き。
・99/9月末時点では，負債項目に計上されていた「貸倒引当金」を資産項目に計上替え。
・「退職給付引当金」項目の99/9月末時点の残高は「退職給与引当金」を記載。
・99/9月末の「買入手形」については，「CP買現先オペ」残高（17,601億円く当時は「買入手形」に含まれていた）を控除。
・「買現先勘定」については，「国債買現先」と「CP買現先」に分解。
・有価証券の評価方法については，99/9月末が「低価法」（取引所の相場のある有価証券），04/9月末が「償却原価法」（円貨建債権及びCP）。

け日本銀行の国債保有残高が増えているということを見れば，結果論としても「絶対違う」と言い切るのはむずかしいのかもしれません。

5.　量的緩和政策の解除

さて，ここまで量的緩和政策の中で「量」を増やしてきましたが，今後のことに目を向けることにしましょう。10月29日に，私どもは「経済・物価情勢の展望」，いわゆる「展望レポート」を発表しました。そこには，場合によって

は来年度に量をターゲットとした政策から金利をターゲットにした政策に戻り得るかもしれないと書いてあります。私どもが現在行っている量的緩和政策については、採用時に、消費者物価（全国、除く生鮮食品）の前年比上昇率が安定的にゼロ％以上となるまで続けると約束しています。そしてその約束については、2003年10月に、①消費者物価指数の前年比上昇率が数ヵ月均してみてゼロ％以上となること、②政策委員の多くが、消費者物価指数の前年比上昇率がゼロ％を超える見通しを有していること、③先の2つの条件が満たされたとしても、経済・物価情勢によっては、量的緩和政策を継続することがあること、というように明確化しました。その約束が来年度には実現できる可能性があるということです。

仮に量的緩和政策に移行する前の通常の金利の状態に戻るとした場合、最終的には準備預金残高を所要準備額にほぼ一致させなくてはなりません。量的緩和政策に移行した後、公社化された郵政公社が準備預金を保有することになったため、現在の所要準備額は6兆円程度になっています。つまり、現在33兆円ある準備預金残高を最終的に6兆円程度にまで落とすということになります。それは当然、日本銀行のバランスシートを縮小させるということになるのですが、ここで厄介なのが、日本銀行券です。実は、現時点では、企業・家計部門が結構日本銀行券をたくさん持っているのです。先程も申し上げましたとおり、金融システム不安が強く意識されていた時期は、「銀行が潰れるかもしれない」と思い、日本銀行券を銀行から下ろして、金庫等にしまっておく、手許においておく傾向がありました。いわゆる「箪笥預金」です。仮に預金金利が高ければ、だれも箪笥預金なんかしないのでしょうが、今の預金金利は、ほとんどゼロですので、現金で持っているのも、預金するのも同じだという状況の中で、潰れるかもしれない銀行に預けるよりも、自分の手許においておこう、箪笥預金にしておこうと多くの人が考えたということです。

これに対し、金融システム不安がなくなれば、いつまでも金庫や手許に現金をおいておかずに、銀行に戻そうとか、あるいは金利が付くようになったら銀行預金に戻そうということが起こります。このような動きが大きくなり、日本

銀行券がどんどん金融機関を通じて日本銀行に戻ってきたら，何が起こるのでしょうか。日本銀行のバランスシートの中では，負債としての日本銀行券が減り，準備預金が増えるわけです。そうすると，準備預金について，量的緩和政策の中で所要準備以上に積み上げ，減らさなくてはけない部分と今申し上げたような日本銀行券が戻ってきたために増えた部分の両方を落としていかなくてはいけないということになります。

　なお，短期金融市場の機能が低下しているため，準備預金需要が所要準備よりも当分大きいままである可能性がありますので，ゼロ金利のままで所要準備に1兆円加えた額まで当座預金残高を簡単に落とすことができるという保証はありません。所要準備額プラス1兆円程度まで準備預金残高を減らす前に，金利はゼロでなくなるかもしれません。実際，現時点では，金利がゼロでなくなる準備預金残高が幾らなのかはわかりませんが，いずれにしても準備預金残高を何十兆円規模で減らさなくてはなりません。

　また，正常化の過程でもうひとつ悩ましいのが，日本銀行が大量に保有している国債の扱いです。日本銀行のバランスシートを縮めていくということになるので，これまでのように買い進み続けられるのか，といった点については結構悩ましいなと思っています。現在，日本銀行はコンスタントに大量の長期国債を金融機関から購入していますが，日本銀行が急に国債の購入を減らすと，市場が混乱しますので，私どもとしてはマーケットと対話しながら，なるべくわかりやすく日本銀行としてはどうしていくのかという点を示したいと思っています。国債の問題も含めて市場が不安定化しないように気をつけなければ，と思っています。

　量の正常化へのプロセスについては，その場になってみないとわからないことですが，量的緩和政策の中で私どもが増やしてきた準備預金残高について，増やすことは想定以上に簡単にできたのですが，減らすことについては，技術的に見ると増やす場合とは違うなと感じています。以上の話が本日のお話の前半部分です。

6. 日本経済の現状

さて、後半ではわが国の経済と今後の金融政策についての私の考え方を簡単にお話しさせていただきます。

6.1 経済成長と物価

本日、本年7～9月期のGDP統計（1次速報）が公表されました。事前の市場での予想を下回ったのですが、図8-6を見ていただきますと、03年～04年にかけては、高い成長を続けてきたことがわかると思います。その内容を見てみますと、外需よりも内需の方が大きくなっています。もっとも、私は、実際にはわが国の経済は、米国頼みだというふうに思っています。したがって、基本的には米国が今後どうなるかということが、わが国の経済に大きな影響を与えると思っています。「中国が少し元気だからわが国の経済もその恩恵を受け

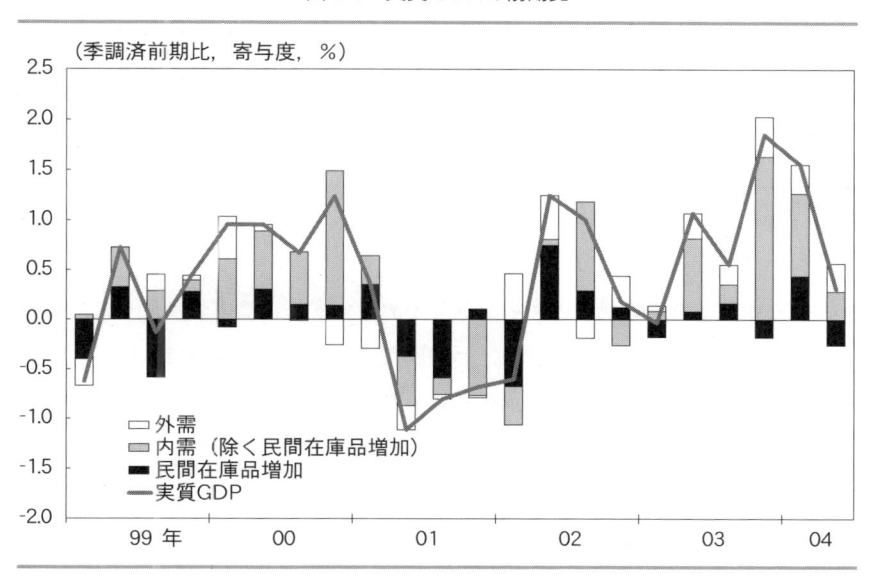

図 8-6　実質 GDP の前期比

（資料）　内閣府「国民経済計算」

ており，中国経済がどうなるかによってもわが国の経済が変わってくるのではないか」という議論もあるのですが，私は基本的に中国経済も米国経済の影響を大きく受けていると思っています。米国の経済が大丈夫であるということを前提にすれば，日本経済も足許では少し減速傾向が見られますが，その後は輸出の増大とともに景気は回復基調を続けていくと思っています。また，今回公表されたものを見ると設備投資が非常に低調だったのですが，これも一時的なものだと思っています。私は，今のGDP統計でいえば2％ぐらいがわが国経済の潜在成長率だと思っていますが，今申し上げたように経済成長に振れはありますが，潜在成長率よりは高い成長が今後も続くのではないかと思っています。また，潜在成長率よりも高い成長率が続きましたので，徐々に需給ギャップが縮んできています。この間の内閣府の分析では，需給ギャップは既にゼロだとなっていました。そこまではまだ到達していないと思っていますが，かなり需給ギャップは縮んできていると思います。そうすると，物価が少し上がっても良いのではないか，あるいは物価の下がり方が縮まっても良いのでないかと思うのですが，そこのところはなかなか思ったようには動いていません。

先ほども取り上げましたが，私どもは，毎年4月と10月に，これからわが国の経済がどうなるかという見通し（展望レポート）を公表しています。表8をご覧いただくと，参考として，実質GDP，国内企業物価指数，消費者物価指数（除く生鮮食品）の前年度比の政策委員の大勢見通し計数が掲載されています。今年度について前回見通し計数と比べますと，実質GDP，つまり経済成長については上振れております。

ところが，消費者物価は4月の見通しどおりです。経済成長に比して，物価が上昇しないのです。現時点では，わが国だけではなく，海外でも同じようなことが指摘されていて，世界共通の話題のひとつとなっています。

6.2 ユニット・レーバー・コスト

それに対して，金融政策当局者同士で「いや我々は人々の期待に働きかけるのがうまくなったということであり，金融政策のおかげでインフレ率が高くな

表8　政策委員の実質 GDP と物価の見通し
▽政策委員の大勢見通し[1]

―― 対前年度比，％。なお，＜　＞内は政策委員見通しの中央値。

	実質 GDP	国内企業物価指数	消費者物価指数 （除く生鮮食品）
2004年度	+3.4〜+3.7 ＜+3.6＞	+1.4〜+1.5 ＜+1.5＞	−0.2〜−0.1 ＜−0.2＞
4月時点の見通し	+3.0〜+3.2 ＜+3.1＞	+0.1〜+0.3 ＜+0.2＞	−0.2〜−0.1 ＜−0.2＞
2005年度	+2.2〜+2.6 ＜+2.5＞	+0.2〜+0.5 ＜+0.3＞	−0.1〜+0.2 ＜+0.1＞

（注）政策委員の見通しを作成するに当たっては，先行きの金融政策運営について，不変を前提としている。なお，その後 GDP 統計の改訂に伴い，実質 GDP 成長率の数字は後に1％程度下方修正された（後記）。

---

[1]「大勢見通し」は，各政策委員の見通しのうち最大値と最小値を1個ずつ除いて，幅で示したもの。政策委員全員の見通しの幅は下表のとおり。

―― 対前年度比，％。

	実質 GDP	国内企業物価指数	消費者物価指数 （除く生鮮食品）
2004年度	+3.2〜+3.7	+1.4〜+1.8	−0.2〜−0.1
4月時点の見通し	+2.9〜+3.5	+0.1〜+0.5	−0.2〜+0.5
2005年度	+2.0〜+2.6	+0.1〜+1.3	−0.1〜+0.3

らなくなった。これだけ原油価格が上昇しても，消費者物価が上がらないのは，やっぱり金融政策がうまくいっているからだ」と，褒め合っている場合も見受けられます。もうひとつ，日本でも米国でもしばしば行われているのが，「ユニット・レーバー・コスト」による説明です。図8-7を見ていただきますと，ここの黒い棒の部分が，時間当たりの生産性の伸びです。ゼロよりも下にあると，生産性が上がったということを意味します。そうすると，図8-7を見る限り，かなり生産性が上っているように見えます。同時に時間当たり賃金というのが白い棒で表示されていますが，それも最近はマイナスになっています。この2つの構成要素から成るものが「ユニット・レーバー・コスト」で

図8-7 ユニット・レーバー・コスト

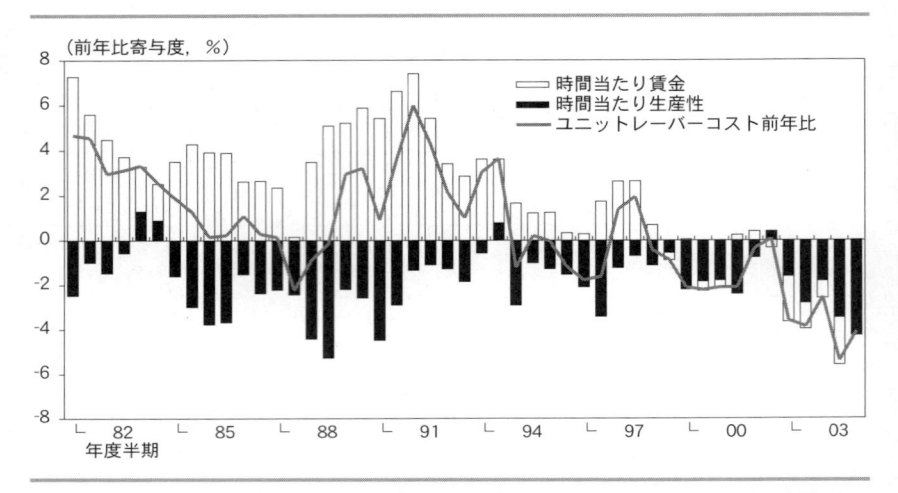

(注) 1. ユニット・レーバー・コスト＝雇用者報酬/実質GDP，時間当たり生産性＝実質GDP/（労調・雇用者数×毎勤・総労働時間），時間当たり賃金＝雇用者報酬/（労調・雇用者数×毎勤・総労働時間）で算出。なお，04/上期は04/2Qの前年同期比を使用。
2. 毎勤・総労働時間は90/1Q以降は事業所規模5人以上のものを，89/4Q以前については，事業所規模30人以上の前年比を用いて遡及した計数を使用。
(資料) 内閣府「国民経済計算」，厚生労働省「毎月勤労統計」，総務省「労働力調査」

す。「ユニット・レーバー・コスト」の定義は，「雇用者の報酬」──「労働量」と「賃金」を掛け合わせたもの──を実質GDPで割ったものですが，それは生産性と賃金とに分解できるからです。それがかなり減少したということです。つまり1単位生産するのに労働者に与える報酬が減少しているということです。製品価格が一定のもとでユニット・レーバー・コストが減少するということは，その分，企業の収益が増えているということです。そのような場合，原油価格が上昇したり，原材料価格が上昇しても，企業は自らの懐の中で，その影響をうまく吸収できるため，その結果として，製品価格は上げなくても済みます。つまり，消費者物価への影響は遮断されるということです。実際，そのようなことが起こってきたといえます。

ただ，米国も含めて，今後物価がどうなるのだろうかということを考える場合，生産性の伸びが，リアルタイムにわからないのが問題になります。そもそ

も景気回復期には生産性が上昇しますが、それと構造的な上昇とを簡単には区別できません。また、IT革命で生産性が上昇したとしても、それがどの程度であったのかということがわかるのは時間が経ってからであり、その最中の時点ではわからないというのが実情です。そこがなかなか苦しいところです。

図8-7の「ユニット・レーバー・コスト」は82年度からの数字ですが、これで見てみると、生産性は、最近になって特に上昇したわけではなく、全体を通じて生産性はあるトレンドをもって上昇し続けているようにも見えます。それでは、ユニット・レーバー・コストが今後どうなるのでしょうか。そうした中での注目点は、足許、雇用者が増えていることです。雇用者が増えるということは、ユニット・レーバー・コストを構成するうちの「労働量」が増えるということですから、その他が一定であれば、ユニット・レーバー・コストは上昇するはずです。もっとも、雇用者の増大が生産性の上昇を鈍化させるのか否か、また、賃金がどうなるかを見ていく必要があります。

7. 政策委員の見通し

現時点で日本銀行のボードメンバーがどのように考えているかと言いますと、長い目で平均的なものの見方をすると生産性が上昇するだろうと見ています。また、賃金については、そのうち下げ止まるかもしれないが、反転してどんどん上がっていくことはないと考えています。そうすると、生産性が上昇し、生産が増える一方で、物価がなかなか上がりにくいという状況が、暫く続くのではないか、というのが一応の標準的な見方です。

とはいえ、高めの経済成長率が続いているということで、少しずつGDPギャップが縮小してきており、物価下落の圧力は縮小しつつあります。したがいまして、来年度には消費者物価も前年比でプラスになる可能性があると我々は予想しています。そして、冒頭に申し上げましたように、ひょっとしたら来年度は、金利をターゲットとした通常時の政策に戻れるかもしれないというふうに思っているところです。

ただし、生産性上昇についての不確かさや原油価格の動向の不確実性などを

考えると，今後，消費者物価の動きがなかなか見通せないということも確かです。こういうように先行き不確実な場合に，どのような金融政策を行えば良いのでしょうか。現在の約束では不確実な部分があるから，量的緩和政策の枠組みの解除条件をより物価に重きをおき，かつそのハードルを高くしろと言う人もいます。私は，私どもが決めた解除の条件を変更すべきではないと考えています。また，解除は早すぎず遅すぎずと考えています。本当はそういう話もさせていただく予定でしたが，予定の時間がまいりましたので本日の話をここで終えさせていただきます。

質問箱から

問 ある経済専門家の言われる筋道だと，日銀がまず日銀券をインフレにならないまで，すごくいっぱい刷れと，いっぱい刷って，それで国債を買うとか，海外のアメリカ債だとかを買う。アメリカ債を買って，円安，ドル高にして，そうすれば，物価は輸入価格が上がるし，マネタリーサプライを増やすこともできるということなんです。その後，日銀券発行による日銀のもうけで，政府の方にお金を回せば，国債の残高も自ずと減っていくだろう，という話をされていたのですけれども，大丈夫でしょうか。理論的に合っていますでしょうか。

答 そういう話をする人もいます。金融政策を批判する人は，このまま現状を放置すればデフレが深まるとか，デフレスパイラルに陥るとか，思い切った金融緩和政策を行わないと，経済は結構これから先大変なことになるといった認識でおられるのです。

私は，わが国経済の長期の停滞というのは，マイルドなデフレが主因ではなく，バブルの崩壊による資産価格の下落によるところが大と考えています。物価の下落は，足許ではほとんどゼロであり，この間，大きくてもせいぜいマイナス１％ぐらいのデフレの程度でした。この程度の物価の下落によって，それから先に悪い影響が続くだろうかといえば，そうは思っていないわけです。

金融政策を批判する人々と私とでは，このようにまず，経済についての認識が違います。金融政策を批判する人々の間からは，「とにかくどれほどの効果があるかはわからないが，とりあえずやらないよりはやってみろ」という話が出てきます。そういう政策は，現状が危機的だと判断すれば確かにやってみる価値はあるかもしれません。実際に，量的緩和政策への移行について，よく「日本銀行は量的緩和政策をやらない，やらないと言うばかりでなく，むしろ批判していたのに，結局はやったじゃないか」と言われるのですが，それは移行を決めたときに，「これはもっとデフレが悪化するかもしれない」というふうな認識があったので，この実験的な政策，だれもやったことのない政策である量的緩和政策に移行しようという決断したということです。ただ，現時点で私は，当時のような危機意識を持っているわけではありませんので，現在，そのような政策をとるつもりはありませんが，金融政策を批判する人々の現状認識とはすごく違うと思います。

そして先程も申し上げましたとおり，「もうマネーを増やしても仕方ない」，「単にベースマネーを増やすだけではだめだ」ということになると，「では，何を買うのか」という話になってしまいます。過去にFEDのバーナンケ理事は，「日本銀

行はケチャップでも買うべきである」と発言しましたが，金融政策を批判する人々は，いろいろなものを中央銀行が買うことによって資産価格なり，物の値段に直接働きかけるべきだと言い始めました。

　また，足許では，このデフレを解決しようとするのであれば，金融政策だけでは駄目であり，財政と金融政策が一緒になり，支出をどんどん増やせば，物価が上がるだろうという話が聞かれます。もっとも，そうした場合，物価をコントロールができるとは限りません。物価がどこまで上昇してしまうかわかりません。それに対して，現在の金融政策を批判する人々は，物価水準ターゲットなり，インフレーション・ターゲットを同時に設けよと主張します。しかしながら，この場合には，目標達成のために強力な引き締めを行わなければならない可能性があります。そういう政策を行えば，物価は上がるかもしれませんが，実体経済がすごく悪くなる可能性があります。もちろん，ひょっとするとうまくいくかもしれません。でも，大失敗するかもしれません。今の状態は，ほとんどゼロに近いわずかなデフレです。この状況を解決しないと，これから先大変になるというのが正しい認識であれば，今申し上げたような政策を要求されても仕方ないですが，私は，今の状況というのは，そんな状況であるとは思っていません。私どもは，そのときの経済状態に照らしながら，常にメリットとデメリット，効果と副作用を考えて，政策を決定していきます。そういう意味では現状認識の違いが非常に大きいというふうに考えています。

第9章 コーポレート・ガバナンス
——米国と日本を中心に——

間島　進吾

はじめに

　今日は「コーポレート・ガバナンス―米国と日本を中心に―」ということで，皆さんにお話をしたいと思っております。その前に私ごとも含めて，皆さんに将来の目を開く意味で，海外に出ないかという話を最初にしようかなと思います。

　私は1975年に羽田空港からニューヨークに向かって，最初は3年から5〜6年の予定で，向こうのピートマーウイック・ミッチェルという会計士事務所で勉強しようということでまいったわけですけれども，やっているうちにだんだん実務がおもしろくなって，それで気がつけば29年プラス，来年で30年という長い期間，向こうで頑張ってまいりました。

　それで，私のように，監査法人というか会計事務所で，ずっとそのまま行ってパートナーになる人もいるし，それから途中でシニアになった段階あるいはマネージャーになった段階で，事務所を離れて外資系の事務所に入って，今，日本に帰ってきて活躍している人もたくさんおります。若いころは大いにチャレンジ精神が非常に大事だと思うんです。ですから，この中でチャレンジしたいなという人があったら，大いに相談にも乗りますし，また中央大学経済学部の高橋先生にご連絡いただくかし，私のEメールもありますので，もしもチャレンジの気持ちがあったら，ぜひ連絡してほしいと思います。

　私のように，行った当初は英語もあまりできなくて，行けば何とかできるようになるだろうと，こういう楽天的な気持ちで行ったのがよかったと思います。結局，行ってもなかなかうまくならないですけれども，努力しながら頑張っていけば，パートナーという職は大した職ではないかもしれませんけれども，向こうではそれなりの評価を受けているということになっています。今日

は，私の自慢話ではなくて，皆さんに大いに外で頑張るというチャレンジの精神が非常に大事だと思いますので，それを一言申し上げてから話に進みたいと思います。

今日のテーマは，コーポレート・ガバナンスについてで，私はアメリカにおりますので，アメリカの動きはよく理解しているつもりですので，米国と日本を中心にということでお話をさせていただきたいと思います。

1. コーポレート・ガバナンスとは何か

最初にコーポレート・ガバナンスの定義です。コーポレート・ガバナンスとは一体何か，だれのためのコーポレート・ガバナンスなのか，目的は何なのか，それから組織上の基本原則はどうなのか，そういうジェネラルな内容から入ります。次に米国のコーポレート・ガバナンスということで，2001年にエンロンが崩壊し，それ以外にワールド・コムとか，いろいろなところがばたばた潰れる，あるいは粉飾が発覚したわけです。その前は，米国はコーポレート・ガバナンスについては非常に先駆者であり，非常に自信を持っていたわけですから，とてもショックが大きくて，それを何とか立て直さなくてはいけないということで，2001年の後半にエンロンの事件が起きましたが，2002年の7月にはもう「サーベンズ・オックスレイ」という法律をつくって，大変な規程をつくった。その辺の話をさせていただきたいと思います。それから2年たった今，「サーベンズ・オックスレイ法」すなわち「SOX法」が果してよかったかどうか，あるいはネガティブなコメントがないのか，その辺のところについても話を進めたいと思います。

それとエンロン事件で起きた大きなイシューとして企業会計のあり方が非常に問われている。アメリカの会計は，訴訟社会に耐えるだけの非常に細かい会計規程をつくっているわけです。その規程に従えば，ルール違反ではないということで，会社側も作成者側も監査人の方も細かい規程を望んだわけです。その結果，何が起きたかというと，ループ・ホールと言いまして，その抜け穴をうまく使って脱法行為が行われている。この反省に立って，そういうルール

ベースのアカウンティングの考え方が果していいのかどうか，これをきちっと検討し1年後にその結果を国会に報告しなさいという規程が「SOX法」の108条のDに織り込まれ，そういうリクエストが出たんですけれども，その辺の話をしようと思います。

それから日本のコーポレート・ガバナンスは，どちらかというと，メインバンク制とか株式持ち合いなど，バブル以前はこれでお互い非常にプラスの面もあったわけで，うまくいっていたと思うんですけれども，それがバブル崩壊とともにいろいろな問題が表に出てきています。日本のコーポレート・ガバナンス上で代表取締役に権限が非常に集中しています。その結果，ボードミーティングの中でも何も言えないという状況で，チェック・アンド・バランスの機能がうまく作用していないという問題があると思います。また，平成13年に監査役の権限を強化したわけですけれども，その翌年の平成14年には，商法あるいは商法特例法を改正して，経営システムに3つの選択肢を与えて，いわゆる日本型・準日本型，それから準アメリカ型のコーポレート・ガバナンスの組織・組成を認めるに至ったわけですけれども，その辺の内容もお話しします。

それから最近の動向として企業も社会のよき隣人であるべきだ，こういう考え方から，コーポレート・ソーシャル・レスポンシビリティーというCSR経営が，欧米を中心に広がってきたわけですけれども，最近新聞等でも皆さんよく見ていると思いますが，日経でもこの辺をよく取り上げていて，この辺の話，それからそういうCSR経営に対して，非常にポジティブなインベストメントをしていこうということで，ソーシャル・レスポンシブル・インベストメントというSRI，この辺の話，それから最後にまとめということでお話をしていきたいと思っております。

2．コーポレート・ガバナンスの定義

まず定義から言いますと，コーポレート・ガバナンスとは一体何かということですが，本来は，所有と経営の分離を前提に，経営者の職権濫用を防止し，株主の利益の保護を目的に会社運営のあり方，経営機関の監視のあり方に集約

されていたわけですけれども，最近は，広くステークホルダーの利益：ステークホルダーというのは，株主・経営者・従業員・顧客・取引先・銀行・コミュニティーなどの企業の利害関係者です。その利害関係者の利益の保護まで範囲が広げられて，企業の社会的責任まで配慮した企業経営活動の遂行に関わる一連のプロセスを統一的に監視するための仕組みがコーポレート・ガバナンスです。要するに，企業経営のあり方を達成するための一連のプロセスを統一的に監視するための仕組みというふうに定義付けられるわけです。

次に，企業経営の目的は，だれのため，何のために行うかという考え方ですが，一般的に株主重視モデル，それからステークホルダー重視モデルというふうに二分されると思います。株主重視モデルは，企業の所有者は株主であるので，したがって，企業経営の目的は，所有者である株主の利益を最大化することにあるというのが株主重視モデルの基本的な考え方です。

アメリカでは，ウォール街とか一般投資家の大半が株主にとって価値の創造が企業の主要な目的であると考えているので，米国は極端な株主重視主義の国のである，といった考え方があります。今でもそれは根強くあるわけです。

ただし，この株主重視モデルから，企業の経営システムが短期的な成果のみに焦点を当てているという批判があったわけですけれども，最近はカルパス（カリフォルニア州の公務員退職年金基金のこと）とか，そういった機関投資家が，一度に株式を売買すると，株価にすごく影響を与えるわけです。したがって，やたらに売買が行えない。一度買ったものは少なくとも10年は保有して，そういう長期的な投資戦略を考えているわけで，そういうところから必ずしも短期的な成果のみに，投資家が企業に要求しているということではないということから，今日的には，先ほどの短期的な成果のみを求めていることに対しての批判が否定されつつあります。

次にステークホルダーの重視モデルでは，あくまで企業経営は株主だけに目を向けていたら，結局，長期的には成り立たない。経営者とか従業員，これは我々KPMGも今，エンプロイヤー・オブ・チョイスと言って優秀な人が，入社を選択するような企業を目指しています。さらに，優秀な人には残ってもら

うという努力もしております。米国の一般の企業もそうです。

　それから物がお客様に売れなければいけない。取引先との関係も円滑にいかなければ，いい物が入って来ない。それから融資も受けなければいけない。地域のコミュニティーともうまくやっていかなければいけない。そういう企業を取り巻く利害関係者の保護を重視する経営をしなければならないというのがステークホルダー重視モデルです。結局，株主重視モデルであっても，ステークホルダー重視モデルであっても，基本的にはボトム・ラインはあまり変わらないところがあるというふうに私は理解しております。

　次に目的です。コーポレート・ガバナンスの基本的目的は，株主利益または企業の利害関係者を保護するために「チェック・アンド・バランス」，つまりチェックをして牽制をして，ブレがあれば，それを戻す，均衡させるといった意味があるわけです。ですから，もし行き過ぎがあれば均衡をとるというシステム，こうすることがコーポレート・ガバナンスの基本的な目的であるということです。

　それから次の組織上の基本原則ですが，大きく分けて，透明性と説明責任であるといえます。業務執行の透明性というのは非常に大事で，何が行われているか，わからないような，そういう世界では，やはり組織上欠点があるわけで，それと同時に企業情報の十分な開示というものがコーポレート・ガバナンスを効果的に機能させる上で大事な基礎です。ここで有効なガバナンス機構は，株主などのステークホルダーが明示される。だれがステークホルダーなのかということが明示されて，彼らに対して経営者が果たす責任が規程されています。

　次に，経営者はこの規程に基づいて遂行状態を定期的に報告する義務があるわけです。これがアカウンタビリティーなわけです。一般的にはアメリカでは四半期ごとおよび年次に株主に対して報告しています。日本では半年および年次で報告が行われている。これがアカウンタビリティー(説明責任)の一例であると思います。

　それから組織上の基本原則としては，独立性というのが非常に重んじられて

いて，もしこのコーポレート・ガバナンス上，独立性がなくて，社長，CEOの言いなりになるような，そういうシステムであれば，結局機能しないわけです。そういった意味で外部の取締役を入れる必要があるわけです。それから取締役会の1つの機関である監査委員会には，第三者の血を入れる。それによって，経営が初めて機能していくという基本原理をここで説明しています。

3. 米国のコーポレート・ガバナンス

3.1 エンロン事件と米国企業改革法

次に，米国のコーポレート・ガバナンスに移りますと，先ほどちょっと触れましたけれども，エンロン事件とサーベンズ・オックスレイ法が，コーポレート・ガバナンスに与えた影響を考える必要があります。エンロン事件が起きて，エンロンとかタイコーとかワールド・コムといった大企業の粉飾決算あるいはインサイダー取引が頻発して「一体どうなっているんだ」というマーケットからの不信感が出たわけです。それに対して，国会では，この法案を検討して，最終的に民主党議員であるサーベンズと共和党議員のオックスレイが2人で中心的にこの法をつくったということで，アメリカでは「サーベンズ・オックスレイ・アクト」と言っていますけれども，我々は「サーベンズ・オックスレイ」ですから「SOX法」とも言っています。日本では「米国企業改革法」と言っております。アメリカで公聴会をいち早く開いて，どこに問題があったかということを検討して，その結果，これが非常な速さで，2002年7月30日に大統領がサインして「企業会計問題に関する立法措置」として成立したわけです。

具体的な内容はどのようになっているかというと，これから後で詳しく説明しますけれども，「米国証券法に基づく公開企業の情報開示の正確性，信頼性を高めることによって投資家を保護することを目的」としています。

アメリカで1933年の証券法，1934年の証券取引法が連邦レベルでつくられたのですけれども，この「SOX法」はそれ以来の大きな改革と言われております。それほど大きなインパクトのある法律でして，企業経営者の責任の明確

化，それを裏切ったときのペナルティーの大きさ，それから監査委員会，オーディット・コミッティーの機能強化もその重要な位置付けにあります。

　エンロンでも，監査委員会が機能していなかった。有名人がずらりと並んでいましたが，結果的にはアーサーアンダーセンが出したリポートをそのまま鵜呑みにしていた。それ以上の分析もしないし，追求もしていない。この点を改善するために監査委員会をさらに強化しなければいけないとしました。

　それから今まで会計事務所，監査法人のクオリティー・コントロールの一環として，業界内部のピュアレビューが実施されていました。BIG FIVE 同士でお互いに検査を行っていたわけですが，アーサーアンダーセンがこういうエンロンの問題を起こして以降，他の BIG FIVE であるデロイトが彼らのピュアレビューを行いました。そのような情況下で12月にクリーン・オピニオンが公表されました。アーサーアンダーセンの品質管理が全然問題ないという結論を出したわけです。これで国会もマーケットも怒りが爆発しました。今まで自主規制と言われていた公認会計士協会の中で「クオリティー・コントロールを高める」という目的でピュアレビューが実施されてきたのですが，それに対して大きな批判が出て，結局，PCAOB（パブリック・カンパニー・アカウンティング・オーバーサイド・ボード）というもの，日本語に訳すと「上場企業会計監督委員会」をつくりました。今までの AICPA が中心になっていたピュアレビューを統括していたオーバーサイド・ボードはすぐ解散して，この PCAOB ができたわけですけれども，我々の会計士事務所とか監査法人も規制産業になってしまったと思われるくらい，厳しい監視が SEC の下の PCAOB からなされているようになりました。

　エンロンで起きたことは何かというと，監査人であるアーサーアンダーセンはエンロンから5,200万ドル，1週間100万ドルのフィーをもらっていたわけですね。そのフィーの半分が監査報酬でした。残りの2,600万ドルは，監査以外の業務のフィーでした。これが税務アドバイザリーであったり，あるいは IT コンサルティングのアドバイザリーであったり，そもそも監査人が，いろいろなサービスを提供していくことにやはり独立性に最終的には問題を来すだろう

ということで，この点に関する法律もできました。つまり，基本的には8つの非監査業務については，もう一切監査人は同じ事務所が被監査会社に対しそのサービスを提供してはいけないという規程になりました。

　例えば保険数理だとか，内部監査のアウトソーシングとか，リーガルのサービス等，8つの項目がありますけれども，それ以外にPCAOBが特に定めた項目もその対象の1つに入っていますが，そのような8つの非監査業目については，監査人が被監査会社に対し行ってはいけないということになったわけです。

　それ以外の非監査業務は行ってもいいけれども，オーディット・コミッティーから事前の承認がなければ，やってはいけないという規程が生まれました。その結果，何が起きたかというと，クライアントはわざわざオーディット・コミッティーに事前に承認を求めてやるというのは非常に大変ですし，後で問題が起きたときに，独立性の問題を経営者自ら問われることになるので，結局は監査人以外の事務所の，あるいはそれ以外のコンサルタントを使う，こういう方向になっております。

　しかしながら会計事務所にとって，SOX法の404条に関連した仕事がとても増えました。あるいは302条という規程に関連した仕事も増えて，監査部門はすごく収益が上がっているんですけれども，結局，税務とかコンサルティング業務は，著しく収益が減っているという事象が出ております。

　具体的にもう少し入りますと，オーディット・コミッティーの設置が強要されました。それ以前にも，ニューヨークの証券取引市場の規定では，ニューヨークの証券取引所に上場するには，オーディット・コミッティーがなければいけないという規程がありましたが，SOX法では，それ以外の上場（ナスダックも含めて）をする場合にも，オーディット・コミッティーを置かなければならないとしました。

　オーディット・コミッティーは，監査を担当する外部監査人の選任，解任，監査報酬の決定，それから，監査業務の監督に関して直接責任を負っております。さらに，外部監査人から直接報告を受けて，彼らの仕事を評価するといっ

た義務付けが行われました。

　次に，財務報告に関する宣誓として，これが非常に大きなイシューにもなっていますけれども，CEOあるいはCFOは，必ず宣誓書にサインしなければいけないとされました。SECにファイルするアニュアル・リポート（10K（20F））とか，10Qについては，経営者が自らサインをして宣誓しなさい。その報告書は，きちっと自分たちがレビューして，CEOとかCFOの知る限りにおいては，不真実の記載，また重要な事実の脱漏がなく，財務諸表は会社の財政状態，経営成績やキャッシュフローを適正に表示している，その旨の宣誓を行う。そして，それを裏切ったら，その罪は重いとし，違反の場合には最長10年の禁固刑または100万ドル以下の罰金あるいはその両方。それからウイリングリーと言っていますけれども，故意に自ら手を染めて違反した場合には，最長20年の禁固刑または500万ドル以下の罰金あるいはその両方ということです。

　アメリカには，私，30年近くいるんですけれども，アメリカの厳しいところは制裁，これはすごいですね。制裁というのはなかなかのものがあります。それは単なる規程ではなくて，実際に実行されています。「SOX法」ができて2年になりますけれども，フォーチュン・ワンハンドレッド，100社の中で14社の経営者が既にこの規程で罪をかぶっています。14社と言えば14％です。フォーチュン・ワンハンドレッドというような大会社の経営者が起訴されて裁判中であったり，実際牢獄にも行きますし，そういった厳しい罰を科すことによって，それを回避しようという考え方がアメリカにはありますね。

　それから次にこれも大きなイシューなんですけれども，404条では経営者に内部統制の評価を義務付けています。今まで企業が公表している財務諸表──皆さん経済学部の学生ですから，あまり財務諸表と言っても多分わからない人も多いかもしれませんが──企業は一体どれだけ利益を儲けたかとか，財政状態で資産がどれぐらいあるかとか，負債がどうだとか，資本がどうだとか，あるいはキャッシュフローがどうだとか，そういった財務諸表の監査を会計士事務所が行っていたわけです。この404条の規程で，まず経営者自らインターナル・コントロールが，今，うまくいかないものがあれば，それはきちっと修正

し，設定した上で，テストを行いなさいと，そして，経営者自らこのテストの結果，インターナル・コントロールがうまく運用されているということをまず自分でチェックしなさい，その上で外部の監査人が，経営者の判断どおりかどうかの意見を述べなさい，こういうインターナル・コントロールに関するオーデット・リポートの強要をしているわけです。これが非常に大きな犠牲でして，大企業の多くは，これに耐えられる財務体質と人的資源がありますけれども，上場会社といえども，中小の企業にあっては，コスト負担，リソースもあまりない。そのような理由から，非常に大きな問題になっていて，既に2002年に66社が上場を取り止めています。

それからある法律事務所の調査によると，たまたま100社質問書を出して，そのうち20社が上場を取り消すことを検討している，こういうような状態で，この404条というのは，アメリカの国内の企業は，12月決算が多いんですけれども，2004年からその対象になっていて，404条でインターナル・コントロール上，クリーン・オピニオンが出る企業というのは，私は少ないと思います。どんな会社でもインターナル・コントロールというのは，いろいろ欠陥がありますし，例えば会社の経理の人が監査人に，今度こういうFINの46Rが出たけれども，これは一体どういう規程なのか，具体的にどうなのかという質問をしたら，インターナル・コントロール上で重要な欠陥があるとされるリスクが多分にあります。それだけの人材がいないといったようなことも含めて，404条についての，クリーン・オピニオンがなかなか出ないと私は思います。

インターナル・コントロールについて監査人が「不適性意見」を出す一方で，財務諸表監査の方は，クリーン・オピニオンが出たら，一体どうなっているんだという市場の混乱も起きるのかなということで，今，この404条がやがて非常に大きなイシューになるというふうに考えております。

財務ディスクロジャー制度の強化としてオフバランスシートを開示しなさいという規程ができました。このオフバランスシートの取引がエンロンでも随分あったわけです。これをやっぱり十分に開示しないと，企業の財務諸表は的確に判断できない。もちろんバランスシートの開示も，1冊の電話帳ができるぐ

らい開示をやって，果してそれでみんなが理解できるかどうか，これは別問題なんですけれども，そういったすべての重要なオフバランスシートについては，開示しなさい。そして，その判断は財務諸表の読者が決める，あるいは機関投資家が判断する，それをまた一般投資家に情報として流すと思うんですけれども，そういった規程です。

　それからプロフォーマ財務情報には，虚偽および誤った方向へ導くような記載をしてはならないという規程ができました。このプロフォーマというのは，どういう内容かというと，エンロン以前はみんな適当に自分の会社にとって都合の悪いことはみな外していたんです。「これがなければ，こうなっていたはずだ」という私のゴルフみたいなもので，非常にシングル・ハンディキャップみたいな数字が出るような開示をしていたわけですね。非常にミスリーディングな，誤解を生むような開示が頻繁に行われていた。これがプロフォーマ情報開示だったんです。これにもやはりメスが入って，こういった特別損失がもしなかりせばとか，そういうことではなくて，そういったものがあった場合には，それも開示した上で誤解のないようなプロフォーマに変えなさいという規程に変わりました。

　次に，役員に対する個人貸付の禁止，エンロンでもワールド・コムでも，ハンドレッド・ミリオンダラーズの貸付を行っていた。その結果，結局破綻して，結局は貸倒れとなる可能性もあるということです。ブッシュもある会社の取締役をやっていて，お金を借りていたとか，それが発覚したことがありました。役員に対する個人貸付を禁止しました。

　それからSECも，もっと真剣に検査しろという要求もなされました。いわゆる企業が提出するSECファイリングの検査ですね。10Kとか10Qとかいったもの，日本の場合には，有価証券報告書，半期報告書ですけれども，そういう会社の提出書類を少なくとも3年に一度は1回転するぐらい，必ず細かく検査しなさい。その結果，摘発するものはしなさい，こういう要求が行われました。

　さらに，財務状況の重大な変化があった場合には，タイムリーに開示しなさ

いという規程ができました。今回の中国の原水艦の問題でも，何か日本政府の対応が遅れましたけれども，あれもタイムリーな情報開示とは言えないですが，リアルタイムで開示をしなさい，こういった規程が生まれました。

3.2 エンロン事件と米国企業会計

次に，エンロン事件と米国企業会計，この「SOX法」の規程で108のDに触れます。エンロンで何が起きたかというと，CFOが中心となってパートナーシップを3,000ぐらいつくっていたらしいんです。これを連結から外していた。これも3％ルールというのがありまして，総資産の3％に満たないエクイティーがあれば，連結対象から外してもいいような解釈の規程があったわけですね。そういうふうに3％ルールとか，あるいはFASBの13号のリース会計でも具体的に75％ルールとか90％ルールとか，いろいろ細かいルールが設定されているわけです。その合間をくぐって，例えばリースでも，シンセティックリースと言って，会計上はオペレーティングリース，税務上は減価償却の損金を取れるといった商品まで出回るようなループホールができてしまう，ルールベースの会計基準問題であるとしています。

それから連結も，連結隠しが，いとも簡単に行われるような問題がある。もっと物事を実態ベースでとらえるという考え方に変えていかなければいけないとしています。

それで元々アメリカの会計というのは，実態ベースでサブスタンスがリーガルフォームより上回るんだという基本原理があるので，それは今でも生きているんですけれども，実際はその結果，生まれてきた規程を見ると，あたかもそういう形式を踏めば，会計処理がOKということになるような規程がたくさんあったわけです。こういう考え方はやはり非常に問題だということで，1年かけて検討して国会に報告せよという要請を受けて，SECもFASBも検討して，その結果，出てきたのが「オブジェクティブス・オリエンタル・アカウンティング・システム」という考え方です。この考え方は何かというと，ちょうど法律で言う立法趣旨を重視する考え方です。例えば290条の配当可能利益の

場合，なぜあんな規程が生まれたかという立法趣旨をきちっととらえなさい。210条の自己株式を禁止する。今非禁止条項が少し広がりましたけれども，なぜそんな規程が生まれたかという立法趣旨をきちっと明確に伝えろということです。

そして，「各会計基準設定の背景にある趣旨」，法律でいう立法趣旨をもっと明確にしなさいということです。

今，FASBで出しているステートメントでも，きちっとバックグラウンド・インフォメーションが後の方に書いてあるんですが，それが必ずしも十分でない分析のものもあります。それからそれが後ろに載っていますから，それを前に持ってきて，きちっとそれを分析して，その規程が生まれた趣旨が，どういう背景で，この背景の趣旨に違反するような会計処理はだめなんだという規程をもっと明確にしなさいというものです。

また，conceptual framework を改善しなさい。conceptual framework というのは，法律で言うと，憲法に当たるようなもので，最も大事な中核なんです。例えば資産の概念とか負債の概念，資本の概念とか収益の概念とか，費用の概念とか，そういった概念をここできちっと分析しているんですけれども，conceptual framework のステートメントがFASBで公表されていますが，それでは不十分である，もっとこれを実のあるものにしようという反省が行われています。

先ほどの規程の立法趣旨，規程の趣旨を明確化しても，ある程度は，詳細な規程がその中に盛り込まれなければいけないので，次の会計基準が的確に，かつ統一的に適用されるような十分な詳細規定を設けることも要求されております。

国際会計基準は，元々どっちかというと，ルールベースではなくて，基本的にプリンシパルベースの考え方だということで胸を張って言っているんですけれども，彼らの今の規程は，やはりガイドラインが非常に乏しいんですね。一応立法趣旨はわかった。じゃ，具体的にこれで会計処理をするときに，Aさんはこういうふうに処理した，Bさんはこういうふうに処理した，それでも両方

OKになるような処理リスクがある。したがって，これがAもBも結果的にその解釈を誤らないような，ある程度のガイドラインが必要だということですが，国際会計基準の問題点は具体的なガイドラインがまだ乏しいですね。少ない。FASBとIASBとで一緒になって，米国基準と国際会計基準を統合化し，収斂しようというコンバージェンスの一環として，お互いに解釈指針である委員会を統合化して，それを今後もっとうまくやっていこうという話し合いが今持たれています。その中に日本も入ってくれという流れにはなっています。

　それから例外規程が多過ぎるということで，例外規程を極力避ける。それから％ルール，さっき申し上げました3％ルールとか75％ルールとか90％ルールは避ける。もしこういう規程を入れると，それを使うことによって，あたかもループホールができてしまうということで，これもやめようという動きです。

　こういう方向でFASBは検討しようということをつい今年の9月に誓ったわけです。ところが，FASBのメンバー7人の侍は，そんなに簡単にいかないだろうと，少なくとも5年はかかるだろうと言っています。なぜかというと，経営者側はこの財務諸表をつくるわけですけれども，これで細かい規程がないと，とても責任を負えない。監査人は監査人で，訴訟がもたらされますから，細かい規程がない場合には，やはり判断基準が難しい。自分たちはこの規程の趣旨をこういうふうに解釈したけれども，後になって，これでは違うとか言われても困る。当然，財務諸表を作成する企業，それからそれを監査する監査人からの抵抗は強いだろう。したがって，こういう方向に大きく舵を変えていくためには，少なくとも5年，下手すれば10年かかるだろうというのがFASBの見解です。

3.3　企業改革法成立後の経営者の意識・認識の変化

　それから「SOX法」ができてから2年たっているわけですけれども，経営者の認識がどのように変化したかということで，これはエコノミスト誌とKPMGが合同で世界的な企業310社の経営者を対象に調査を行った結果，こう

いったポジティブな面が出てきております。

　株主が以前より積極的に企業の経営のチェックをしようと始めたということ，それから多くの企業は経営の透明性の向上を目指していること，さらに，調査対象の経営者の60％が，ガバナンスの各種強化策が他社と提携するための能力を高めていることなどがあります。だから，お互いにガバナンスが非常にいい同士が合併したり，買収したり，そういったことがよりイージーに行われるようになった。それから取締役の権限が強化されたこと。ただし，十分な経験を有する社外取締役を採用することが非常に難しい，あるいは非常にコストが高くついている，こういったようなことです。

　ネガティブな要因としては先ほど申し上げましたけれども，2002年に66社が上場を取り消しております。因みに2001年には35社でした。また，100社中20社が上場の取り消しを検討しています。

　極端な例は，先ほどの「SOX法」の404条，インターナル・コントロール・リポート，これも大変過ぎるので，どうなんだという反省も今ありますね。それで先ほどのサーベンズ・オックスレイのサーベンズは，民主党の議員で，どっちかというと，こういう改革には非常にリベラルなんですね。やれやれと言いたい。オックスレイの方は，共和党ですから，どちらかというと，コンサーバティブで，ウォールストリートあるいは会計士事務所とか，そういう方をサポートするような考え方が基本なんですね。

　オックスレイの方は，サーベンズから出てきた法律案を手直ししたんですけれども，まさかこれが通るとは思わなかったということが本人の口から出ております。非常に無責任な発言ですけれども，本当に通ってしまったというのが本人の驚きです。

　その理由は，エンロンだけで留まれば，これはちょっとやめようという流れがあったらしいんですね。ところが，そこからワールド・コムもまた同じような問題を起こして，あっもうこれじゃだめだ，これではマーケットが納得しないということで通したわけです。通したはいいけれども，大変なコストがかかり，大変な犠牲を払うということをどこまで理解してやったか。議員ですか

ら，どっちかというと，弁護士を中心とした法律家が多いわけです。会計士の人というのは議員の中には少ないわけです。したがって，通ってしまったということです。会計士なり，そういう実務に詳しい人がいたら，こんなことをやるのは，とてもとても大それたことだと，インターナル・コントロールの意見表明を経営者と監査人がそれぞれ行う。その結果，財務諸表監査の適正性等の符合とか，そういう問題を考えると，大変な混乱が起きるというふうなことから，今後どうなるか，私も非常に興味津々で見ております。

3.4　企業改革法の下で極めて重要視される留意点

それから次は，同じように「SOX法」の下でも極めて重要視される留意点として，十分な能力と予算を有する独立した取締役が企業財務を徹底的に監視することがやっぱり必要だろうと思います。

それから社外取締役の独立性も非常に大事だということです。取締役をCEOが選ぶのではなくて，日本で言うと代表取締役が選ぶのではなくて，指名委員会ですね，ノミネーション・コミッティーのメンバーが，独立した第三者が取締役および役員を選ぶという流れが必要だろうということです。

経営トップの報酬は，数年前まで一般従業員の平均80倍が相場だったのが，今400倍になっているわけで，これはストック・オプションの分も含めて行き過ぎである。したがって，業績をよくすることによってストック・オプションを有利に導いて，ちょっと悪いことをしようという環境づくりが行われるリスクが高いので，経営トップの報酬が長期的な業績と連動するような方向付けが必要だろうということです。

また，CEO抜きで取締役会が行われる必要があるだろう。因みに去年41％はCEO抜きで取締役会が開かれていたんですけれども，2004年は，87％は取締役会がCEO無しでいろいろな基本的な意思決定を行っている，こういう流れにあります。

4. 日本のコーポレート・ガバナンス

4.1 メインバンク制と株式持ち合い

　次に，日本のコーポレート・ガバナンスの特徴としては，メインバンク制と株式持ち合いが果した役割があげられます。これらは最近崩壊しつつありますけれども，以前は先ほど申し上げましたように，メインバンク制と株式持ち合いというのは，非常に機能していた時期もありました。

　ところが，一旦事に遭うと，経営の透明性が追求されないような環境が発生してしまった。銀行の方も自分たちが投下した資本の見返りをあまり要求しなかった。最近は大分いろいろ銀行自体が非常に問題を起こしていますから，見返りを要求しようとしてもなかなか返ってこないとかいうことでもめておりますけれども，そういうメインバンク制と株式持ち合いの崩壊が今現実に行われている。その欠陥もそれとともに直りつつある可能性もあります。

4.2 代表取締役への権限集中

　日本企業の大きな問題だと思いますけれども，代表取締役への権限があまりにも集中している。それもうまくいっている時代はいいんですが，一旦何か事が起きたときに問題を指摘する人が必要な情況があります。三越のときには岡田さんを解任するような流れがありましたけれども，あれもやっと何かの状況が重なりながら，最後の最後でそうなったわけで，それ以前には，ほかの取締役が全然物を申せなかったわけです。なぜかというと，人事権を全部握られて，取締役をCEOが選ぶ。監査役も選ぶ。恩義のある人に楯突けないし，絶対的な人事権を持っている，そういうことがやはり大きなイシューだと思われます。

　もちろん日本の一流企業の中には，代表取締役の権限がうまく分散されているようなところもあるとは思うんですけれども，外の目から見ると，非常にいまだにこれが根強い。これはやはり非常に問題だなという面を持っているということです。

4.3 平成14年改正商法および商法特例法

　平成13年の商法改正で監査役の権限が強化され，平成14年の改正商法，商法特例法で，経営システム，経営組織，ガバナンスに3つの選択肢ができたわけですね。ひとつは，従来型の株主総会，取締役会，監査役。2番目の選択肢として従来型の会社の機関の中に重要財産委員会を設置する。これは何かというと，従来から法律違反だと思うんですけれども，常務会とか経営会議で重要な事項を全部決めてしまう。それで取締役会は，単に事後承認，ですから，平の取締役の人は，サインするだけという慣行が行われていたんですけれども，一定の条件で「重要財産委員会」を設置して，これが常務会であるし，それから経営会議であると思うんですけれども，これを認めよう。ですから，従来型の中にも従来行われた慣行をサポートするような組織に変更することが商法上で行えることになった。3番目の選択肢として委員会等設置会社，これはアメリカ型のコーポレート・ガバナンスで，これも後で説明しますが，それも認めた。

　最近，2004年3月11日に，東証の上場会社コーポレート・ガバナンス委員会が，足掛け3年で出した合意事項として，こういうことを言っております。「今の商法改正の結果，それぞれの上場会社が多様な選択肢を自在に駆使して，自社に適したコーポレート・ガバナンスのあり方を模索し，これを株主・投資家などによる市場の評価に委ねることで，コーポレート・ガバナンスの充実が図られていくべきである」としております。

　私もこの考え方は非常に同意することができますが，基本的にはやはりマーケットがこれを決めていくものだと思います。何が望ましいコーポレート・ガバナンスかというのも，ある程度試行錯誤でやって，自分たちがベストと思う組織づくり，ガバナンスをつくってやっていく。その結果，マーケットがそれを受け入れるかどうか。受け入れなければ，それをまたアジャストしていく，そういった考え方が非常に大事なのかなというふうに考えます。

　従来型に関する商法の改正点は，監査役の権限が強化されたということです。従来型の機関は株主総会・取締役会・監査役の3つです。私もいろいろな

クライアントの中でいろいろな監査役の方と接しているんですが，いろいろなタイプの監査役がありまして，見ていると，監査役は閑職だというふうに，自分で思い込んでいる監査役も，この商法改正後でもたくさんいますよね。これはやっぱり非常に問題で，商法がそういうふうに規程を変えても，結果的にそれを実行する人たちが，そういう意思がなければ，全く機能しないと思うので，この辺のモチベーションを，マーケットがもっとぶつける，「監査役頑張れ」と，そして監査役が頑張った結果，解任されたりとか，そういうようなことがあれば，マーケットがそれをサポートする。そういうことに反するようなCEOがいたら，そういう人たちは葬られるべきだと思います。そういった市場の声が非常に大事なのかなと思います。重要財産委員会設置会社の条件としては，常務会と経営会議が，ここで実質上意思決定を行えるような組織替えが可能になった。ただし，条件としては，取締役が10人以上，それから重要財産委員会はそのメンバーの取締役が3名以上確保されて，独立の第三者も必要だ，そういった内容です。

　それから委員会等設置会社ですけれども，これはアメリカ型のコーポレート・ガバナンス，ちょうどこれは商法が改正される前に，エンロンが起きていませんから，先駆者であるアメリカ型のコーポレート・ガバナンスは非常に望ましいんじゃないかということで，こういう方向に向かっていると思うんですが，奇しくもその前の年に，エンロンが崩壊しながら，日本ではこういうアメリカ型のガバナンスを認める商法改正が行われています。

　結局委員会等設置会社の場合，日ごろの業務執行というのは，執行役・オフィサーですね。CEOとかCFOとか，その他のオフィサーが担当する。取締役は監督に徹する。執行と監督を分離する。ノミネーション・コミッティーが取締役を選任する，あるいは企業のオフィサーであるCEO，CFOを選任する，指名する委員会，それから監査委員会，それから取締役，オフィサーの報酬を決める報酬委員会，この3つの委員会を設ける。

　現在日本の上場会社で約50社，それから非上場を入れると，100社近くが，この委員会等設置会社に移行済みです（2004年8月22日，日本経済新聞によ

る）。この委員会等設置会社ですと，今まで計算書類等の承認が株主総会で行われていましたけれども，会計監査人と監査委員会の適正意見を前提に，取締役会がそれを行うことができる。株主総会の承認は不要になるということです。

それから取締役会には必ず外部取締役が必要だということ。各委員会は3名以上の取締役で構成され，その過半数は外部取締役でなければならない。アメリカ型の委員会制の場合，オーデット・コミッティーも含めてですけれども，全員が外部でなければいけない。こういうところが日本とちょっと違うところです。アメリカ型の機能を持つガバナンスでもいいですよと，そういう選択肢が広がって，何がいいかというのを，自分たちで模索して頑張っていきなさいということです。

5. 最近の動向

それから最近の動向として，先ほど冒頭に触れましたけれども，企業というのは，市民社会のよき隣人であれという声が欧米を中心に高まって，日本でも利益を上げるだけではなくて，環境や雇用，人権に配慮して，社会の持続的発展に貢献しようという企業の社会的責任（Cooperate Social Responsibility）・CSR経営を取り入れる企業が増え始めています。日本でも海外の企業が，最近，日経等の報道でも，社長直属の下にCSR室を設置したり，それ同等のものを設置したりとかする動きが日本でも広まっております。

このような考え方は，基本的にはトリプル・ボトム・ラインという考え方がこの根底にあります。ボトム・ラインというのは，損益計算書でボトム・ラインと言うと，当期利益，一番の下のラインが，ボトム・ラインで，それが非常に大事です。売上とかはトップ・ラインなんですけれども，ボトム・ライン。このボトム・ラインにも3つある。1つは，企業というのは利益を上げるという経営的側面，環境問題にも真剣に取り組むという環境的側面，世界と協調しながら，その発展に貢献することを目指す社会的側面，この3つの条件を同時に達成することが重要であるということです。単に利益をたくさん出しても，

周りから嫌われるようなことでは長続きしないし，このトリプル・ボトム・ラインをやはり達成することが永続的な企業の発展に繋がる。それが最終的には人類の存続に繋がっていくという考え方がその根底にあります。

そして，そういう流れをサポートするようなインベストメント・投資の決定手法が最近ディスカッションされています。それがここで言う社会的責任投資（Social Responsible Investment）と言われているもので，これは何かというと，財務諸表，先ほどの決算書にはあらわれない環境の問題とか人権の問題——人権問題はイリーガルな人を雇ってどうのとか，海外で未成年の人を雇用したりとか，そういうような人権の問題とか，あるいは企業倫理に反するような企業とか，そういうところには投資を再検討する。そういうところは長続きしないだろう。したがって，そうでない企業に大いに投資していこう。そういうことを投資家が声を大にして叫ぶ，声を大にして叫ぶということは，投資するということです。そういった流れが生まれれば，やがてよい方向に向かうだろうというのが，この最近の動向として，日経でも大きく取り上げられているし，いろいろな雑誌でも，この辺のディスカッションを盛んに行っています。

要は，マーケットがいい方向に導くようなことでなければいけない。いわゆる無機能資本家で，無理解でちょこちょこっと金を儲ける，キャピタルゲインのみに集中するような，そういったようなことでは，結局，持続的な繁栄はない。こういうことの反省から，こういった動きが今非常に大きくディスカッションされています。

終わりに，結局，前の組織である日本経団連とKPMGが一緒になってスタディした結果の本を出しているんですけれども，その中でディスカッションされていますが，コーポレート・ガバナンスの改革が企業の成功のための特効薬になるということは間違いだとしています。特効薬はない。ただ，しかしながら，コーポレート・ガバナンスが寄与していない企業が一時的に業績が上がっても，永続するわけでもなくて，コーポレート・ガバナンスの効果的活動が生み出すダイナミックな緊張感によって，長期にわたって世界市場で競争力を維持することが可能だ，こういう見解でまとめられております。私も全く同感

で，ですから，これをここに入れました。

　それから先ほどのCSRについて経営者が目覚めて，大いに社会的貢献，環境問題とか，そういうものに取り組みながら，もちろんボトム・ラインも株主が期待するような利益を出していく，こういった努力が経営者には課されるでしょう。

　資本家・投資家は，そういった声を投資を通じて大いにやろうということで，最近SRIファンドの設定がいろいろなところ，厚生年金とかもそうですし，それから一例として住友信託等も，年金向けのSRIファンドを設定したりとか，具体的な動きが大いにあって，この辺が，やはりコーポレート・ガバナンスを大きく意欲的に改革させる大きな力になるのではないかなと思います。

質問箱から

問 日本のコーポレート・ガバナンスはアメリカ型に移る段階であると僕は認識しているんですけれども、アメリカでエンロンなど、いろいろ問題が起こっています。その際に、このまま日本のコーポレート・ガバナンスが完璧にアメリカ型に移っていくのは、いかがなものかと僕は考えているんですけれども、どのようにお考えでしょうか。

答 私も同感ですけれども、それぞれの国での文化とかビジネスの歴史とか、そういうものがあって現在を迎えているわけですね。

だから、例えばアメリカ型のコーポレート・ガバナンスをそのまま日本に持ってきてうまくいくかどうかは、必ずしも当てはまらないと思います。そこの中に幾つか取り入れる内容はあると思います。

例えば外部の取締役、外部の第三者を監視の中に入れる。例えばいろいろな人事、次の社長を決めるのは、昔、銀行ですと、前々代の相談役が確たる実力を持って人事権まで握っているとか、あるいは会社でも隠居しているはずの人が絶対的な力を裏で持っているとか、そういった中で自分たちをプロテクトする流れの中で人事が仮に決まるとすると、非常に問題で、そういう中で、やはりそれを許さないような考え方を入れる、例えば外部の取締役を入れる。ただ、それもCEO、代表取締役が、今回こういう規程が生まれて、どうしても外部の取締役が必要だ、だから、社長が頭を下げて、なってくださいと、グループとか、あるいはちょっとした知り合いだとか、そういう流れでもし決まるとすると、選ばれた人は、何かあったときに、独立した立場にありませんよね。

それでも、人によってはもちろん、社内取締役でも悪いものは悪いという人はいると思いますが。今回の西武鉄道の問題だとか、そういうのも昔から投資家を欺くような慣習が行われていたにもかかわらず、それがだれからも大きく今まで表に出てこなかったのは何なのかな、何でああいうことになったのかな、何か我が国で起きたいろいろな事件の原因を分析していく。そこに何かヒントがあると思うんですよね。

だから、アメリカ型のもの、そのまま持ってきても、うまくいかないと私は思いますよ。現に今非常に勢いのあるキヤノンの御手洗社長も20年以上アメリカにおられました。よくアメリカのことを知っている方が「アメリカ型のガバナンスなんて、うまくいくわけない、外部の者がわかりっこない」とおっしゃっている人もいます。

それから自動車業界で世界で一人勝ちのトヨタも，アメリカ型のガバナンスを持ってくるという考え方は一切ないですよね。だから，それぞれの会社が今まで成長してきた流れの中で，やっぱり光る企業というのは，それなりのものを持っていると思うので，そういういわゆるサクセス・ストーリー，何でその会社，キヤノンが，トヨタが成功したのか。セブン-イレブンが，なぜ成功したのか，その成功のサクセス・ストーリーから学ぶことが１つです。
　もう１つは，ネガティブな失敗，何であんなことが起きちゃったか，だれかがこうしていれば起きなかった，何かそこにヒントがある。両方から教えてもらうことがあるんじゃないでしょうか。
　私も今回，コーポレート・ガバナンスに関するいろいろな本を読ませていただきましたけれども，そのような考え方を言っている人がいましたね。私，そのとおりだと思います。サクセス・ストーリー，失敗，そこから学ぶものが大きいかなと思いますね。

第10章 日米ベンチャー企業経営の展開

新井　佐恵子

はじめに

　皆さんこんにちは。私は中央大学経済学部国際経済学科卒業生です。よろしくお願いします。簡単に略歴を紹介させていただきます。経済学部を卒業してから，アーサーアンダーセンという当時八大会計事務所に勤務し，監査業務を行ったのちに，小規模の会計事務所で税務業務の経験を得て，その後，友人からの誘いでベンチャー企業である株式会社インターネット総合研究所(IRI)の創業時に最高財務責任者として就任しました。IRIが設立3年後に東京証券取引所のマザーズに第一号として上場後，子会社のIRI USAの社員としてニューヨーク州に転勤し，現在はIRI USAのPresident & CEOを務めています。アメリカでは，ベンチャー企業の投資及び発掘を行っています。

　今日は，「ベンチャー企業とは？」「ユビキタスネットワーク社会」「ITによってベンチャー環境はこう変わる」という流れでベンチャー企業がどういうものかというのを皆さんに知ってもらいたいです。また，IT業界のビジネスが，現在どうなっているかということを学んでいって興味を持っていただければ，私としては非常にうれしいです。

1. ベンチャー企業とは

　シュンペーターが「創造的破壊」ということを言っています。ベンチャー企業の本質は，まさに「創造的破壊」だと思います。一見矛盾しているようですが，今までのものを壊して，新しいものをつくっていく，新しい改革をしていくということで，まさにこの一言がベンチャー企業を言いあらわしている言葉だと思います。

　「ベンチャー・ビジネス」とは，研究開発集約的，またはデザイン開発集約

的な能力発揮型の創造的新規開発企業を意味します。重要なのは，独自の存在理由を持ち，経営者自身が高度な専門能力と才能ある創造的な人々を引きつけるに足りる魅力のある事業を組織する企業家精神を持っている（清成忠男・中村秀一郎・平尾光司『ベンチャー・ビジネス』日本経済新聞社，1971年）ということですね。

　次に，日本のベンチャー企業は「独立型」と「社内ベンチャー型」に分けられます。日本もアメリカも一緒ですが，「独立型」というのは，個人が「これがやりたいと思って会社をつくっていく」ことです。「社内ベンチャー型」は，大会社からスピンアウトして起業することです。例えばソニーやリクルートなどからスピンアウトして，日本ではたくさんの企業ができています。「独立型ベンチャー企業」とは，「高い志と成功意欲の強いアントレプレナー，起業家を中心とした新規事業への挑戦を行う中小企業で，商品，サービスあるいは経営システムにイノベーションに基づく新規性があり，さらに社会性，独立性，普遍性を持ち，矛盾のエネルギーにより常に進化し続ける企業」です。これは柳孝一先生の定義です。この矛盾のエネルギーというのは，先ほどの創造的破壊と同様な意味で，新しく生まれ出るものは様々な矛盾を含んでいるということですね。破壊からもエネルギーは出るし，矛盾自身からもエネルギーが出て，そのエネルギーを，前向きによい方に転換して企業をつくっていくというのがベンチャー企業です。

1.1　ベンチャー企業の上場企業数

　ベンチャー企業の上場企業数は，アメリカがNASDAQで3,282社（2004年10月）に対して日本はジャスダック（941社），ヘラクレス（105社），マザーズ（116社）合計で1,162社と，現在でもこれだけ違います。日本より早くアメリカでインターネットのベンチャー企業が竹の子のようにアメリカ中から出てきて，IT市場が落ち込んだために，発展途上のベンチャー企業が随分潰れていきました。そのITバブル崩壊のちょうど1年後に同時多発テロがあり，アメリカの経済が厳しくなり，ここでまた多くのアメリカのベンチャー企業は潰れ

ました。3年後の今，生き残ってきた企業は優良な企業が多く頑張っています。

1.2 ベンチャー企業発展の土壌
(1) 起業家の開拓者精神

なぜアメリカで多くのベンチャー企業が発展してきたか考えてみましょう。アメリカ自体が，ヨーロッパからアメリカへの開拓移民の国なので，元々開拓精神はありますが，東側に到着した移民が，さらに広大な大陸を横断して西側に移動し，開拓精神が溢れる人たちの中からさらによりすぐった開拓精神を持つ人たちが西側にいるわけです。西海岸にあるシリコンバレーでは，皆さんご存じのオラクルやシスコシステムズやYahoo！など，様々なインターネット関係のベンチャー企業がここを発祥の地として起業しました。特に大学発のベンチャーが非常に多いです。学生時代から事業を始めようとする学生も大勢います。Yahoo！は，大学時代にウェブの開発をしていた学生たちが，自分たちがウェブを見るのに便利なように，サーチエンジンをつくり，ビジネスにしてみようということでベンチャー企業が設立されたわけです。

大学時代に，研究イコールビジネスという発想のもとに考える土壌があったということと，教授陣も産業界と連携しているケースが非常に多くて，自然にビジネスの情報が学生側にも流れてくるような環境があるわけですね。そこでベンチャーが発祥しやすい土壌があったと思います。日本も少しずつ変化しています。例えば大学発のベンチャーに関して，最近は大学側から，ベンチャーの必要性を意識して，ベンチャーを立ち上げる人たちを応援しようというファンドを設立する活動などをしている大学も増えてきました。産学連携という意味でも，大学と会社での共同研究も増えてきています。

(2) シリコンバレーとシリコンアレー

シリコンアレーは，最近下火になっていますが，シリコンバレーを真似て，ニューヨークにつくられたベンチャー企業が集まっている地域です。シリコンバレーには技術を基盤としたベンチャー企業が多いです。スタンフォード大学

や，カリフォルニア大学ロスアンジェルス校，バークレー校などの有名な大学に支えられている部分も多大です。シリコンアレーはメディアのコンテンツを基盤にしたベンチャー企業が多いです。ニューヨークは，ファイナンスとファッションとアートの街，コンテンツの街なのです。シリコンアレーやシリコンバレーのように多数のベンチャー企業が集まった地域には，後に述べるベンチャー企業を支援するエンジェル投資家やベンチャーキャピタルが多数存在し，ベンチャー企業及び起業家の発展を資金面だけでなく経営面からもサポートする環境が整っています。

(3) 資金調達手段（ハイイールドジャンクボンド市場，エンジェル投資家，ベンチャーキャピタル）

アメリカのベンチャー企業には，エンジェル投資家，「ハイイールドジャンクボンド市場」，ベンチャーキャピタル等の資金調達手段が豊富にあります。「ハイイールド」というのは，高金利という意味です。証券会社に在籍していたマイケル・ミリケン氏が中心になって，高いレートで，リスクの高い会社（ベンチャー企業）の債権を売る市場をつくりました。まだベンチャーで小さいうちは信用がないので，お金を調達するのが非常に大変です。ただ，高い金利を払えば，リスクを負って投融資してもいいという人はアメリカにはたくさんいます。

マイケル・ミリケン氏が在籍していたニューヨークにあったドレクセル証券が，90年代の初頭にインサイダー取引で彼が逮捕されたために倒産してしまいました。その倒産後，この会社のビルがITビルとして変身したのです。そのビルにインターネット回線を引いて，ベンチャー企業の人たちがインターネットを高速で，自由に使える環境を提供した，ある意味では，彼の逮捕がシリコンアレー発生をもたらしたわけです。「ハイイールドジャンクボンド市場」はリスクの高いベンチャーには非常に資金調達の効果がありました。オラクルやシスコシステムズ等の多くのベンチャー企業が，この「ハイイールドジャンクボンド市場」から資金を調達し会社を拡大して成長しました。

ベンチャーキャピタルというシステムはアメリカから日本に導入されまし

た。ベンチャー企業の上場前の株を購入し（投資をして）会社を経営指導しながら上場に導いていき，その企業が上場したときに株を売却しキャピタルゲインを獲得して儲けるのがベンチャーキャピタルの主な業務です。

　次に述べるエンジェル投資家の資金も重要な資金調達手段です。

(4)　エンジェル税制

　「エンジェル」というのは，ベンチャーの中でもスタートアップ，まだできて間もない会社に対して個人レベルで支援してあげようとして投資をする人のことです。エンジェルは投資した会社の社外役員になり，資金面だけの援助ではなく，起業家の経営指導やマーケティングの支援等も行い，起業家たちと共通の夢を持ちながら，会社を育てていくことも彼らの意図しているところです。

　その投資したエンジェルたちに対して，ある一定の条件のもとで，税制が優遇されるような「エンジェル税制」の仕組みがアメリカでは早くからありました。日本では平成9年にでき，一定の条件をみたすことによりこの「エンジェル税制」の特例が受けられるので，以前より個人レベルで投資しやすくなってきています。

(5)　公開までの期間

　今は状況が変わってきていますけれども，1996年，ちょうどIRIが設立されたころは，ベンチャー企業が公開するまでに，日本では30年かかると言われていました。アメリカではそのとき7年でした。マザーズやヘラクレス等の市場ができたおかげで，1999年以降は日本でも早い会社は2年弱で公開できるようになったので，この短縮はベンチャー企業と投資家の双方にとって，キャピタルゲインを短期間で獲得するというモチベーションが高まるようになります。

(6)　ビジネス・スクール

　日本でも最近ビジネス・スクールが増えて定着してきました。アメリカの特にシリコンバレーでは，技術者の人たちが起業をするケースが多いですが，技術者はビジネスの方法がわからないので，起業したいと思っても簡単ではありませんし，初めから経営的なノウハウやセンスを持ち合わせることは難しいこ

とです。技術者においても経営者を目指すならばビジネス・スクールの存在は大きな意味を持っていると思います。

ビジネス・スクールではアカウンティング，マーケティング，マネジメント（経営学）等経営に必要な基礎知識を学びます。また，人的なネットワークも広がります。アメリカでは，営業や管理部門の人が来るばかりでなく，歯科医師の博士号を持っている人や政府の人に加えて，多くの技術者がビジネス・スクールで学んでいます。日本のように文系・理系のような縦の枠がアメリカでは少なく，技術者の人がビジネスをやりたいからビジネスを学びに行こうというような気軽に学べる環境が以前から存在していたということもベンチャー企業発展の大きな要因のひとつと思います。

(7) マネジメント能力

以下に述べる「マネジメント能力」と「成長プロセスにおける戦略の明確化」は人に関することです。特に起業家に関することです。ベンチャー企業というのは非常に成長が早いので，会社の内部の環境と外部の環境がどんどん変わっていく。それに応じて，トップの人がやらなければいけないことは，どんどん変わっていきます。1人のマネジメントの人が例えば10人の会社のときにやらなければいけないことと，50人になったときにやらなければいけないこと，100人になったときにやらなければいけないこととは大幅に変わってきます。その能力が1人の人にある場合もあるけれども，やっぱり人間は，それぞれ特徴があるので，必ずしも1人の人が全部できるかというと，そうでない場合もあります。そうでない場合にはマネジメントを交代させていかなければいけないのですが，多くのベンチャーが発生している土壌には，マネジメント経験者がたくさんいます。だから，こうしなくちゃいけないということがわかる人もいるし，指導できる人もいるし，交代できる人もいるわけですね。経営規模に応じたマネジメント能力を持つ人の存在は，ベンチャー企業が早期に着実に発展していくために重要だと思います。

日本でも最近大分増えてはきましたけれども，ベンチャーの数がまだまだ少ないので，マネジメントがこれから益々育っていって，育ったマネジメントが

他者をまた育てることによってベンチャー企業のマネジメントが増えてほしいと願います。

(8) 成長プロセスにおける戦略の明確化

これも同じようなことですが，成長段階によって，戦略を変えていかないといけないので，今まで経験した人や会社がたくさんあればあるほど，ケース・スタディによって学べるということです。

1.3　ベンチャー企業の成長のプロセス

成長のプロセスを柳在相先生の理論に基づいて4段階に分けて考えてみましょう。

第1段階(創業)は会社を創ったばかりの段階です。第2段階(事業仕組みの確立)ではどういう事業を行っていくか，どういうビジネスをやりたいか考察し，市場と商品・サービスを決定します。第3段階(競争優位の確保)ではどうやってほかの会社に勝っていくかということを考える段階です。第4段階(強い企業文化の形成)は，競争段階も確立してきたところで，大きくなった企業をどう存続させていくか，強い企業にどう形づくっていくかを模索する段階です。これも規模によって，会社によっていろいろ違ってくると思います。

第1段階で重要なのは，発想の転換，創造的破壊，市場細分化。発想の転換というのは，このコースのヤマト運輸の方の講義にもあったと思いますが，貨物から個人の宅配便にどうやって発想を転換するか。既存の概念を崩して新しい発想をしていくことが重要ですね。市場細分化の観点から，今までの大きい枠組みだけ見ていると，例えば，パソコンならパソコン市場だけで見ていると，なかなか参入が難しいかもしれませんが，パソコンをノートブックとか，デスクトップとか，分けてみるわけです。そういう観点が重要であるということです。

第2段階は，プロセス戦略の展開，組織学習，事業，仕組みをつくっていく段階で，どうやって今後戦っていくかという戦略と会社の組織をどうしていくかということが重要です。商品・サービス及び市場に応じた戦略，組織や仕組

みを構築していく段階です。

　第3段階では，競争戦略の展開を図っていく段階で，どうやって打ち勝っていくかを考察します。コア・コンピタンスの形成。会社としてどういうことを大切にして大きくしていくかを考えるということです。

　第4段階は，企業として大きく成長し存続させていくという観点から，経営理念の確立と，ドメインの再定義，トップの交代を考慮していく段階です。この段階では経営が安定してきている状況にあるので，経営が安定したまま停滞している状態に陥った場合には，トップの交代というのも考えられることです。

2. ユビキタスネットワーク社会

　「ユビキタス」というのは「どこでも，いつでも」という意味ですけれども，これから場所と時間を選ばずに多様なことができる社会が来るということで，インターネットの世界に触れていきたいと思います。時間と場所を越えることができることが文化にもビジネスにも変革する契機を与えてきたわけです。

2.1　ユビキタスネットワーク社会をつくる技術革新の本質

　テクノロジーは，今まで新しい社会を創ってきました。兵器や農機の技術の革命である最初の産業革命が封建社会を創りました。持つ者と使われる者である領主と領民の登場ですね。

　2番目の大きな産業革命は，動力機関です。物質科学と動力機関。これはモノの世界です。動力機関と物質科学の発展によって工業社会ができてきたわけです。直近の世界ですね。資本家と労働者に分かれています。そして，ここ10年〜20年ぐらいの間に，情報技術・ITが非常に大きな産業革命として言われているわけですが，これは情報革命とも言いますが，情報が世の中を変える，新しい社会を創る革命です。情報技術改新から，モノ社会から情報社会に重点が置かれるようになりました。ユビキタスネットワーク社会とも呼ばれていま

す。社会は主としてモノと情報の生産者と消費者に分けられています。

(社会の変化)

　工業社会から情報社会に移行する過程で，資本家と労働者の関係から，生産者と消費者の関係になったことは重要な変革を意味します。工業社会では模範的な企業は終身雇用と年功序列による労使協調，そして生産者側の立場にたった流通機構というような，モノをつくる人たちが主体だったわけですね。製造されて，お店に並んだモノを買っていくという選択を普通の消費者はしていたわけです。

　それが情報社会になると，生産と消費直結経済になり，情報が簡単に手に入るようになってきています。皆さんも経験していると思いますけれども，例えば論文ひとつを書くにしても，ビジネスのマーケティング情報，特に競合者の情報，様々な法規制など，インターネットでかなり多様な情報を寸時に安価で入手することが可能です。また，商品情報についても，機能や価格の比較がインターネットにより簡単に低コストでできるようになりました。以前と比較して相対的に，消費者側が多くの情報を入手できるようになってきているので，消費者側の立場がだんだん強くなってきているわけです。消費者側がつくるモノを選び要求する時代になりました。つくられたモノを買うのではなくて，こういうモノをつくって欲しいという発信もできるようになってきたわけですね。このような社会では，生産者と消費者の直接的な関係ができ，模範的企業は低価格で高品質の製品が提供でき，サービスを提供できる上に，消費者側の立場になってモノを生産できる会社が発展していくわけです。

(技術革新を加速する３つの法則)

　技術的な話になりますが，技術革新を加速する３つの法則があります。第１の法則は，シスコシステムズ，Yahoo！等のインターネット業界に影響する「光ファイバーの電送容量は半年で２倍になる」法則（ギルダーの法則）です。光ファイバーというのは，光で情報を伝送するためのツールで，最高速度で情報が伝達できます。

　第２の法則は，インテル，マイクロソフト等のコンピューター業界に影響す

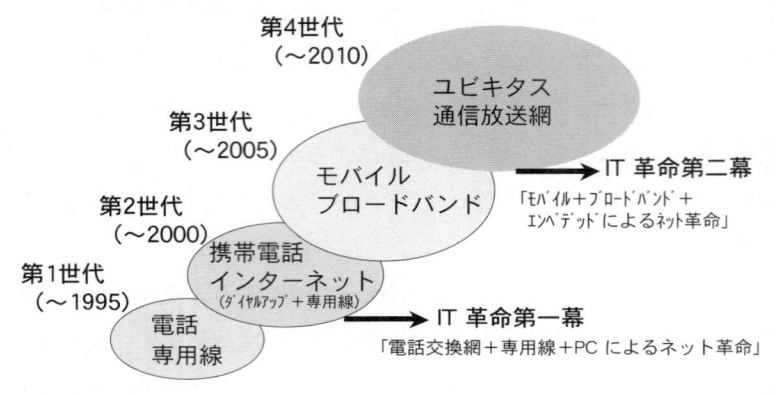

図 10-1　ネットワーキングの進化から

「技術革新は，百年続いた電話の時代を終焉させ，ネットワークの新時代を拓いた」

第4世代（～2010）　ユビキタス通信放送網

第3世代（～2005）　モバイルブロードバンド　→　IT 革命第二幕
「モバイル＋ブロードバンド＋エンベデッドによるネット革命」

第2世代（～2000）　携帯電話インターネット（ダイヤルアップ＋専用線）

第1世代（～1995）　電話専用線　→　IT 革命第一幕
「電話交換網＋専用線＋PC によるネット革命」

（出典）　株式会社インターネット総合研究所

る「コンピューターの性能は1年半で2倍になる」法則（ムーアの法則）です。この性能というのは主にCPUですが，1年半で2倍になると言われています。この法則により，ユーザーの使い勝手は飛躍的に増大しますが，パソコンの新製品開発が加速され，半年に1度のモデルチェンジが行われるようになる契機となります。

第3の法則はソニー，松下電器等の家電業界に影響する「ハードディスクの記憶容量が1年で2倍になる」法則です。この法則も同じようにユーザーの便利さの増大と同時にパソコンのモデルチェンジを加速させています。

(ネットワーキングの進化から)

技術革新は100年続いた電話の時代を終焉させ，ネットワークの新時代を築き，大きく世の中を変えました（図10-1参照）。

第1世代は95年までで，電話専用線の世界です。第2世代は，携帯電話，インターネットの世代。2000年ぐらいまでが第2世代と言われていまして，インターネットもダイアルアップで接続されていました。ダイアルアップというのは普通の電話回線を使用します。この電話回線のほかに多少専用線が使われて

いました。このころは，まだ映像とか音声もインターネットで送るにはかなり厳しい時代でした。

　第3世代は，モバイル，ブロードバンドの時代。この時代にiモードもでき，iモードは世界中で評判になりまして，iモードを開発した松永真理さんも，ニューヨークに当時来られて講演などをしておられましたが，アメリカでも日本のモバイル技術に関心が高いです。そして，ブロードバンドは，専用線やADSL，光ファイバーで高速になってきたと同時に大容量のデータを送れるようになったので，映像・音声が容易に送れるようになった，これもやはり世の中を大きく変えていく1つの進歩だと思います。

　第4世代，2010年ぐらいまで。ユビキタス，通信放送網の時代が第4世代です。今はこの第4世代と第3世代の間で3.5世代と言われています。

　ユビキタス通信放送網になると，何が起きるかというと，放送がデジタル放送化され，インターネット上の情報もテレビで受信することができるようになります。技術的にもコンテンツ的にも重要な転換期です。IT革命第1幕の電話交換網，専用線，PCによるネット革命から第2幕モバイル，ブロードバンドによる革命を迎え，今は非常に重要な時期に差しかかっています。だから，皆さんもここ2～3年でビジネスに入る方も，大学院に進む方もいるかもしれませんが，時代が大きく流れが変わっているところで，エキサイティングな時代なのですね。そういう時代の中にいるということを自覚して楽しんでください。生きているということだけで，非常に貴重な経験をしていると思います。

（世界と日本のネットワークインフラの現状）

　インターネットは元々アメリカの国防省で発展してきました。その中でARPAネットと呼ばれているインターネットのシステムが1969年に実験的に開始されました。日本では1984年，慶應大学，東工大，東大の各大学間で接続したジュネットの実験が開始されました。

　日本では88年に慶応大学の湘南藤沢キャンパスの村井純先生率いる学術団体「WIDE」ができました。インターネットの技術者たちを取り纏め，企業からも寄付金を集めていろいろな研究をしたり，毎年カンファレンスをしたり，イ

ンターネットの最先端の研究をしている団体です。

　アメリカでは90年にユーユーネットがインターネット接続業として商用のインターネットが開始されました。

　日本ではIIJ（インターネットイニシアティブジャパン）が初めて93年に接続業を開始しました。96年にワールド・コムがユーユーネットを買収し，このころからアメリカのインターネット業界の下降が始まりました。日本では，96年NTTがOCN（インターネット接続サービス）を開始，99年，ドコモがiモードを開始しました。

　そして2001年にアメリカでは，ワールド・コムなど，新興IP（インターネットプロトコル）キャリアが一斉に経営破綻，ここで完全なバブル崩壊があったわけです。

　日本では2001年Yahoo！のブロードバンド・サービスYahoo！BBが開始されて一気にブロードバンドの時代に突入しました。

　インターネットはアメリカの国防省から学術研究フェーズで発展し始めました。アメリカのベンチャー・ビジネスが大学側から多く排出されたのもここに起因しています。商用フェーズに移行した際に，最初は独立型ベンチャーとして設立されたケースが多いですが，その煽りを受けて日本テレコムのOCNというインターネット接続サービスを皮切りにNTTやKDDIの通信業界がインターネット業界に乗り出してきました。その後，皆さんが今体験しているブロードバンドの時代に突入しました。

　世界各国のDSLサービス加入者数は，2002年，2003年と比べて，伸び率がかなり違います。中国の伸びが顕著です。元々中国は人が多い上に，経済が年間成長率8％～9％で伸びていますので各業界の発展が著しいです。日本もDSLサービスは非常に伸びています。アメリカは日本の2倍ぐらいの人口ですが，アメリカの伸びは中国の伸びに比べると，伸び足は衰えています。アメリカでは，各地域にケーブル・テレビが発達しています。特にニューヨークは高いビルが多いために，普通のテレビの電波が届きにくく，テレビを見るためにケーブル・テレビに加入する必要があります。そのためケーブル・テレビを

通じてのインターネット利用者が非常に伸びています。DSL は新しい回線を引く必要があり，回線コストの面からもケーブル・テレビで導入する方が経済的に早くユーザーが拡大します。

　ブロードバンドの発展はアメリカからアジア主導へ移行しつつあります。モバイルは日本主導で動いていましたが，携帯電話の通信方式が複数存在し，世界各国でスタンダードに向けて，勢力争いをしているような状況です。2004年の日本の FTTH（Fiber to the Home）加入者は100万人以上います。日本では線路沿いや高速道路沿いに光ファイバーが敷設されていてインフラがある程度整っていますので，各家庭までの引き込むコストが安くなれば加入者が増加しやすい状況です。アメリカは国土が広大な上，光ファイバーの敷設から行う必要があり，加入者増加の出足は鈍っています。

2.2　ネットワークインフラの構造変化の構図

(**IP** ネットワークの世代交代)

　IP とはインターネット・プロトコルの略で，インターネットでコンピューター同士が通信する上での相互に決められた約束事の集合です。IP ネットワークの世代交代は，IP 技術の革新により，前述のように，学術研究のフェーズから商用のフェーズになり，キャリア（NTT や KDDI のような回線網を持っている通信事業者）が90年代後半にインターネット業界に乗り出してきました。その後，ユーザー網の IP 化フェーズの段階です。ユーザー網というのは，キャリアから回線を借りて，インターネット・サービスを行う会社の回線網のことです。この段階で，新通信放送サービスの技術基盤が確立されました。

　モバイルは第1世代・アナログから第2世代・デジタルへと80年代から90年代にかけて世代交代がありました。携帯電話の通信方式は第2世代の PDC，GSM，CDMA から第3世代は WCDMA，CDMA2000 に移行しました。この方式は，前述したように世界でスタンダードが確定されていず，スタンダード獲得に向けて各国の携帯電話会社は世界的に凌ぎ合いをしています。これから

図10-2 モバイルの行方（日本の例）

ケイタイインターネット加入者が約7200万人に！(50万人/月増加)

NTTドコモ
KDDI
ボーダフォン
□ 3社合計

1999年3月　　2001年3月　　2003年3月

日本からアジア全域へ拡大中！

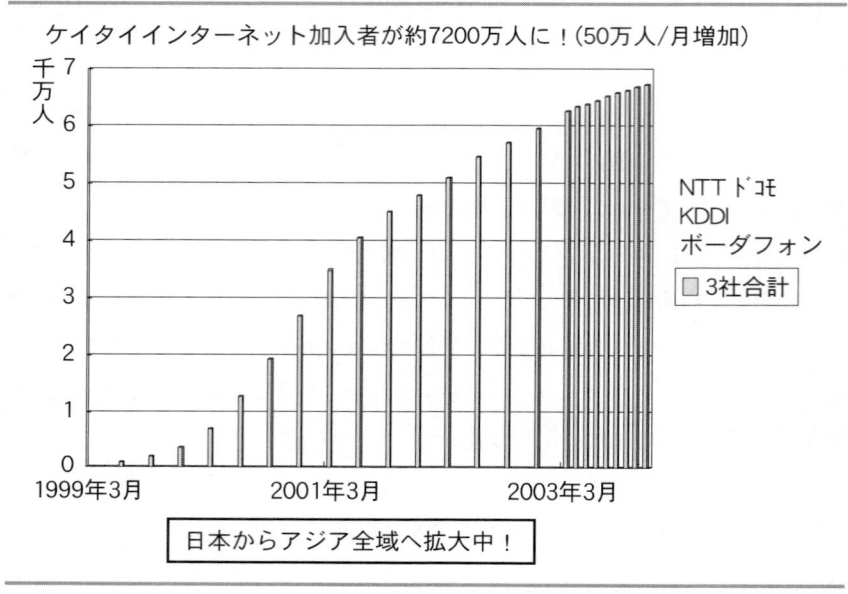

（出典）　株式会社インターネット総合研究所

は，ユビキタスの第4世代に突入しますが，音声やデータのほかに動画が配信できるようになることから，携帯電話とあわせて家電や放送のデバイスとの組み合わせで多様なかつ新たなサービスが誕生する新しい時代です。

図10-2のとおり，携帯でのインターネット利用者は，1999年から激増しています。この利用者は日本からアジア全域で拡大中です。中国でも大都市に行くと，多くの人が携帯を持っています。ニューヨークのビジネスマンも，携帯電話を持っている人が，ほとんどです。日本と各国で使い方が全然違って，日本では携帯電話でインターネットを利用しますが，ヨーロッパやアメリカでは簡単なメッセンジャーの使用に留まっています。アメリカでは，かねてよりPDAというパソコンを小型化したデバイスがよく利用されていた経緯から，PDAに電話機能とインターネット機能をつけて利用されていることが多いようです。

図10-3　B2C電子商取引市場における内訳（日本）

単位：億円

品　　　目	B2C市場規模	その内モバイルコマース
PC関連	1,970	50
旅　行	2,650	400
エンタテインメント	1,920	1,300
書籍・音楽	620	150
衣料・アクセサリ	1,330	100
食品・飲料	1,300	140
趣味・家具	1,090	210
自 動 車	5,770	150
不 動 産	6,100	160
その他物品	1,390	150
金　融	1,160	100
各種サービス	1,550	300
合　　　計	26,850	3,210

（出典）　経済産業省，ECOM

　放送の世代交代では，アナログからBSになり，衛星デジタル，地上デジタルと発展していき，簡単に言うとインターネットがテレビで使えるようになります。放送も多チャンネルに向かうよりも，携帯電話とケーブルテレビの利用によるIPネットワークの連携が進んでいくでしょう。

2.3　ITによってベンチャー環境はこう変わる

（**B2C電子商取引市場規模トレンド**）

　ITによってベンチャー企業はどう変わっていくか。B2C，これはBusiness to Consumerの略で，会社対消費者を意味します。一般の皆さんのような消費者に対する電子商取引市場規模の日本のトレンドとしては，毎年大きな伸びを示しており，2008年には142兆円になると経済産業省では予想しています。

　電子商取引とは，インターネットを使って，モノや情報を売買する等の契約や決済を行う取引形態です。B2Cでは，図10-3のように特に旅行や自動車，不動産の市場規模，すなわち取引が大きいです。使い勝手や信頼性が高まるに

つれて，インターネットを利用した電子商取引にだんだん抵抗がなくなっていけばいくほど，益々取引増大が予想されます。

ネットオークションは，日本でもアメリカでも非常に大きく，2003年取扱高は5,000億円以上です。その中でも，Yahoo！が一人勝ちをしています。

(電子商取引市場の今後の展望)

検索エンジン型ポータルでは，Yahoo！は日本だけではなくて世界的に優位です。ポータルが広告市場主導で2,000億円の市場規模が予想されます。Yahoo！の基本的なビジネス・モデル，すなわち，Yahoo！がどうしてお金を儲けているかというと，Yahoo！のサイトに広告を載せて，その広告主から収入を得ています。オークションなどの手数料やYahoo！BBなどの加入料収入もありますが，元々のビジネス・モデルである広告収入も依然としてYahoo！の売上基盤を形成しています。また，インターネットビジネスの場合，先陣で乗り込んだ方がビジネスをより大きく発展させ，市場の中で安定した地位を獲得する傾向にあります。

Eコマースは，電子商取引と同意語ですが，ロジスティック型のAmazonの黒字化，仮装商店街型の楽天が現在堅調ですが，既存流通事業者参入の可能性があり，3兆円市場へ向かっています。ネットオークションでは，アメリカではeBAY，日本ではYahoo！Japanが先陣の利から非常に優位です。取り扱い高は1兆円規模の見込みです。

(インターネット・コンテンツ市場の今後の展望)

インターネットで何を流すか，どういう情報を流すかということですが，オンラインゲームは特に日本と韓国で大きく1,400億円市場になる予想です。既存ゲームソフトベンダーか韓国型が市場優位を競っています。

電子書籍はデータが大量に送られるようになってから，文字だけでなく漫画を含めた書籍のようなボリュームのあるデータも簡単にダウンロードできるようになってきたことからビジネス化された分野です。イーブックイニシアティブジャパンとソニーが市場優位性を獲得するでしょう。市場規模は220億円と予想されます。

音楽配信はJASRAC（日本音楽著作権協会）及び日本レコード協会の動きがキーになっている業界で，日本では著作権が参入障壁となっています。880億円の市場規模です。

　映像配信は2,500億円の大規模な市場です。ブロードバンドでは，映像の作成も配信も廉価で簡単に可能になり，個人レベルでもこの業界に参入しやすくなっています。映画配給元やビデオレンタル業者が該当しますが，新規参入は互角なので競争が激しい市場です。

　eラーニングは，インターネットを使った教育で，大学や大学院でもインターネット教育により学位を出すところも出てきました。大学だけではなく，社内教育や英語教育のほか様々な通信教育の延長として利用されています。学ぶ側からの選択肢の幅が増えています。1,100億円市場ですが，今はまだ市場優位な会社が確定していない状況ですが，企業向けのeラーニングの会社が優位だと思います。

　モバイルコンテンツの市場は3,700億円市場で，最も期待される市場です。モバイルに閉じた世界からインターネットとの連携が鍵になります。

（IPv6によるネットワークの実現）

　IPは，現在バージョン4からバージョン6（IPv6）に向かっています。IP情報家電もIPアドレスが持てるようになると，例えばどういうことができるかというと携帯電話から電話してお風呂を沸かすことができるんですね。電子レンジに電話して，ちょうど10分後に帰るから，10分後に温めるようにセットできるわけです。あるいは，ペットにチップをつけることにより，ペットがどこにいるかを把握できます。また，コンピューター機器や家電，自動販売機等のリモートコントロールが可能になります。このように，今までの想像を超えた使い方ができビジネスチャンスが広がります。

（ITによる新たな国際市場創造の視点）

　これまでは，米国主導の技術革新と市場創造ですが，これからは環太平洋の時代に入ります。アジアがこれから非常に注目されています。欧米の経済学者も特に中国，ロシアの伸びに注目をしています。残念ながら日本は，世界的に

見ると，経済が停滞するだろうという予想ですが，アジアの一員という観点から，皆さんも今後のことを考えてみてください。

このアジア主導はブロードバンド／モバイルを契機に転換されていきます。

『環日本海市場』創造も重要です。人口，経済成長，事業リスクの観点から，中国，日本，韓国，ロシアが一体となって，経済発展をしていく必要があるのではないか，そのためには，「環日本海市場」という新たな市場を創造していくことが今後の環日本海諸国の経済発展にとって有益であると考えます。

質問箱から

問 まず1点目は、ベンチャー投資ファンドの日米の違いという関連です。日本でよく文献等を見ますと、起業する場合のスタートアップ資金がなかなか集まらないという話を聞くんですが、そういったスタートアップの場合の資金を集める環境が日本と米国ではどのように違っているのか、融資がどのような形で米国ではどのようにやり、日本ではどのような形でやられているのか、お伺いしたいと思います。

2点目は、ベンチャー投資ファンドで様々なベンチャー企業の経営を見られていると思いますが、そうした上で、成長していく企業に共通した特質等があれば教えてほしいと思うのですけれども、よろしくお願いいたします。

答 素晴らしい質問ですね。1番目のベンチャー投資ファンドで、スタートアップ企業にお金を出す人がいるかどうかという質問ですが、アメリカではベンチャーキャピタルは、特にニューヨークでは単位が大きく10億円単位の投資なんです。日本で言うと、かなり大きくなった会社がベンチャーキャピタルに訪ねていくわけです。

それより小さい会社はどうするかというと、「エンジェル」という個人投資家がほとんど投資していますね。どういう人がエンジェルになるかというと、まず、実際に自分がベンチャーを立ち上げている人です。アメリカはベンチャーを立ち上げて公開させるという方法と会社に売るという方法があるんですね。公開させた場合に、株を放出したときに創業者利益としてその株のキャピタルゲインを得られます。会社を売れば、当然その会社を売った創業者利益としてのキャピタルゲインであるお金が入ります。その人たちがまた自分でベンチャーをやる場合もあるし、新しいベンチャー起業家に投資する場合もあります。結構若い人も、エンジェルになって、スタートアップ企業に投資します。あるいはファイナンス業界でディーラーをやっていた人たちが、40歳くらいまで働いてエンジェルとして個人投資家になるケースもあります。アメリカ、特にニューヨークは、年収の桁が違うんですね。優秀なディーラーは、ボーナスで1億円をもらったりするので、そういう人たちが40歳ぐらいまで一生懸命働いて、それから自分で個人のファンドをつくって投資をする。つまりエンジェルとして個人で投資をする。そういう個人のお金が結構あります。

日本の場合は残念ながら、税制の問題もあると思いますが、個人にお金がたまりにくい仕組みになっているので、個人で会社を面倒見るような規模の投資をできる

ケースが少ないんですね。なので，やっぱりそういう市場は狭められていると思いますね。ただ，日本は貯蓄率が非常に高いので，その貯蓄がうまくベンチャーの投資に回ってくれる仕組みができれば，非常に活性化されると思います。日本の貯蓄のお金は，高齢者がより多く保有していると思います。ただ，高齢者が，ベンチャーを理解するというのは非常に難しいこともあるでしょうし，リスクも若い人と違ってなかなか負えないでしょうから，その辺は仕組みをいろいろと考える必要があるかもしれないですね。

　第2点の質問ですが，成功する企業の特質は，やはり私は社長だと思います。私が見ていて成功しているところは，社長が魅力的でカリスマ性があること。頭もいいですが，強いネットワークがあること。富裕層を知っているとか，会社の権力者を知っているとか。また，社長が資金管理を重視していること。私がCFO（最高財務責任者）の立場だったから余計に感じるのかもしれませんが，お金は一番おろそかになりがちなのです。ベンチャー企業はお金がないにもかかわらず，なかなかお金を管理するところに目が行かないというか，そういう人を雇う資金がないので余裕がないことも大きな原因のひとつと思いますが，私が知っている優秀と思われる企業は，プロフェッショナルに近いCFOが設立当初からいます。CFOの重要性を認識している人が，日本ベンチャーでもアメリカのベンチャーでも少ないということを実感しました。

第11章 通信事業の国際動向と展望

都丸　敬介

はじめに

　1980年代以降，世界の通信事業は劇的に変化しました。その直接原因は技術革新であり，制度や政策の変化が大きく影響していることも無視できません。

　特筆すべき通信サービスの変化として，携帯電話の発展とインターネットの普及があります。これらは新しい通信サービス市場を開拓しただけではなく，企業活動の形態や個人の生活様式を大きく変え，さらに，行政や教育など多くの分野に変革をもたらしました。この結果，通信事業の規模が飛躍的に拡大しただけでなく，新しい通信サービスを利用する新しい事業が次々に出現しましたが，一方では，その影響で衰退した既存事業もあります。

　ここに与えられたテーマは「通信事業の国際動向と展望」ですが，通信事業そのものに限定せずに，通信サービスの変化がもたらした産業活動や日常生活に対する影響を含めて展望します。

1. 通信事業の概要

1.1 通信事業の基本

　通信事業は情報輸送事業あるいは情報流通事業です。音声や画像，文字などで表現される情報を送信者から受信者に正確に届けるのが通信事業の基本です。運ぶ情報の表現形式によって，電話，ファクシミリ，電子メールなどいろいろな通信サービスがあります。通信サービスを行うための情報輸送基盤を通信ネットワークといいます。

　通信ネットワークは，物や人を運ぶ輸送ネットワークあるいは交通ネットワークに似ていますが，形がない情報を運ぶことに起因する特徴があります。現在の通信ネットワークは大部分がディジタル化されています。ディジタル・

ネットワークでは，あらゆる種類の情報を2進数の「0」と「1」の組合せで表現します。この情報の単位を「ビット」といいます。電話や音楽の音は，時間と共に連続的に変化するアナログ信号ですが，ディジタル通信ネットワークでは，アナログ信号をディジタル信号に変換して運びます。1秒間に運ぶ情報量は，情報の種類によって異なり，標準的な電話の音声信号は6万4千ビット（64キロ・ビット），ディジタル・テレビジョン放送のビデオ信号は6百万ビット（6メガ・ビット）です。この場合の情報伝送速度を64kビット/秒あるいは6Mビット/秒と表現します。

　通信ネットワークにはいろいろな種類がありますが，基本的には図11-1のように，アクセス・ネットワークとコア・ネットワークの階層構成になっています。アクセス・ネットワークは，情報の送信や受信を行う情報通信機器を末端につなぐ，アクセス・ノードを中心とするネットワークです。1つのアクセス・ノードがカバーするサービス・エリアには制限があるので，コア・ネットワークでアクセス・ノード間を相互接続します。従来の固定電話網のアクセス・ノードが市内電話交換機あるいは企業などの構内交換機（PBX）で，携帯電話網のアクセス・ノードが無線基地局です。

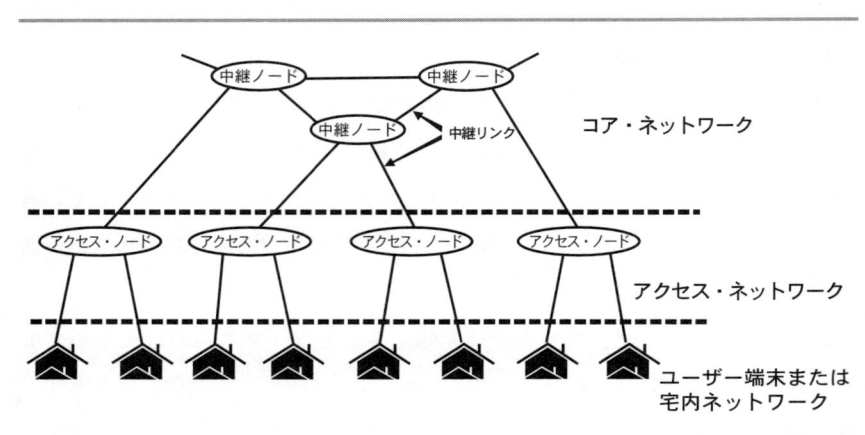

図11-1　通信ネットワークの構成

232

1.2 通信技術の進歩による通信事業の変化

1980年代から1990年代の20年間に，世界の通信事業は多くの面で劇的に変化しました。中でも特筆すべきことが，長距離電話料金の急速な低下，携帯電話の普及，およびインターネットの普及です。

通信サービスのコストは非常に複雑ですが，主なコスト要因は，リンクのコスト，ノードのコスト，通信システムの運用管理コストの3項目に分けられます。通信料金はそれぞれのコストの総額がベースになりますが，それぞれのコスト項目が占める割合は同じではありません。どのコストが支配的に大きいかによって通信サービス料金に違いがでます。単純に考えると，リンクのコストはリンクの長さ，つまり通信距離に比例して増えます。一方，ノードのコストと運用管理コストはほとんど通信距離に依存しません。もしも，リンクのコストがノードのコストよりもはるかに大きければ，通信コストは通信距離に比例して増えます。したがって，通信距離が大きいほど通信料金が高くなります。

1980年代までの長距離通信料金が，通信距離に比例して大きくなっていたのは，通信サービスコストの中で占めるリンク・コストの割合が大きかったことによります。ところが，1980年代以降，光ファイバー通信システムの性能向上によって，1ビットのディジタル信号を1m伝送するのにかかる伝送コスト，つまりビット・メートルあたりのリンク・コストが飛躍的に小さくなりました。輸送ネットワークに当てはめると，1gのものを1m，あるいは1kgのものを1km運ぶのにかかるコストが飛躍的に小さくなったことに相当します。

中継リンクの劇的なコストダウンを実現した主役は光ファイバー通信技術の進歩です。日本国内で長距離中継リンクの光ファイバー化が始まったのは1983年でした。そして，1980年代中頃から現在までの間に，1本の光ファイバーで運べる情報量（伝送容量）が100倍になりました。光ファイバー通信の高速化は現在も続いています。1本の光ファイバーの伝送容量が100倍になったということは，単純に考えると，ビット・メートルあたりのリンク・コストが100分の1になったということです。

コア・ネットワークの光ファイバー化によって長距離通信料金が大幅に低下

しましたが，このことだけでは画期的な新しい通信サービスは実現できませんでした。1990年代以降急速に発展した新しい通信サービスの実現は，アクセス・ネットワークにおける無線技術とブロードバンド技術の導入に大きく依存しています。

　日本国内の商用携帯電話サービスが始まったのは1987年です。そして，1999年にはユーザー数が固定電話回線数を上回りました。携帯電話はアクセス・ネットワークをケーブル接続の代わりに無線接続にしたものです。アクセス・ポイントの無線基地局と携帯端末の間を無線接続するので，携帯端末ユーザーは移動しながら通信を続けることができます。

　近年，ブロードバンド・ネットワークあるいはブロードバンド・サービスという言葉が広く使われています。これは，アクセス・リンクの伝送速度が大きく，ユーザーが短時間で大量の情報を送信あるいは受信できるということです。現在使われている主な技術は，既存の電話用に設置されている銅線の通信ケーブルを利用するADSL（非対称ディジタル加入者線）と，光ファイバー・ケーブルを利用するFTTH（ファイバー・ツー・ザ・ホーム）です。これらのアクセス・リンクの伝送速度は数Mビット/秒〜100Mビット/秒であり，従来の電話網のアクセス・リンクでは実現できなかった，画像品質がよいビデオ情報を楽に運ぶことができます。

1.3　通信事業制度の変化

　技術の進歩は制度の改革をうながします。日本の電気通信事業は1985年に施行された電気通信事業法によって自由化されました。それまでは，国内通信は日本電信電話公社，国際通信は国際電信電話株式会社の独占事業でした。これは，通信事業が巨額の設備投資が必要な設備サービス事業で，しかも全国で均一の公平なサービスを提供するためにとられた，公共事業政策によるものです。欧州の主要国は日本と同じような事業形態をとっていましたが，日本と同時期に民営化が進みました。米国の通信事業は一貫して民営事業です。しかし，現在も多くの国の通信事業は国営事業です。

携帯電話の普及が始まる前の1980年代に発表された，世界各国の電話事情を調べた報告書によれば，各国の電話普及率はそれぞれの国の平均国民所得に比例していました。この状態は現在もほとんど変わっていません。そして，通信事業の自由化が進んだ国は電話普及率が大きい国に偏っています。しかし，技術の進歩はこうした状態を変え始めました。

　携帯電話の本来の用途は移動体通信ですが，このために開発された無線通信技術を利用した固定無線アクセス・ネットワークが発展途上国の通信サービスの普及に大きく貢献しています。固定電話設備の設置が需要に追いつかない発展途上国では，固定無線アクセス方式による電話の急速な普及が進んでいるのです。個々のユーザー宅内に引き込む通信ケーブルを設置するよりも，多数のユーザーに通信サービスを提供できる1つの無線基地局を設置するほうが，費用が少なく，しかも短期間でサービスを開始できます。電話の普及が遅れていた中国で，2000年頃から無線アクセス方式による電話ユーザー数が急速に増えていて，日本の通信機器産業に特需効果をもたらしているほどです。

　無線基地局の設置が経済的にも技術的にも難しい，面積が広くて人口密度が小さい地域では，通信衛星を利用する衛星携帯電話が使われています。衛星携帯電話システムは多数の国や地域をカバーするグローバル通信システムです。このような通信システムには国境がないので，新たな問題が生じます。国によっては，国益を守るために衛星携帯電話の使用を厳しく制限しています。

2. 通信ネットワークの発展による産業の変化

2.1 通信機器産業

　高速道路網や高速鉄道網，あるいは航空機網の発達は，多くの分野で既存事業の運営形態を変えると同時に新事業を生み出しました。同様に，高性能で低コストの情報流通基盤である新しい通信ネットワークは，多くの既存産業に影響を与えると同時に，次々に新しい産業を生み出しています。

　総務省が作成した2004年版情報通信白書によれば，平成15年度(2003年)の日本国内情報通信産業の市場規模は116兆円です（図11-2）。

図 11-2　日本の情報通信産業

・電気通信事業者数（平成15年度末）：	12,518	社
―内インターネット・サービス提供事業者：	8,860	社
・情報通信産業の市場規模（平成14年度）：	116	兆円
―通信事業：	25.980兆円	
―情報通信関連製造業：	24.466兆円	
―情報通信関連サービス業：	24.403兆円	
―情報サービス業：	15.620兆円	
―研究：	14.357兆円	
―情報制作業：	6.745兆円	
―放送業：	3.095兆円	
―情報通信関連建設業：	1.404兆円	

（出典）　情報通信白書2004年版

　通信機器産業では，固定電話関係の設備を供給してきた事業が衰退しました。例えば，固定通信サービスを提供しているNTT東日本と西日本の2社の2004年度設備投資額の合計は約7,400億円であり，1990年代の半分程度に減少しました。しかし，これは，新しい時代を迎える過渡的な現象と見ることができます。2004年11月，2010年までに5兆円を投資して，3,000万ユーザー分の光ファイバー・アクセス・ネットワークを整備するという計画をNTTが発表しました。

　固定電話関係産業が衰退した一方では，携帯電話関係の通信機器産業が大きく成長しました。特に携帯電話機の市場規模の拡大が目立ちます。その原動力は次々に開発されている新機能の追加です。家庭用あるいは事業所用固定電話機の平均寿命は10年程度と推測されますが，携帯電話機の平均寿命ははるかに短く，1～2年程度で買い換えているユーザーがかなり多いのです。また，一人で何台も携帯電話機を持っている人も多くいます。2004年の国内携帯電話機市場規模は約4千万台で，日本国内の携帯電話機生産金額は約2兆円です。通信機器産業の固定電話関係から携帯電話関係への移行は日本だけではなく，国際的な動向です。

　携帯電話機の機能強化は，電話機能よりも，電子メールやインターネット利

用のためのデータ通信機能，およびディジタル写真のような画像通信機能が際だっています。これらの機能強化では日本が世界をリードしています。非電話通信と総称するデータ通信や画像通信の機能が携帯電話の発展の牽引力になっていることは，携帯電話各社の料金収入構造に現れています。通信事業者の収益力の指標の1つにARPU（average revenue per user：1ユーザーあたりの平均収入月額）があります。2002年度と2003年度のARPUを比較したNTTドコモの例では，全体として約3％減っていますが，その内訳は，電話が7％減，非電話が12.6％増となっています。なお，2003年度のARPUの75％は電話です。2年間だけのデータで断定的なことはいえませんが，ARPU全体と電話収入の減少および非電話収入の増加は納得できる傾向です。

現時点では携帯電話各社の業績はかなり良いが，これを支えているのは主として電話の通話料金です。現在は固定電話と比較して携帯電話の通話料金は割高ですが，携帯電話の通話料金の引き下げ競争が始まると，ARPUを維持するために，一層の機能強化が必要になります。テレビジョン放送の受信機能，GPS（全地球測位システム）と連動する位置情報機能，電子マネー機能など，携帯電話機の新しい機能が次々に生まれています。

2.2 情報流通産業の発展

高性能で利用面の柔軟性が大きい情報流通基盤としてのブロードバンド通信ネットワークの普及は，既存の情報提供産業や情報流通産業に大きな影響を与えます。その1つが，インターネットを利用する書籍のコンテンツ（内容）や音楽の配信です。これをコンテンツ配信といいます。

テレビジョン電波の状態が悪い難視聴地域対策から始まったCATV（ケーブル・テレビジョン）は，運ぶ情報量が非常に多いために電話を主体とする通信ネットワークとは異なる技術を使っています。このことが通信と放送を区別する重要なポイントですが，ブロードバンド通信ネットワークがテレビジョン放送の配信ネットワークとして使える性能を持つようになったことから，通信と放送を分離することの必然性が薄れてきました。

すでに限られた範囲で始まっている，通信ネットワークによるテレビジョン放送番組の配信は，通信と放送の融合の先駆けです。通信と放送の融合は情報流通ネットワークの構築と運用だけの問題ではありません。通信事業と放送事業は別の法律によって管理されているので，法律の見直しが必要です。また，情報コンテンツの知的所有権保護をどのように行うべきかということがすでに大きな問題になっています。

　通信ネットワークの発達が多くの人たちの日常生活の場に変化をもたらした一例として，通信カラオケがあります。「カラオケ」は日本で生まれて世界中に広がったシステムとその名称です。通信カラオケが始まったのはアナログ電話回線しか使えなかった時代ですが，その後の通信ネットワークのブロードバンド化によって，音声や画像の品質が大幅に改善されました。ブロードバンド通信ネットワークはテレビカメラによる遠隔監視システムの情報伝達にも使われています。これらの例に見られるように，ブロードバンド通信ネットワークの利用は確実に広がっているのです。そして新しい産業あるいは事業が始まっています。

2.3　勤務形態の変化

　テレコミューティング（telecommuting）という言葉があります。テレコミューティングに相当する日本語は在宅勤務です。一定の場所に出勤しなくても，ネットワーク・システムを利用することで，どこにいても同じように仕事をこなすことができる状態がテレコミューティングです。これを実行する場としてSOHO（スモール・オフィス・ホーム・オフィス）という言葉が生まれました。テレコミューティングが本格的に普及したのはインターネットの利用技術が多くの企業に浸透した1990年代以降ですが，文献によれば，米国でテレコミューティングという言葉が作られたのは1973年となっています。

　テレコミューティングはオフィス業務の生産性向上手段として生まれましたが，米国ではテレコミューティングとエネルギー問題を関連づける議論が盛んに行われたことがあります。テレコミューティングによって，通勤時に消費す

るガソリンの量を大幅に減らせるという発想です。米国の大都市で毎日発生している通勤時間帯における車の大渋滞を見ると，テレコミューティングの効果が大きいことは容易に想像できます。日本ではテレコミューティングによるガソリン消費の節約効果は米国ほど大きくないかもしれませんが，長距離通勤者にとっては通勤時間の大幅短縮効果は大きいのです。

3. インターネット社会の出現

3.1 インターネットの歴史

インターネットとは何かということをあえて説明する必要がないほどにインターネットの利用が世界中で普及しました。しかし，インターネットの本来の姿を理解している人は多くありません。インターネットの始まりは，離れた場所にある複数のコンピューターを相互接続して，それぞれのコンピューターのデータ処理機能や，蓄積している情報を共有することです。このためのデータ通信ネットワークとして開発されたのが，パケット通信技術を利用したARPANET(アーパネット)です。ARPA は米国国防総省高等研究計画局の略称で，ARPANET の構築のスポンサーです。

カリフォルニア大学のサンタバーバラ校とロサンゼルス校，スタンフォード研究所，およびユタ大学の4ヵ所のコンピューターをつないだ最初のARPANET が稼働したのは1969年12月です。その後 ARPANET は米国の国内で発達を続けましたが，利用者は大学や政府機関，軍関係などに限定されていました。

ARPANET に大きな変化が生じたのが1983年です。この年にコンピューター間でデータをやりとりする手順を規定したプロトコル(通信規約)の抜本的な変更があり，IP(インターネット・プロトコル)が導入されました。IP は現在のインターネットの中心的なプロトコルです。このために IP を使った新しい ARPANET をインターネットの始まりとしている文献もあります。IP を使うデータ通信ネットワークを IP ネットワークといいます。

米国では，1986年に NSF(全米科学財団)がスポンサーになった NSFNET

239

が出現しました。NSFNETは米国内だけでなく，世界各国に開かれたIPネットワークであり，日本は1989年にNSFNETにつながれました。1991年にNSFがインターネットの商用利用規制を廃止したことから商用インターネット時代が始まりました。日本で最初の商用インターネット・サービスが始まったのは1993年です。

3.2 インターネット社会の発展

インターネットが大衆に普及したのは魅力的なアプリケーションによることはいうまでもありません。インターネットの普及に特に効果があったアプリケーションはWWW（ワールド・ワイド・ウェブ）技術とブラウザー（閲覧用ソフトウェア）の組合せによる情報提供です。この結果，世界中に設置されている多数のコンピューターが蓄積している莫大な情報を，瞬時に自由にしかも安価に入手できるようになりました。WWWの技術は1991年にCERN（欧州素粒子物理学研究所）で開発されました。一方，WWWに対応した最初のブラウザーであるモザイクが米イリノイ大学で開発されたのは1993年でした。

日本でWWWのホームページあるいはウェブ・ページによる情報提供者が増え始めたのは1995年頃からです。そして，インターネットの知名度が高まり，ユーザー数が急速に増え始めました。WWWの世界で，どこにあるのか分からない情報を探し出すことは簡単ではありません。そこで登場したのがポータル・サイトと検索エンジンです。インターネットが普及する以前から大規模のデータベースが存在しました。そして，ツリー検索やキーワード検索による情報検索技術が使われていました。

インターネットでも，ホームページ・アドレスが分からない情報の検索にはこれらの技術が使われています。しかし，1つのキーワードに該当する情報が数万件もあると，どれを選べばよいか分からなくなります。本当に欲しい情報を能率良く探すための工夫が検索エンジンを特徴づけています。そして，評判がよい検索エンジンを備えたポータル・サイトの利用頻度が大きく伸びました。ユーザーのアクセス頻度が大きいポータル・サイトのウェブ・ページある

いはホームページは優れた広告媒体です。インターネット・サービス事業者が扱う広告はすでに巨大な事業に発展しています。

　ポータル・サイトの奥では，インターネット通信販売やインターネット・オークションなどの多くの事業が展開しています。これらは既存の商品流通組織を変え，あるいは個人の生活スタイルに大きな変化をもたらしています。

　インターネット・ユーザーが最もよく利用しているアプリケーションの１つが電子メールです。ただし，電子メールはインターネットの固有アプリケーションではありません。電子メールは手紙の記録性と電話の迅速性の，両方の長所を備えた優れた情報交換手段です。米国では電話網を利用するパソコン通信が1970年代に始まり，そのサービス・メニューの１つに電子メールが含まれていました。そして，電子メールとその応用であるチャットや電子掲示板（BBS）が新しい情報交換手段として広く社会に浸透しました。

　急速に普及が進んでいるインターネットのアプリケーションの１つに遠隔教育があります。これをｅラーニングといいます。ｅラーニングは電子的手段を利用する遠隔教育システムの総称であり，衛星通信回線を利用する放送型，テレビ会議システムを利用する双方向通信型，インターネットを利用するWBT（ウェブベース・トレーニング）などがあります（図11-3）。しかし，1990年代後半からインターネットを利用するｅラーニングが急速に発達したことから，ｅラーニングというと，ほとんどの場合WBTを指すようになりました。このシステムは，学習者の学習履歴管理や自己テストなど，多くの機能を備えています。

　すでに多くの企業が社員教育にｅラーニング・システムを使って大きな効果を上げています。営業や保守担当者が，分厚い資料の代わりに１台のパソコンを持ち歩き，必要に応じて会社のコンピューターから欲しい情報を取り出すことがすでに日常的になっています。このようなときに，ｅラーニング用教材として開発した資料が役立つことが多いのです。ｅラーニングは大学制度にも大きな変化をもたらします。多くの大学がｅラーニングを実施しており，一般公開されているｅラーニング講座も多数あります。日本にいて学習できる米国の

241

図 11-3　WBT システムの構成

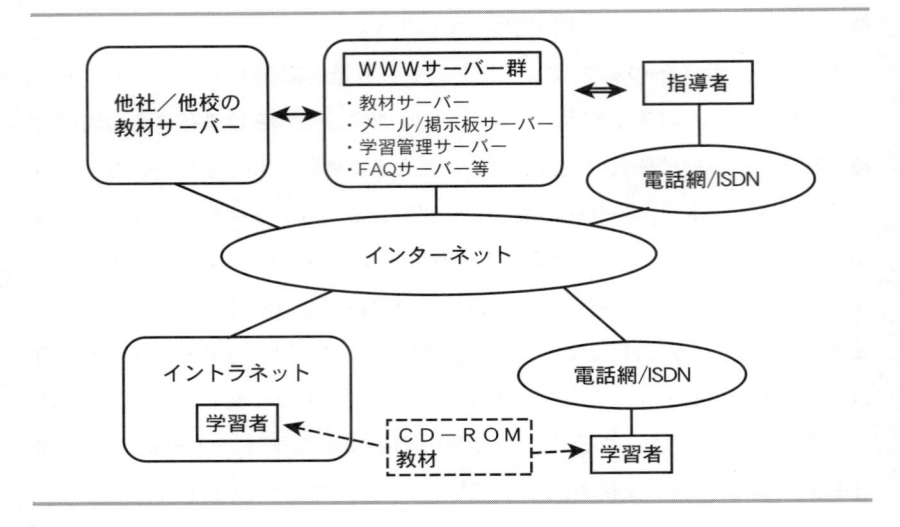

大学の講座もあります。

3.3　インターネットの発展動向

　インターネットの基本的な利用形態は，ユーザー端末（クライアント）とコンピューター（サーバー）の間で情報をやりとりすることです。このようなシステムをクライアント・サーバー型と呼びます。ユーザーはサーバーから取り出してユーザー端末に蓄積した情報を見たり処理したりするのが一般的ですが，ブロードバンド・ネットワークの普及に伴って，インターネットの利用方法の多様化が始まりました。代表的なブロードバンド・アプリケーションとして，ストリーミングと P2P（ピア・ツー・ピア）があります。

　ストリーミングはインターネットのユーザー端末で情報を受信しながら，連続的に再生することです。この技術を使うインターネット放送や VOD（ビデオ・オン・デマンド）サービスがすでに始まっています。

　P2P はサーバーを経由しないで，ユーザー端末間で直接データをやりとりすることで，ユーザー同士の音楽ファイル交換が盛んに行われています。2001

年に商用サービスが始まったIP電話もP2Pサービスの一種です。

　ストリーミングやP2Pの実態は，従来の電話網で行っていることです。しかし，パケット通信技術を使っているインターネットを利用して，良好なサービス品質のストリーミングやP2Pアプリケーションを安定的に実現することは簡単ではありません。音声が途切れたり画像が乱れたりする確率が大きいのです。そこで，IP電話サービスを提供している通信事業者の多くは，専用の高性能IPネットワークを構築して良好なサービス品質を実現しています。これからの汎用的な情報流通基盤のキーワードは「ブロードバンドIPネットワーク」です。

4. ネットワーク社会の秩序ある発展

4.1 セキュリティー

　通信事業者にとってセキュリティー(安全保護)は永遠の課題です。電話の盗聴や無線電話の通話漏洩は古典的なセキュリティー問題でした。これに加えて，インターネットの発展に伴って多くの新たなセキュリティー問題が発生しました。コンピューターに蓄積されている情報の不正取り出しや不正改ざん，スパム・メールともいう大量の迷惑メールの無差別配布，通信販売の悪用などがエスカレートしています。「サイバー・テロリズム」という言葉に象徴されるように，情報通信ネットワークを悪用する犯罪行為は国家や企業の安全保障の領域を侵すレベルに達しています。

　情報通信ネットワークでは，犯罪行為が目に見えず，また，その影響が表面化するまでに時間がかかることが多いのです。ネットワーク犯罪の被害を防ぐためには，個々のユーザーやシステム管理者が犯罪行為を防ぐ対策を用意して実施しなければなりません。

　インターネットやコンピューター・ネットワークではセキュリティー対策として，ファイアウォール，ユーザー認証，情報の暗号化，メッセージ・ダイジェスト，ディジタル署名，電子透かし，侵入検知システム，不正行為者追跡システムなどが使われています。これらのセキュリティー機能を実行する機器

やサービスが新しい産業として発展していますが,「これだけの機能を用意すれば十分に安全だ」という保証は難しいのです。また,セキュリティー機能を強化することによる,コストの増加,性能の低下,端末機器操作の複雑化などの問題がクローズアップされるようになりました。

最近ネットワーク・セキュリティーの分野で「フォレンジック」という言葉がよく使われるようになりました。フォレンジック(forensic)の本来の意味は「法廷で使われる」ということで,辞書には「フォレンジック・メディスン(法医学)」や「フォレンジック・ケミストリー(法化学)」などの犯罪科学分野の用語があります。これらは犯罪行為を裏付ける科学的証拠を揃える科学技術です。

「ネットワーク・フォレンジック」あるいは「コンピューター・フォレンジック」という,IT分野のフォレンジック・ビジネスが活発になったのは,企業内部で保管している顧客情報の大量漏洩に対する企業防衛対策がきっかけのようです。具体的には,サーバーのアクセス履歴やネットワーク上で流れた情報を記録して,必要に応じて事後分析できるようにします。このための製品やサービスの提供が始まっています。

ネットワーク・フォレンジック技術の主目的は,トラブルが発生した後で,このトラブルの犯罪行為を立証するデータを集めることであり,犯罪行為の防止や犯罪行為の発生を検知して警報を発生することではありません。フォレンジック機能を強化することだけで犯罪行為を防げるとは思えないし,集積したデータの分析による社員のプライバシー侵害も新たな問題になります。

セキュリティー問題は一部の人たちにまかせておけばよいということではなく,社会全体が関心を持って取り組まなければならないことです。

4.2 情報格差

情報格差という言葉があります。ディジタル・デバイドともいいます。インターネットに代表される高度な情報通信システムを上手に利用している「情報強者」と,利用していないあるいは利用できない「情報弱者」の間で生じる格

差のことです。同じ概念を表す英語に「インフォメーション・リッチ」と「インフォメーション・プアー」あるいは「ビット・リッチ」と「ビット・プアー」があります。情報格差は日常生活の豊かさや就職機会などに影響をもたらしています。このことは個人レベルだけでなく，企業レベルや国家レベルにも当てはまります。

　個人レベルの情報格差に焦点を絞ると，情報弱者を作らない，あるいは情報弱者をできるだけ救済することが大きな社会的課題となります。高齢化が進む社会では，高齢者対策が特に重要です。

　高齢者を意識して開発された，ダイヤルボタンが大きい電話機があります。また，パソコンのキーボード操作がうまくできない人のために手書き文字や音声によるメッセージ入力技術が開発されています。機器の操作性を簡便にするこれらの配慮や技術は情報格差を緩和するのに効果がありますが，より大切なことは，情報弱者を支援する社会体制です。

　例えばインターネット通販で本を購入したい人がいるとしましょう。欲しい本のタイトルや出版社が分かっていても，本人はインターネットを利用するのに必要な設備を持っていません。あるいはインターネット・カフェのようなところに行っても通販の利用方法が分かりません。このような情報弱者を支援して，本の購入手続を代行する人がいれば，それだけでも情報格差を改善できます。

　情報格差を小さくするということは，情報強者を抑えることではありません。情報弱者がハンディキャップを負ったままの状態にしておかないことです。

4.3　ネットワーク社会の健全な発展のための通信事業の役割

　ユビキタス・ネットワーク社会，ユビキタス・コンピューティングなど，「ユビキタス」という言葉が2000年頃から盛んに使われるようになりました。ユビキタスの本来の意味は「遍在」，つまり「同時に至る所に存在する」ことです。インターネットは情報が遍在するユビキタス情報社会を実現するための

強力な手段です。グローバルな情報の遍在は，政治，経済，文化などあらゆる分野で既成の概念や秩序を変えます。

　通信事業は営利事業ですが，同時に社会を支える責任があります。このために，長期間にわたって安定した良好なサービスの提供を続けなければなりません。1960年代から1970年代にわたる，日本国内の長期電話普及計画を推進しているときのNTT（当時の日本電信電話公社）のモットーは「広く，あまねく，公平に」でした。このことは現在にも当てはめるべきことです。採算性が悪いからといって人口密度が小さい地域のサービスを切り捨てて，新しい情報弱者を作ってはなりません。

　携帯電話事業者やいわゆるブロードバンド・サービス事業者が使っているサービス状態を表す指標の1つに「人口カバー率」があります。人口密度が大きい大都市からサービスを展開すると，短期間に大きな人口カバー率を実現できます。そして事業の採算性も良くなります。しかし，人口カバー率と比べてサービスが提供されている面積カバー率はかなり小さいのです。通信サービスの面積カバー率を大きくすることは通信事業者が抱え続けている難題です。多方面の技術進歩はこの難題を徐々に解決してきました。しかし，コストを含めて問題が解決されたわけではありません。

　通信事業の発展を支えているのは技術であるが，ネットワーク社会の健全な発展のためには，これを支える社会体制や法律の整備が必要なのです。

むすび――国際動向

　これまで説明してきたことの大部分は，日本国内だけでなく，世界全体に当てはまることです。すでに，情報通信ネットワークには国境がありません。電話やインターネットの利用から分かるように，通信ネットワークを流れる情報は，検問も税関もなしに，自由にしかも瞬時に世界中を飛び回っています。

　通信事業は典型的な設備サービス産業です。設備の規模と稼働率を大きくすることでサービスコストを下げる，規模の効果が大きいので，通信事業者間の連携や企業買収が絶え間なく行われています。

通信事業者だけでなく，機器メーカーの国際的な連携も盛んです。これは以前から行われてきたことであるが，単に量産効果を追求するだけでなく，技術標準化の主導権を得ることによって，市場で優位に立つことに重要な意味があります。

情報通信ネットワークのグローバル化，そして流通する情報コンテンツの多様化は阻止できない潮流であるし，あえて阻止すべきことでもありません。しかし，この結果もたらされる負の側面，特に情報通信ネットワークの悪用に対して，個人も組織もガードを固める必要があります。

質問箱から

問 2点ほど質問させていただきます。インターネット，コンピューターの発達によって，今はeラーニングやショッピングがインターネットで楽しめる，そういった新しい分野がいろいろ出てきていると思うんですけれども，セキュリティーや技術的なもの，あとは先生の経験等から見て，新たにどのような分野が出てくることが可能であるか，生まれてくるだろうかということが1点目です。もう1点は，先ほど情報格差という話をされたと思いますが，そういった点が結構重要になってくると思いますけれども，政府として，どのような政策をするべきかいうことと，企業としてどのような政策を打っていくことで，情報格差が解決することができるのかについてお伺いしたいと思います。お願いいたします。

答 まず1番目の問題ですが，インターネット・アプリケーションといいますか，この分野でどういう産業がこれから発展するか，これは何ともわかりませんけれども，皆さん一人ひとりが，ブロードバンド・ネットワークや情報流通ネットワークが整備されてきたら，何が欲しいかと考えてみてください。私自身が前々から思っておりますのは，世界中のテレビ番組を，見たいものをライブで見たい。これは技術的には可能であります。

私は隠居ですから，毎日家におりますが，例えばNHKのBS放送で世界のニュース番組を見ております。CNNを見たり，フランスドゥを見ておりますが，これはさわりのところだけをNHKが編集して見せているんですね。それからアルジャジーラも，全部を見られるわけではないのです。そういうさわりが，公共放送で出たときに，その中身をもっと見たいと思ったときに見られたらいいなと思いますね。これは1つの例ですから，これを機会にぜひ自分はこんなものが欲しいな，こんなことをやりたいなと思うことを考えて，できればそれでベンチャー・ビジネスを作り上げる，そこまで行っていいんじゃないかと思います。

2番目の質問の政策ですが，放送と通信の壁を早く撤廃してほしいと思います。それには先ほども申し上げましたように著作権，知的所有権の問題があります。これをいかにうまく解決して，今，世界中に蓄積されている莫大な情報が自由に流通できるようにするにはどうしたらいいか。そのための法整備をどうするか。それをやることによって考えられるマイナスの部分，犠牲者が出てくる可能性について，どういうふうにガードをかけるか，そんなところかなというふうに思います。

第12章 なぜ今,企業変革か
―― 日産自動車のケース ――

楠美　憲章

はじめに

　今日,ビジネス界では「企業変革」が叫ばれています。競争力を強化するためには個々の経営技術を改善していく程度ではとても追いつかない位の環境変化に見舞われているからです。つまり,マネジメントそのもの,いや,企業の組織や風土を含めた企業全体を対象にして変身しなければならない状況にあります。そうでないと,とても21世紀に相応しい企業として生きていけないというわけです。そういう意味で,本日は,単なる「経営改革」ということではなく,「企業変革」という言葉を使ってお話ししたいと思います。

　企業変革に成功している企業には幾つかの共通点が見られる。そのひとつは,最初から一貫したシナリオで変革を展開しているという事実があります。もうひとつは,トップから社員に至るまで,意識・行動の両面で一体感をもって取り組んでいるという点もあげられます。

　しかし,これ以上を一般論でお話ししても分かりにくいので,日産自動車のこの数年の取り組みをひとつの企業変革の例として取り上げます。当事者として報告すると同時に,観察者の視点からもコメントしたいと思っております。

1. 日産の凋落と当時の時代背景

　日産改革の芽は1998年に遡ります。当時,世界の自動車各社は来るべき21世紀をどうやって生き延びていくかということで,その方策を模索していた時期でした。端的に言いますと,どの自動車メーカーも,単独で生きていくのは大変なことだという共通した時代認識がありました。

　その背景は何かというと,ひとつは,あの時点で既に世界的な供給過剰の状態にあったこと。2点目は技術開発がらみのことですが,21世紀には燃料電池

その他で膨大な技術開発に大変なコストがかかるわけですが，そのためには，大きな売上げとそれに伴う収益の確保が必須だということであります。更には，世界的にデフレが定着するという構造的な問題もありました。そういう意味で，GM，トヨタといえども単独でやっていくのは大変だという認識があったわけです。

そういう背景があって，春ごろから，世界の自動車メーカーの間で合従連衡の動きが始まりました。皆さんの記憶にあるのは「ベンツとクライスラーの合併」だと思いますが，そのほかにも，GMが日本のいすゞ，富士，スズキの3社との提携強化に乗り出すとか，フォードがボルボ乗用車部門を買収するなどあげられます。トヨタも国内でありますけれども，日野，ダイハツを完全子会社化したというのもあのころの話であります。このように各社各様に動いていました。

2. 日産の悩みと問題点

そういう中で日産も当然，同じような認識を持っておりました。つまり，当時の日産は企業規模がいかにも中途半端だということです。270万台規模というのは世界的にみて決して小さくはないサイズですが，21世紀にグローバル・プレーヤーとしてやっていくには，やはり，足りないという悩みです。

同時に，日産は他社に比べてより深刻な固有の悩みを抱えておりました。すなわち，商品，販売をはじめ色んな面で競争力を落としており，歯止めなき低落傾向にありました。

そういう中で，財務上の脆弱さ，これは端的に言って，日産の膨大な借金体質のことですが，当時，格付け機関や証券アナリストの間で問題視されました。

この背景には，時あたかも起こった日本版金融ビッグバンがあります。これによって，いわゆる「メインバンク制」が揺らぎだし，日産のメインバンクも従前のように日産に構っていられなくなってきました。

前後して，大手銀行や証券会社が倒れたこともあり，半年もしないうちに，

市場で「日産が危ない」という話が出始め，一気に抜き差しならない事態に追い込まれました。これは日産70年の歴史で初めての大ピンチでした。

　このように，事態をここまで悪化させたことに対しては，なんといっても，我々経営陣の責任が大であります。集中的な議論の末，我々は自ら腹を切ったつもりで，日産の解党的な出直しと大転換を決意しました。

　その前に，「何故に，日産がここまで落ち込んだのか」という敗因をわたしなりに整理しますと，まず，現象的・皮相的には，「商品が悪かった」とか「海外事業が裏目に出た」とかいろいろあげられますが，その真因を突き詰めていくと，やはり，我々の仕事のやり方や日産の風土に問題があったのではないかということです。

　例えば，「顧客よりもライバルを見ていた」とか，「視点が全社的というよりはセクショナリズム・部分最適解に流れるところがあった」などです。

　そして，このことはマネジメントの意思決定の問題につながります。これは端的に言って，意思決定力が弱かったということですが，具体的には，意思決定の際に例外を認めるとか，非合理的な判断を妥協的にするとかなど，甘い点が多々あったということです。

　もうひとつ，それよりも大きいのは，実行力の弱さであります。仮に，意思決定がきっちりされたとしても，それを実行・実現する段階でその通り行動に移せたかというと，大変忸怩たるものがあります。当時の日産は，「実行」よりも「議論」が得意な会社であったと言わざるを得ません。

　逆に言うと，思いやりや言い訳が通用したり，具体的貢献度よりもよき組織人たることが人事の評価基準として高かったりしていたわけです。要するに，「責任を曖昧にする文化」があったとも言えます。

　更に，その原因を深掘りしていきますと，人事システムに突き当たります。もちろん，日産は当時でも「能力主義」を採用していました。しかし，「実績主義」ではなかったのです。つまり，仕事をきっちりやれなくても，それが即，評価につながらない。実績と評価の不連続と言いましょうか，そこに大きな問題があったのです。

更に罪深いのは，そのことに気付きつつも直せなかったということです。変えようと思っても，いろんな軋轢や思惑があって，結局，回避したり，先送りしてしまうことが多くありました。また，体面が邪魔をしたというようなこともありました。

　いずれにしても，「こういうマネジメントはもう通用しない」ということをあの期に及んでやっと決心した次第であります。そして，そこから日産のターン・アラウンドが始まるわけです。

3. 日産の転換と国際提携戦略

　転換の方向ですが，ひとつは，マネジメント改革を大胆かつ速やかにやること。もうひとつは，先程申し上げた時代背景から，企業規模の実質的拡大を図るということです。しかも，時間的な制約からこの2つの命題を同時に解決しなければならなかったわけです。「然らば，その解を何に求めるか」ということになり，出てきたのが「国際提携」という選択肢でした。

　ということで，早速，提携交渉にとりかかります。具体的には，多少時間の前後はありますが，ベンツ，ルノー，フォードの3社と交渉を始めました。この経緯は省略しますが，誘ったり誘われたりという形でした。冒頭に申し上げたようなグローバル・ベースでの合従連衡が起こっていた最中での提携交渉でありました。

　そして，10ヵ月後に，ルノーとの提携を決めたわけです。なぜルノーかということですが，決め手は「優れたマネジメントの導入の可能性」と「相手の真剣さ」でした。交渉を通じて，ルノーのマネジメントが一番日産に馴染むのではないかと判断するに至りました。また，日産にないものをルノーが持っているし，ルノーにないものを日産が持っているという点で，最も相乗効果が出るということも確認されました。更に，先方がこの提携に大変熱心でありました。

　99年の3月末に正式に提携発表をしました。反響は思った通り大変悪く，「弱者連合」とか「選択を誤った日産」などと言われました。しかし，我々は

腹をくくっていました。つまり，「我々は正しい選択をしたのだ。これをうまくやれば，日産もルノーも生き残れる。しかし，失敗すれば，共に死ぬ」と。

4．新生日産とゴーン改革

　ここから，ゴーンの出番です。着任して3ヵ月後に，彼は「まず，日産が今早急にやるべきことは何か」という問題提起をします。それが後のNISSAN REVIVAL PLAN（以下，NRP）につながるわけです。

　彼がほかの人と違う点は，具体的にかつプライオリティをつけて，「何をいつまでにやるか」を示したことです。日産のビジョンはどうあるべきだとか，意識改革をまずやらなければというような抽象的なことではありません。私はそこに非常に共感を覚えます。

　それと，NRPの各論を詰めていく段階で，彼は「事前に答えを用意しない」とも言いました。彼は日産のそれまでの体質を早くも見抜いていたということです。つまり，「聖域を設けない，タブーに挑戦する」という意味合いであります。安易な妥協をしないでNRPを作ろうということです。全くその通りでありまして，簡単に達成できるような低い目標をクリアしたところで，日産は良くならないわけですから。

　そして，出来上がったNRPの内容は空前の大リストラ策として，社内外に大きな反響を巻き起こしました。外部の反響も当初は，極めてネガティブでした。まず，「あれは無理だ。実現できない」とか「破壊的リストラだ」というのが大方のマスコミ・識者の見解でした。

　しかし，結果は，1年後には黒字まで回復し，2年目には全部の目標・計画を前倒しで達成するところまでできたわけです。これが「日産のV字回復」と言われる背景です。そのお蔭で，日産は早期に市場の信頼を取り戻しました。

　然らば，どうやって実現したのか？　ただ，精神論で頑張ったというわけではなく，手法的に新しいツールを幾つか用意しました。

　そのひとつは，「クロスファンクション」です。要するに，社内横断的機能の強化ということです。挑戦的な，つまりバーの高い目標や計画というもの

は，多くの場合，部門を跨がる課題が多いわけですから，セクショナリズムを排除するための仕掛けを工夫したということです。

次に，プランの実行段階で仕掛けたのが，「コミットメント」という手法です。要するに，NRPという大きな宿題を社長から末端社員に至るまで一人一人が応分の荷物を背負ったということです。

そして，このときにゴーンは「ここまでは全体の5％だ。後の95％は実行だ」と言いました。一人一人が実行段階で画竜点睛を欠かないようにしようという決意です。

ここで，企業変革論の視点から触れておかなければいけないのは，「リーダーの役割」と「フォロワーの役割」というテーマであります。

まず，ゴーンのリーダーシップですが，NRP成功に不可欠だったことは言うまでもありません。ゴーンのリーダーシップについては色々な見方ができますが，わたしは，彼のリーダーシップの神髄は「コミュニケーション」にあると思っています。社員との丁寧で継続的な対話を通して社員の行動を変容させたということです。これは企業変革の絶対条件と言えます。

このコミュニケーションは，言い換えると，社員への動機付けです。この辺に関しては，ゴーンは類いまれなる才能を持っております。そして，彼はそのために率先垂範します。こんなエピソードがありました。彼がNRP発表した後にマスコミにしつこく訊かれて，「あのNRPが達成できなかったら，どうするのか？」と。彼は即座に「失敗すれば辞任する」と言いました。NRPがスタートして半年もたっていなかったと思いますが，この発言はマスコミでも話題になりました。

しかし，彼の言葉は社内においてこそ，大きな意味がありました。つまり，社員が"ゴーンさんはあそこまで言うのか，彼は真剣なんだ。俺たちも腹をくくってやり遂げなきゃ"という雰囲気になっていきました。あの当時，日本企業の経営者であそこまで言うのは珍しかった。しかし，これはリーダーの大事な要件のひとつだと思います。

併せて，私が申し上げたいもうひとつの変革の絶対条件に，「立派なフォロ

ワーの存在」という要素があります。リーダーが幾ら優秀でも，トップ一人にできることはたかが知れています。日産の場合にも全くそうでした。全員がその重い荷物を背負ってみんなきっちり使命を果たしたからこそ，企業として生き返れたわけです。

その辺はゴーンもよく分かっていまして，常々，「答えは社内にある，あなた方が考えてくれ」ということでした。彼曰く，"目標値やスケジュールは譲れない。しかし，やり方は任せる。なぜなら，あなた方が一番日産を知っているのだから"というわけです。

以上が大変雑ぱくでありますが，日産がひとまず生き返るまでの過程であります。そして，今は，持続的な変革と成長発展に向かって取り組んでいるところです。

5.「再生」から「本格的な変革」へ

日産が現在，具体的に取り組んでいることが幾つかあります。ひとつは，組織・制度のモデルチェンジです。代表例は「人事制度」です。これが一番大事だと思っております。実績主義を前面に打ち出し，賃金・昇進とリンクさせたのは勿論のこと，人材育成，ローテーション，個々人のキャリア・デザインともリンクさせています。

更に，関連して意を用いているのは，「権限委譲」です。一人一人により難しい仕事をしてもらうわけですから，権限委譲は当然ですが，実績主義と権限委譲の組み合わせでより大きな成果を出そうとしています。そうすることによって，会社もハッピーだし個人も自己成長するという良循環に入ることを狙っています。

しかし，この成果主義の導入に当たって大事なことは，評価のルールをきっちり作り，それを透明性のある形で事前に社内展開することです。そうでないと，やはり，特定の部署の人とか目立つ人物だけが評価されて，その反面，一生懸命やったけれども，ゴーンから見えてない人たちが多数ディスカレッジするということになるからです。これでは，企業トータルとしても得なことでは

ありません。

　そういうことをやっていく中で，仕事の価値観というものが変わってきました。例えば，これまで，コンセンサス経営だったものが個別のコミットメント・ベースに変わりました。また，連帯責任だったものが個人責任になりました。慣習でやっていたことがルールの下に行われるようになりました。

　更に，最も変わった点は，ある意味で「議論の日産」から「実行の日産」になりつつあるという点です。「実行」が日産の企業文化の中核になりつつあるのではないかと私は期待しています。このことは日本企業に共通する問題で，まだふっきれてないところが多いように思っております。

　そういうことで，最近の日産は，少し離れた立場で見ていると，変革の癖がついてきたかなと思います。最終目標は，これを完全に体質化することです。「変化は常態なり」ですから，変革を体質化するよりほかないわけです。

　また，現在の日産はいわゆる「守りのリストラ」は完全に終わり，「攻めのリストラ」に今入っています。その狙いは，拡大基調の中で一段と競争力をつけようとしています。そのための計画を「日産180計画」と呼んでおりますが，今年はその最終年度です。そして，来年度からは「ポスト日産180計画」を開始することにしています。

　この過程で大きな拠り所になるのが，「ルノーとの提携効果」です。提携が正式に決まった99年の春に，日産もルノーも"この提携は「新しい形の企業連合」です"と申し上げました。しかし，当時はあまり関心を持たれませんでした。しかし，最近になり，マスコミのみならず，識者，世界のビジネス・スクールなども注目し始めています。

　どこが面白いかというと，「合併しないけれども合併以上の効果を出す」というコンセプトだからです。この裏には「それぞれ氏育ちも違うわけだから，アイデンティティとブランドは別々に持とう，しかし，経営資源は全部一緒にしよう」という両社の最初から一致した戦略があります。

　職制も，部課長から役員に至るまで様々な階層がありましたが，両社間で完全に同じ呼称に統一しました。だから，両社を跨いで異動も評価もしやすいこ

とになります。このように，経営のソフトインフラをきっちり合わせる方が，外見だけ統合するよりも遥かに効果は出てきます。この点は，提携に慣れていない日本企業として大いに考えるべき点かと思います。

6. 日産改革が教えるもの

　私は日産の改革は2段階から成っていると見ています。

　第1段階は「国際提携」です。これをテコに新しいマネジメントの導入と実質的な企業規模の拡大の切符を手に入れたわけです。

　そして，第2段階は，言うまでもなく，「ゴーン改革」です。この過程で，日産の経営システムと競争力が格段に向上しました。その上で今後は，提携の効果がグローバルに発揮されることが期待されているわけです。

　最後に，「日産改革の成功のファクターは何か」ということについて，私の見方を申し上げたいと思います。

　1つは，国際提携の際に示された両社の姿勢です。お互いに冷静に，無理強いや我を張ることなく，とにかく「両者一緒になれば，なんとか世界の自動車戦争に生き残っていける」という思いから，互いに強みは提供し，弱みを補完するという合理的で謙虚なアライアンスになっていることです。この裏には，ルノーのシュバイツァー会長と日産の塙会長の2人の英断と戦略がありました。

　2番目は，やはり，日産はゴーンという優れたリーダーを得たということです。今日，これほど大胆な企業変革を実現できたのはゴーンのリーダーシップがあったればこそです。

　3つ目は，やはり若い人たちがゴーンの決意と方針に対し，極めて前向きに取り組んだことです。そういう意味で，私は身内ながら，立派なフォロワーの協力があって初めてここまで来られたし，この先も楽しみだと思っております。

　もちろん，日産改革は決して最適のケースではありません。しかし，一企業の生き様を他山の石とするところはあるのではと，当事者として，また，観察者として最近思っているところであります。

質問箱から

問 貴重なお話，どうもありがとうございました。今日の日産のカルロス・ゴーン社長の話を聞いて思ったんですが，日産の労働組合の反発というものはなかったんでしょうか。それについてお聞きしたいと思います。

答 大変いい質問をちょうだいしました。言い落としたんですけれども，今，日本中でいろいろな企業が大胆な変革に取り組んでいるときに，よく労組との関係がこじれてうまくいかないという話が出ております。日産の場合には実はこんなことがありました。

ゴーンさんが日産に来て，私と話をしている過程で，今日何度も申し上げましたように，自分はコミュニケーションを大切にする。従業員といろいろやるということを言うわけです。そう言っている彼が「組合は別だからね」と最初に言ったんですよ。それで私は，彼に，「ゴーンさん，日本では，いや，少なくとも日産では，従業員を大事にするということは，組合とのグッド・リレーションシップをとることと同じことなんだ」と言ったんですよ。そうしたら，彼が「分からない」と言うんですよ。というのは，彼はルノーのときに，組合との間で大変に苦労をした。

これは乱暴な言い方になりますけれども，特にフランスの特にルノーみたいなにせの会社の組合というのは，昔の日本で言うと，総評みたいなもので，非常に左翼的・先鋭的な組合で，彼はベルギーまで行って本当にえらい目に遭ってきた。それがこびりついていたので，そこを彼は変えないんですよね。そして１月過ぎまして，再度，塙と２人でゴーンさんを説得しまして，ここからは浪花節ですけれども，「ゴーンさん，あなただまされたと思って，組合にも会ってごらん」と言ったら，彼も「しょうがないな」という感じで会ったらしいんですよ。

僕は，その直後はいなかったんですけれども，１週間後ぐらいに食堂で会ったら，彼が私のところへ来まして，「昨日組合の幹部と会った」と言うんです。どうだったか？　と言ったら「びっくりした，彼らは，ブリリアントだ」と言うんですよ。素晴らしいということですよね。

このことは彼が今，幾つか本に書いていますけれども，その中でも彼みずからが語っています。全く自分の勘違いだった。組合と話したら，自分のことをよく理解してくれて，うまくいった。

ですから，今のご質問は，むしろそうでない場合にどうするかということの方が，本当は勉強の上では大事なんですけれども，日産は，幸いにもと言った方がいいかもしれませんが，そこは何ら問題なく来たということです。

ただ，ここは企業変革のときに大事なところで，組合もひとつのステークホルダーですから，こことどういう関係を作るかというのは，非常に大事な点だと思います。

講師プロフィール（講義順）

高橋 宏幸（たかはし ひろゆき）	1971年　中央大学商学部卒業 1976年　中央大学大学院商学研究科博士課程単位取得 中央大学経済学部教授
鈴木 敏文（すずき としふみ）	1956年　中央大学経済学部卒業，東京出版販売株式会社（現株式会社トーハン）入社 1963年　株式会社イトーヨーカ堂入社 2003年　勲一等瑞宝章受章，中央大学名誉博士 株式会社セブン＆アイ・ホールディングス代表取締役会長兼CEO
有富 慶二（ありとみ けいじ）	1963年　中央大学法学部卒業，大和運輸株式会社（現ヤマト運輸株式会社）入社 ヤマト運輸株式会社代表取締役社長
岡田 靖（おかだ やすし）	1979年　中央大学経済学部卒業 1986年　上智大学大学院博士課程満期退学 学習院大学経済学部特別客員教授
御手洗 冨士夫（みたらい ふじお）	1961年　中央大学法学部卒業，キヤノンカメラ株式会社（現キヤノン株式会社）入社 キヤノン株式会社代表取締役社長
河口 真理子（かわぐち まりこ）	1986年　一橋大学大学院修士課程修了，大和証券株式会社入社 株式会社大和総研経営戦略研究所主任研究員
高橋 進（たかはし すすむ）	1976年　一橋大学経済学部卒業，住友銀行入行 内閣府　政策統括官（経済財政分析担当）
須田 美矢子（すだ みやこ）	1971年　東京大学教養学部卒業 1979年　東京大学大学院経済学研究科博士課程修了 日本銀行政策委員会審議委員
間島 進吾（まじま しんご）	1971年　中央大学大学院商学研究科修士課程修了 KPMG LLP 監査部門パートナー（ニューヨーク）
新井 佐恵子（あらい さえこ）	1986年　中央大学経済学部卒業 1987年　英和監査法人（アーサーアンダーセン＆カンパニー，現朝日監査法人）入社 IRI USA, Inc. President & CEO
都丸 敬介（とまる けいすけ）	1955年　群馬大学工学部電気科卒業，日本電信電話公社入社 元日立テレコム社長
楠美 憲章（くすみ けんしょう）	1963年　中央大学法学部卒業，日産自動車株式会社入社 前日産自動車株式会社代表取締役副社長，中央大学大学院客員教授

セブン&アイ・ホールディングス鈴木敏文代表寄付講座シリーズⅠ
21世紀の経営と経済

2005年10月30日　発行

編　者　　浅　田　統一郎
　　　　　坂　田　幸　繁
　　　　　藪　田　雅　弘
発 行 者　中央大学出版部
　代表者　辰　川　弘　敬

東京都八王子市東中野742-1
発行所　中央大学出版部
電話 0426(74)2351　FAX 0426(74)2354

印刷・製本／奥村印刷

Ⓒ　2005

ISBN4-8057-2168-5